Thomas Pola / Kerstin Offermann

Ökumenische Bibelwoche 2015/2016
Arbeitsbuch

# Augen auf und durch!

Auslegungen, Bibelarbeiten und Anregungen zum Sacharjabuch

**Texte zur Bibel 31**

Dieses Buch wurde auf FSC®-zertifiziertem Papier gedruckt.
FSC (Forest Stewardship Council®) ist eine nichtstaatliche, gemeinnützige Organisation, die sich für eine ökologische und sozialverantwortliche Nutzung der Wälder unserer Erde einsetzt.

Wir haben uns bemüht, alle Rechteinhaber ausfindig zu machen und zutreffend zu benennen.
Wir bitten um Kontaktaufnahme, sollten Rechte nicht oder nicht ausreichend angegeben sein.
Die Rechtsansprüche bleiben gewahrt.

Zur 78. Bibelwoche 2015/2016
herausgegeben von der Arbeitsgemeinschaft Missionarischer Dienste in der EKD, der Deutschen Bibelgesellschaft und dem Katholischen Bibelwerk e.V., Stuttgart

Nicht angezeigte Bibelübersetzungen sind der Gute Nachricht Bibel, revidierte Fassung, durchgesehene Ausgabe, © 2000 Deutsche Bibelgesellschaft, Stuttgart, entnommen.

Bibliografische Information der Deutschen Nationalbibliothek

Die Deutsche Nationalbibliothek verzeichnet diese Publikation in der Deutschen Nationalbibliografie; detaillierte bibliografische Daten sind im Internet über http://dnb.d-nb.de abrufbar.

© 2015 Neukirchener Verlagsgesellschaft mbH, Neukirchen-Vluyn
Alle Rechte vorbehalten
Umschlaggestaltung: Grafikbüro Sonnhüter, www.sonnhueter.com
unter Verwendung eines Bildes von Giuseppe Madonia, „Sacharja" 2014, Ölpastell auf Karton, 37,5 x 53 cm
Lektorat: Nicole Rupschus, Koblenz
DTP: Grafikbüro Sonnhüter, www.sonnhueter.com
Verwendete Schriften: Clan, Swift
Gesamtherstellung: CPI, Ebner & Spiegel, Ulm
Printed in Germany
ISBN 978-3-7615-6206-2

www.neukirchener-verlage.de

# Inhalt

Erhard Berneburg
**Zum Geleit** — 5

**LIED ZUR BIBELWOCHE**
Bald schon kann es sein — 6

Kerstin Offermann
**Vorwort** — 8

Kerstin Offermann
**Augen auf und durch! – Zur Gestaltung der Bibelwoche** — 10

Sven Körber / Stephan Zeipelt
**Der Prophet Sacharja: Praxisentwürfe für Jugendliche zur Ökumenischen Bibelwoche 2015/2016** — 13

Martin Wolters
**Mit Bibelclouds in die Bibelwoche starten** — 14

**PSALM ZUR BIBELWOCHE** — 16
Psalm 66

Thomas Pola
**„Dein König kommt zu dir …" – Einführung in das Sacharjabuch** — 17

**KANON ZUR BIBELWOCHE**
Schalom chaverim – Der Friede des Herrn geleite euch — 35

| | | |
|---|---|---|
| **1 \| Wenn etwas in Bewegung kommt:** | Sach 1,7-17 | 36 |
| Thomas Pola | Auslegung | 36 |
| Rita Müller-Fieberg | Bibelarbeit | 45 |
| Kerstin Offermann | Anregungen | 48 |
| **2 \| Wenn man sich öffnen kann:** | Sach 2,1-9 | 53 |
| Thomas Pola | Auslegung | 53 |
| Wolfgang Baur | Bibelarbeit | 58 |
| Kerstin Offermann | Anregungen | 61 |
| **3 \| Wenn Gott neue Kleider bereithält:** | Sach 3 | 66 |
| Thomas Pola | Auslegung | 66 |
| Kerstin Offermann / Wolfgang Baur | Bibelarbeit | 79 |
| Kerstin Offermann | Anregungen | 82 |

| | | | |
|---|---|---|---|
| **4 \| Wenn Frieden greifbar wird:** | Sach 9,9f. | 86 |
| Thomas Pola | Auslegung | 86 |
| Katharina Wiefel-Jenner | Bibelarbeit | 91 |
| Kerstin Offermann | Anregungen | 96 |
| | | |
| **5 \| Wenn Siege wehtun:** | Sach 12,9 – 13,1 | 99 |
| Thomas Pola | Auslegung | 99 |
| Kerstin Offermann | Bibelarbeit | 106 |
| Kerstin Offermann | Anregungen | 108 |
| | | |
| **6 \| Wenn der Hirte stirbt:** | Sach 13,7-9 | 111 |
| Thomas Pola | Auslegung | 111 |
| Katharina Wiefel-Jenner | Bibelarbeit | 117 |
| Kerstin Offermann | Anregungen | 120 |
| | | |
| **7 \| Wenn man gemeinsam schweigen lernt:** | Sach 2,10-17 | 123 |
| Thomas Pola | Auslegung | 123 |
| Rita Müller-Fieberg | Bibelarbeit | 130 |
| Kerstin Offermann | Anregungen | 134 |

Peter Vogt
**Ökumenischer Bibelsonntag 2016:**
Ein Gottesdienstentwurf aus der Herrnhuter Brüdergemeine
zu Sacharja 2,10-17 — 138

Kerstin Offermann
**Predigtgedanken zum Ökumenischen Bibelsonntag 2016** — 143

Johannes Beer
**Meditationen zu den Bildern von Giuseppe Madonia** — 144

Roland Kohm
**Medienempfehlungen** — 152

**Literaturempfehlungen** — 156

**Arbeitshilfen zur Bibelwoche 2015/2016** — 158

**Inhalt der DVD** — 160

**Vorschau auf die 79. Bibelwoche 2016/2017**
I Matthäus 2,1-12; II Matthäus 5,3-12; III Matthäus 11,2-15.28-30;
IV Matthäus 14,22-33; V Matthäus 18,23-35; VI Matthäus 25,31-46;
VII Matthäus 27,45-54; 28,1-15

## Zum Geleit

Martin Luther hat das Buch Sacharja als die „Quintessenz" der Propheten bezeichnet. Selbst wenn er es darin etwas überschätzt haben sollte, bleibt doch festzuhalten, dass das Buch viele Querverbindungen zur früheren Prophetie aufweist. Gleichzeitig bildet das Buch Sacharja eine Brücke vom Alten Bund zum Neuen Testament. Viele Prophezeiungen und Bilder werden im Neuen Testament aufgenommen. So sind etwa Motive der Endzeitrede Jesu in Mt 24 bei Sach 14 entlehnt.

Sacharja gehört zu den letzten Propheten des Alten Testaments. Seine bildhafte Sprache ist – trotz des vorher Gesagten – für viele Leser der Gegenwart schwer verständlich. Deshalb wird es häufig auch als das dunkelste Buch des Alten Testaments bezeichnet und – ähnlich wie die Offenbarung des Johannes – wenig gelesen.
Diese Bibelwoche führt uns also in ein weithin unbekanntes Land. Da gilt es für neue Entdeckungen aufgeschlossen zu sein und diesen Raum zu geben. Ja, die Mehrdeutigkeit mancher Aussagen des Propheten fordert geradezu zur aktualisierenden Auslegung heraus.
Was gibt es da alles zu entdecken?

Gott selber hält die Geschichte in seiner Hand – trotz mancher Wirrnis und fremder Mächte und gegen allen Augenschein: „Nicht durch menschliche Macht und Gewalt wird es dir gelingen, sondern durch meinen Geist! Das sage ich, der Herr, der Herrscher der Welt." (Sach 4,6b) Nicht von ungefähr wird dieser Satz auf der Knesset-Menorah in Jerusalem zitiert.
Zielpunkt der Geschichte Gottes mit den Menschen ist sein Messias: „Freu dich, du Zionsstadt! Jubelt laut, ihr Bewohner Jerusalems! Seht, euer König kommt zu euch! Er bringt Gerechtigkeit, Gott steht ihm zur Seite. Demütig ist er vor seinem Gott. Er reitet auf einem Esel, auf einem starken Eselshengst." (Sach 9,9) Diese messianische Weissagung wird im Neuen Testament in Mk 11,1-11 par. aufgegriffen und mit dem Einzug Jesu in Jerusalem als erfüllt verkündet. Dies wird im Christentum am Palmsonntag gefeiert.
Über den Propheten Sacharja sagt Gott auch, wie sehr ihm Israel am Herzen liegt, und dass es seinem besonderen Schutz unterliegt: „Wer euch antastet, tastet meinen Augapfel an!" (Sach 2,12).

Diese wenigen Hinweise mögen genügen, um anzuzeigen, dass die Botschaft des Sacharja nicht so ganz neben der Spur liegt, wie man vermuten könnte, sondern dass sie auch ihre Leser von heute ins Herz des Evangeliums führt.
Nicht nur Textarbeit sollte die Bibelwoche bestimmen, sondern dazu kommen andere Impulse, die die Gemeinde zum tieferen Verständnis führen wollen. Das vorliegende Arbeitsbuch gibt dazu hilfreiche Anregungen: Illustrationen aus der Kunst, Materialhinweise und methodische Ideen, insbesondere auch Anregungen zur Gestaltung des Bibelsonntags. Die beiliegende DVD ist in diesem Jahr noch reicher bestückt. Schauen Sie unbedingt, welche Schätze dort noch zu finden sind.

Ich danke allen, die die ausgewählten Textabschnitte bearbeitet haben, und nenne dabei besonders Prof. Dr. Thomas Pola. Sein Fachwissen war von unschätzbarem Wert für dieses Arbeitsbuch, ebenso sein Bestreben, die Texte für die Gemeindearbeit fruchtbar zu machen. Die Fertigstellung des Heftes koordinierte Kerstin Offermann, Referentin für bibelmissionarische Arbeit in der AMD.

**Dr. Erhard Berneburg**
Generalsekretär der Arbeitsgemeinschaft Missionarische Dienste
Berlin, im Mai 2015

# Lied zur Bibelwoche
# Bald schon kann es sein

Bald schon kann es sein; Originaltitel: Soon And Very Soon, Text & Melodie: Andraé Crouch, Dt. Text: Stephan Möller, Satz: Klaus Heizmann; © 1971 Bud John Songs / Crouch Music. Für D, A, CH: SCM Hänssler, 71087 Holzgerlingen.

## Vorwort

„Bibelwoche – so was gibt's noch?", fragte vor Kurzem jemand erstaunt auf Facebook. Ist die Bibelwoche also ein Auslaufmodell? Mitunter könnte man den Eindruck bekommen. Die Reaktion ließ aber nicht lange auf sich warten: „Ja klar! Die Bibelwoche ist die Infusion für meinen Glauben und für meine Gemeinde!"

Was denken Sie? Auslaufmodell oder Infusion? Ich denke: Die Bibelwoche ist aller Mühe wert. Sie ist dann eine Infusion mit lebenswichtigen Glaubens-Nährstoffen, wenn es gelingt, zeitgemäße und menschennahe Formen zu finden, damit sich Menschen auf den mitunter mühsamen Weg einlassen, der Bibel zuzuhören. Und sie ist eine Infusion, wenn Gott seinen Geist dazugibt. Dieses Arbeitsbuch enthält viele Anregungen für Ersteres und viele Gedanken zu Letzterem. Wir wünschen eine anregende Lektüre und eine segensreiche Anwendung!

**WÜNSCHE**

**Ach, dass ich, wenn's drauf ankommt,**
**im Gegner den Bruder,**
**im Störer den Beleber,**
**im Unangenehmen den Bedürftigen,**
**im Süchtigen den Sehnsüchtigen,**
**im Säufer den Beter,**
**im Prahlhans den einst Gedemütigten,**
**im heute Feigen den morgen Mutigen,**
**im Mitläufer den morgen Geopferten,**
**im Schwarzmaler den Licht- und Farbhungrigen,**
**im Gehemmten den heimlich Leidenschaftlichen**
**erkennen könnte!**
**Leicht ist das nicht.**
**Es bräuchte, o Gott, die Gegenwart Deines Geistes!**
**Und wie schaffe ich, der Ängstliche, es,**
**im Lauten den Leisetreter,**
**im Arroganten den Angsthasen,**
**im Behaupter den Ignoranten,**
**im Auftrumpfer den Anpasser**
**zu entlarven?**
**Auch das, auch das gehört zur Liebe, wie Jesus sie**
**lebte.**

Kurt Marti: Ungrund Liebe. Klagen, Wünsche, Lieder © 2011 by Radius Verlag Stuttgart.

Auf die letzten „Texte zur Bibel" zum Galaterbrief haben wir viele zustimmende und kritische Rückmeldungen von Leserinnen und Lesern, Nutzerinnen und Nutzern, also von Ihnen bekommen. Wir möchten uns herzlich für beides bedanken und Sie ermutigen, uns auch weiterhin Ihre Fragen, Anregungen, Kritikpunkte und Gedanken mitzuteilen. Nur so kann „Texte zur Bibel" sich immer weiter entwickeln und für Sie auch in Zukunft hilfreich sein.

Aus diesen Rückmeldungen finden Sie einen ermutigenden Erfahrungsbericht im Anschluss aufgeführt.

Erreichen können Sie uns weiterhin unter amd@diakonie.de oder per Post: Arbeitsgemeinschaft Missionarische Dienste, Postfach 04 01 64, 10061 Berlin.

Am Entstehen dieses Arbeitsbuches waren viele Menschen beteiligt. Wir möchten uns herzlich bedanken bei allen, die durch ihr Engagement, ihre kritische und ermutigende Stimme, durch den Einsatz ihrer Zeit und durch ihre Worte dieses Buch möglich gemacht haben. Namentlich seien erwähnt: Prof. Dr. Thomas Pola, Wolfgang Baur, Johannes Beer, Dr. Alexander Fischer, Sven Körber, Dörte Melzer, Dr. Rita Müller-Fieberg, Nicole Rupschus, Ernst-Matthias Uhlig, Kerstin-Dominika Urban, Dr. Katharina Wiefel-Jenner und Stephan Zeipelt, die auf den Bibelwoche-Workshops hart und engagiert gearbeitet haben. Großer Dank gilt ebenso Bernd Densky, Roland Kohm, Johann Mayr, Johanna Oehler, Ulrike Rauhut, Christoph Siepermann, Dr. Peter Vogt und Martin Wolters.

Nun wünschen wir Ihnen eine segensreiche und inspirierende Begegnung mit den Texten Sacharjas.

Es grüßt Sie herzlich
Ihre

Kerstin Offermann

## Erfahrungsbericht aus 15 Jahren Bibelwoche

„Sonntags beginnt die Bibelwoche mit einer Einführungspredigt zum Thema der Bibelwoche. Von Montag bis Freitag bereiten fünf verschiedene Gruppen der Gemeinde jeweils einen Abend zu den Texten vor: Laut der Vorgabe des Bibelwochenmaterials kopieren wir die Bibeltexte, suchen passende Lieder, gestalten ein kurzes Anspiel und arbeiten Gruppenthemen und Fragen aus. Am Ende lesen wir manchmal auch weiterführende Literatur oder verteilen kleine Gedichte zur Erinnerung.
An den Bibelwochenabenden treffen sich Teilnehmende und Vorbereitende um 19.00 Uhr und essen gemeinsam zu Abend. Jeder bringt etwas mit: Salat oder Aufschnitt, Nachspeise. Um 19.30 Uhr beginnt dann der thematische Teil des Abends mit einem Sketch oder Anspiel zum Thema (bei den Psalmen bietet sich ein Dialog mit König David an). Darauf werden die Bibeltexte verteilt und die vorbereiteten Fragen in Gruppen erarbeitet. Der Abend mündet in eine Auswertung und den Schlusssegen. Zwischendrin werden die Lieder gesungen. In den letzten Jahren gab es donnerstags immer einen Bibliolog.
Für mich ist die Bibelwoche das, was für manche die Bayreuther Festspiele sind: einer der Höhepunkte meines Jahres. Ich freue mich auf jeden Abend, den wir mit einem gemeinsamen guten Abendessen beginnen und dann zusammen verbringen."
*Torsten Janssen aus der Kirchengemeinde Sinstorf zu Hamburg-Harburg*

# Augen auf und durch!
# Zur Gestaltung der Bibelwoche

Kerstin Offermann

## Die Botschaft des Sacharjabuches

„Augen auf!", das heißt: Sieh genau hin! Mogle dich nicht an der Realität vorbei!
Aber dann „und durch!", das heißt: Gib bei dem, was du siehst, die Hoffnung nicht auf! Verlier nicht den Mut!
„Augen auf!", das bedeutet, wenn man einen Propheten des Alten Testaments zu Worte kommen lässt auch: Richte deine Augen auch auf Dinge, die du normalerweise nicht sehen kannst, auf die himmlische Realität dahinter und auf die Zukunft, die Gott schaffen wird.

Wie hält man die Spannung aus zwischen dem, was uns täglich vor Augen steht, und dem, was uns Sacharja vor Augen malt? Wie können wir leben, glauben und hoffen, wenn sich zwischen erfahrener Wirklichkeit und geglaubter Realität ein Graben auftut?
Genau mit diesen Fragen schlägt Sacharja sich herum. Und dabei mogelt er sich wahrlich nicht an der Realität vorbei. Der Prophet Sacharja greift starke Themen auf, die uns bis heute beschäftigen:
→ Wie kann man sich das vorstellen, dass Gott in dieser Welt Frieden schafft?
→ Wenn es stimmt, dass er auch die politischen Realitäten nicht aus der Hand gibt, woran lässt sich dann Gottes Wirken in der Weltpolitik ablesen?
→ Wie passen Gott und Gewalt, Gott und Gericht zusammen?
→ Wie passen Gott und Leiden zusammen?
→ Welche Hoffnung dürfen wir haben?

Aber über allem und vor allem hat Sacharja eine Heilsbotschaft für uns: *Gott sieht hin, er vergisst uns nicht. Er greift ein und er schafft uns eine Zukunft und eine Hoffnung.*
Wie diese alten Sätze auch für uns heute noch gelten, wollen wir in dieser Bibelwoche von den biblischen Texten erfragen.

## Zur Auswahl der Texte

Damit wir in dem Zeitfenster von sieben Abenden bleiben konnten, mussten wir notwendigerweise eine Auswahl treffen. Das Kriterium dafür fanden wir in der Bibel selbst: Sacharja steht quasi zwischen den Zeiten und Gedankenwelten von Altem und Neuem Testament. Viele Texte aus Sacharja werden im Neuen Testament zitiert und aufgenommen, um Jesus besser zu verstehen. Diese Texte, die das NT zitiert, haben wir auch für die Bibelwoche ausgewählt. Wahrscheinlich hat Jesus sich selbst schon von Sacharja her verstanden, so z.B. bei seinem Einzug in Jerusalem. Diese Deutung wurde dann von den ersten Christen aufgenommen und verstärkt. Dabei war es sicherlich für die neutestamentlichen Autoren hilfreich, dass viele Sacharja-Texte in ihrer Deutung unscharf sind und offen zu Assoziationen einladen. Gerade solche Texte wurden von den Autoren des NT verwendet und darum werden wir uns mit vielen dieser offenen, schwer deutbaren und zu Assoziationen einladenden Texte beschäftigen.

Durch die notwendige Auswahl geht leider auch immer wieder der innere Zusammenhang der Texte im Buch als Ganzem verloren. Daher finden Sie auf der DVD einen bibelkundlichen Überblick von Herrn Pola (unter 7. Materialien für die Abende) sowie eine kurze Zusammenfassung der hier ausgelassenen Texte.
Sollten Sie in Ihrer Gemeinde nicht alle sieben Texte behandeln können, schlagen wir als Auswahl die Texte 2, 4, 5, 7 vor.
Neben einer ausgearbeiteten Bibelarbeit bietet das Material in der Kategorie „Anregungen" verschiedene Zugänge und Gestaltungsmöglichkeiten für die Umsetzung der Bibeltexte an.

## Zum Aufbau der „Anregungen" für die sieben Abende

Ein prophetisches Buch wie Sacharja ist für die heutige Auseinandersetzung eine spannende Herausforderung. Es ist randvoll mit starken Bildern, die einerseits von sich aus wirkungsvoll eine Dynamik entfalten, indem sie bei den Lesenden Assoziationen und eigene Bilder wecken. Daher ist es berechtigt, den Bildern an den Abenden als eigenständiger Größe zu begegnen. Vielleicht ist es hilfreich, sie zunächst unmittelbar wirken zu lassen und erst im Nachhinein erklärend einzugreifen. Andererseits ist uns die Bibelwelt Sacharjas aber sehr fremd und muss erklärt und gedeutet werden. Da könnte es im Vorfeld auch nützlich sein, den Unterschied zwischen Traum und Vision zu erörtern (vgl. 1.1 Auslegung, S. 38).
Dem Aspekt der Auseinandersetzung mit den Texten widmet sich in den „Anregungen" das Stichwort: **Das Bild im Text sprechen lassen**.

Tempel, Kult und Liturgie sind wichtig bei Sacharja zur Erfahrung der verkündigten Wirklichkeit Gottes, die zwar zukünftig ist, aber auch schon in Liturgie und Kult gegenwärtig ist, weil die Zukunft im Himmel schon gegenwärtige Realität ist. Dies kann für die Bibelwoche in für uns nachvollziehbaren Formen umgesetzt werden. Daher finden Sie in den Anregungen auch unter dem Stichwort: **Liturgisches Element**, eine liturgische Aneignung der Texte.

Nicht nur die Bilder, sondern auch die Texte selbst wecken Assoziationen und knüpfen bei den Fragen und Erfahrungen der Teilnehmenden an. Wie bei den Bildern gibt es dabei aus der Lebenswelt Sacharjas Erklärungsbedarf. Dem Text in seinem historischen Gewand zu begegnen und sich der Faszination von Fremdheit und gleichzeitiger Nähe zu stellen, widmen sich die „Anregungen" unter dem Stichwort: **Beim Text bleiben**.

Wahrscheinlich hat sich Jesus selbst schon von Sacharja her verstanden, was besonders beim Einzug in Jerusalem sinnfällig wird. Diese Deutung wurde dann von den ersten Christen aufgenommen und verstärkt (vgl. Aaron Schart, Ist Jesus auch der Heiden Heiland? Zitate aus dem Zwölfprophetenbuch im NT, in: Bibel und Kirche 1/2013, S. 37-42). Dieser Bibelwoche liegen die Texte zugrunde, die im Neuen Testament aus Sacharja aufgenommen wurden. Viele Texte begegnen uns auch heute noch in kirchlich-liturgischem Kontext. Dem soll in den „Anregungen" unter dem Stichwort: **Den Text von Jesus her lesen**, Rechnung getragen werden.
Die „Auslegungen" von Thomas Pola schließen jeweils mit „Biblisch-theologisch und homiletischen Überlegungen", die genau diese Gedanken aufnehmen.

Die Offenheit der Texte und die „Leerstellen" in ihnen erlauben es, unsere Assoziationen, Erfahrungshorizonte und Fragen in die Deutung der Texte einzubeziehen und nach Gottes Antwort für uns heute zu suchen. Unter dem Stichwort: **Die Themen des Textes auf heute übertragen**, finden Sie Anregungen für eine assoziativ-aktuelle Annäherung an die Texte.

> **Suchen Sie weitere Ideen für ein Bibelprojekt?** Wollen Sie mit einer Gruppe in der Bibel lesen und wünschen sich dafür Anleitung oder Anregung? Würden Sie gerne tiefer in die Welt der Bibel eintauchen?
>
> Wir haben für Sie unter
> *http://www.a-m-d.de/biblisch-missionarische-projekte/materialien-rund-um-die-bibel/*
> Ideen und Materialien zusammengestellt, die Ihnen helfen, solche Inspirationen zur Bibel zu finden.

**Entdecken Sie das vielfältige Material unserer DVD**

Auf der DVD stellen wir Ihnen interessante Projekte und Ideen vor, die Ihnen dabei helfen können, die Bibelwoche interessant und abwechslungsreich zu gestalten.

In diesem Jahr u. a. dabei:
- **Das Bibelmobil** – Reformationsmobil: Ein Bus, der nicht nur Wissen und Erlebnisse rund um die Bibel zu Ihnen bringt. *Die Mitarbeitenden des Bibelbusses sind auch auf Anfrage bereit, in Ihrer Gemeinde eine Bibelwoche zu gestalten.*
- **Bibleartjournaling:** eine ganz neue und ungewöhnliche Weise, sich den Bibeltext künstlerisch zu eigen zu machen, indem er kreative Grundlage und Inspiration ist.
- Bibellesen mit Migrationsgemeinden: Wenn Sie nach neuen und erfrischenden Einsichten beim Lesen der Bibeltexte suchen, ist es eine großartige Möglichkeit, Erfahrungen und Lebenswelten von Menschen mit einzubeziehen, die unseren eher fremd sind. Unter dem Titel: **„Interkulturelle Bibelarbeiten"** finden Sie Anregungen und Berichte zu Bibelgesprächen mit Christen aus Migrationsgemeinden von Prof. Dr. Werner Kahl von der Missionsakademie an der Universität Hamburg.

> Exemplarisch für das Material der DVD verweisen wir im Folgenden auf zwei Angebote: Sven Körber und Stephan Zeipelt stellen die Jugendbibelwoche vor, die schon im letzten Jahr die DVD bereichert hat. Martin Wolters führt in die Methode ein, sich anhand von Bibelclouds der Bibel im Allgemeinen oder dem Sacharjabuch im Speziellen anzunähern (s. auch das Teilnehmerheft).
>
> Eine vollständige Auflistung der DVD-Inhalte können Sie dem Verzeichnis am Ende des Arbeitsbuches entnehmen.

# Der Prophet Sacharja: Praxisentwürfe für Jugendliche zur Ökumenischen Bibelwoche 2015/2016

**Sven Körber / Stephan Zeipelt**

*Das gesamte Material steht als Teilnehmerheft und ausführliche Mitarbeiterinfo zum Download auf der DVD bereit.*

Auch in diesem Jahr wollen wir wieder Jugendliche und junge Erwachsene zur Ökumenischen Bibelwoche einladen – mit einem Programm, das sie altersgerecht anspricht.
In vier Praxisentwürfen bieten wir die Möglichkeit, sich mit einzelnen Themen aus dem Sacharjabuch zu beschäftigen. Dabei ist ein kleiner Pool von Ideen und Bausteinen herausgekommen. Thematisch werden folgende Schwerpunkte gesetzt:

**Gott ermutigt: Ich bin bei euch!** (vgl. Sach 1,1 – 6,15)
Der Prophet Sacharja möchte das Volk Israel in der Zeit nach dem babylonischen Exil ermutigen: Gott wird sich seinem Volk wieder zuwenden, er hat es nicht vergessen. In dieser Einheit gibt es eine Einführung in das Sacharjabuch und die Zeit der Propheten. Gleichzeitig wollen wir schauen, wie Gott durch Menschen auch heute noch ermutigen will und kann.

**Gott fordert: Tut Gutes! Lebt nach meinem Willen.** (vgl. Sach 7,1 – 8,23)
Nachdem der Prophet das Volk getröstet hat, zeigt er nun, dass es wichtiger ist, den Willen Gottes zu tun, als irgendwelche Fastenzeiten einzuhalten. Gott fordert: Tut Gutes! Helft einander, redet nicht schlecht über andere! Diese Einheit will uns gleichzeitig fragen, wie wir mit unseren Mitmenschen umgehen. Wo und wie sind wir bereit, für andere aktiv zu werden?

**Gott kämpft: Mit einem Friedenskönig ohne Waffen!** (vgl. Sach 9,1 – 11,17)
Das Sacharjabuch erzählt von einem neuen Friedenskönig, den Gott schickt. Darin wird deutlich: Gott kämpft ohne Waffen. Diese Einheit will uns herausfordern: Was bedeutet Frieden? Und wie können auch wir uns für den Frieden in dieser Welt einsetzen?

**Gott handelt: Er schickt einen Retter!** (vgl. Sach 12,1 – 14,21)
Das Sacharjabuch ist eine Schrift aus dem Alten Testament, wobei viele Worte so auffällige Anklänge an Sachverhalte und Ereignisse im Neuen Testament haben, dass sie für uns Christen in diesem Licht besonders stark leuchten. In dieser Einheit wollen wir darum einzelne Texte bewusst christologisch – also auf Christus hin – lesen und deuten.

Jede Einheit ist ähnlich aufgebaut. Zuerst bietet eine Verlaufsskizze einen schnellen inhaltlichen Überblick. Neben einer Materialliste und Hinweisen zur Gestaltung gibt es noch eine kurze thematische Zusammenfassung.
Anschließend beginnt der „eigentliche" Praxisentwurf. Nach einem kurzen Rückblick auf die letzte Einheit wird mit einem „Türöffner" als Aufwärmaktion begonnen. Ein Spiel bzw. eine „Aktion" führt ins Thema ein. Ein kurzer Impuls fasst den Text des Sacharjabuches zusammen („In der Bibel"). Danach greifen die Teilnehmer selber zur Bibel: „Lest die Bibel". Aus der „Kirchengeschichte" wird passend zum Thema eine Person vorgestellt. Von da aus können die Teilnehmer eine Brücke ins eigene Leben schlagen: „Werdet aktiv". Jede Einheit endet mit einer kreativen Gebetsidee: „Sprich mit Gott".
Für jede Einheit sollten ca. 90 Minuten eingeplant werden.

Das Material kann unterschiedlich genutzt werden: vielleicht als Themenabende im Jugendkreis, integriert in den Konfirmandenunterricht oder als Bibelarbeiten auf einer Freizeit. Gerne könnt ihr bei der Durchführung auch eigene Ideen einfließen lassen.

Über Feedback, Anregungen und Kritik würden wir uns freuen!

## Mit Bibelclouds in die Bibelwoche starten

**Martin Wolters**

*Alle hier erwähnten Grafiken finden Sie auf der DVD im Verzeichnis „4. Martin Wolters, Bibelclouds" und können entweder ausgedruckt oder mit einem Beamer dargestellt werden.*

Seit der Veröffentlichung des Buches „Bibelclouds. Die Bibel anders sehen" (Martin Wolters, Patmos Verlag, September 2012) findet die Bibelclouds-Methode immer mehr Freunde und Anwendungsgebiete, wie in der Schule oder Jugendarbeit, bei der Konfirmations- und Firmvorbereitung oder in Hauskreisen. Offenbar sprechen die biblischen Wortwolken viele Menschen an, motivieren zum Hingucken und wecken Neugier. Das mag daran liegen, dass die zugrundeliegende Methode der Wortwolken (also die unterschiedlich große Darstellung von Worten entsprechend ihrer Häufigkeit in einem bestimmten Text) vielen bereits aus dem Internet bekannt ist. Dort waren Wordclouds (engl. für Wortwolken) für einige Zeit sehr populär. Für andere ist die Ästhetik der Grafiken anregend. Und wieder andere fühlen sich durch diese fokussierte Auseinandersetzung mit der Struktur und der Sprache der Bibel angesprochen. In der Gruppenarbeit stellen Bibelclouds eine zuverlässige Methode dar, um mit Teilnehmern über die jeweiligen Texte ins Gespräch zu kommen. Ob jung oder alt, bibelfest oder unerfahren im Umgang mit der Heiligen Schrift: **Bibelclouds ermöglichen immer einen kurzweiligen Gesprächseinstieg.**

*Siehe Bibelclouds/Schritt 1*

Daher sind Bibelclouds auch bestens geeignet, um einen Abend in der Bibelwoche zu gestalten. Zunächst sollte das Prinzip von Wortwolken veranschaulicht werden. Suchen Sie zwei Wortwolken bekannter Lieder aus (Sie können natürlich auch eigene Grafiken erzeugen, z.B. unter www.wordle.net). Lassen Sie die Teilnehmer den Musiktitel anhand der Wortwolken erraten. Lieder mit wiederkehrendem Refrain lassen sich besonders gut erkennen. Sie können zur Auflösung des Rätsels die Musiktitel auch vorspielen. Zeigen Sie dann die Wortwolke zum Grundgesetz und lassen den Text erraten. So lässt sich leicht erkennen, wie Texte durch häufig wiederkehrende Begriffe wiedererkannt werden können.
Als Nächstes können Sie eine Bibelcloud mit dem Gesamtüberblick der Bibel zeigen (entweder die Version der Einheitsübersetzung oder die Version der Lutherbibel) und das Prinzip der Bibelclouds erklären:

Sogenannte Bibelclouds wenden das Prinzip der Wortwolken auf biblische Texte an. Hier ist z.B. ein Gesamtüberblick der Bibel zu sehen. Zwei Besonderheiten zeichnen Bibelclouds aus: Zum einen werden Begriffe auf ihre Grundformen zurückgeführt (z.B. „sagen" statt „sagte", „gesagt", „sagten"). Zum anderen werden auch sich häufig wiederholende, bedeutsame Phrasen dargestellt, wie z.B. „der HERR, dein Gott" / „der Herr, dein Gott", „So spricht der HERR" / „So spricht der Herr" (Luther-/Einheitsübersetzung) oder „Spruch des Herrn" (nur im Gesamtüberblick der Einheitsübersetzung). Lassen Sie diese Bibelcloud auf sich wirken. Was fällt auf? Was spricht Sie an? Vielleicht ein spezielles Wort? (Kurzes Gruppengespräch.)

> **Hinweis:** Es ist auch sehr ansprechend, alle Bibelclouds der einzelnen Bücher der Bibel auszubreiten. Die Teilnehmer können sich dann eine Bibelcloud aussuchen, die sie besonders anspricht (Farbe, Begriffe, Formen) und diese kurz vorstellen. Dazu benötigen sie aber entweder ein entsprechendes Motivkartenset (siehe www.bibelclouds.de/kartenset) oder laminierte Bibelclouds (entweder zum Ausleihen, siehe www.bibelclouds.de/ausleihen, oder selbstgemacht mit Hilfe eines personalisierten PDF-Sets, siehe www.bibelclouds.de/pdf). Für Gruppen, die Bibelclouds ausprobieren und ihre Erfahrungen dokumentieren möchten, stehen einige Bibelclouds Startersets (www.bibelclouds.de/starterset) zur kostenlosen Verfügung. Schicken Sie bei Interesse eine E-Mail an info@bibelclouds.de.

Zeigen Sie nun die Bibelcloud zum Propheten Sacharja. Fragen Sie die Teilnehmer, was ihnen hier auffällt (Phrasen, evtl. das Wort „Engel"). Zum Schluss können Sie erklären, dass dieses Buch in drei Teile eingeteilt werden kann: Proto-, Deutero- und Tritosacharja. Anhand der entsprechenden drei Bibelclouds lassen sich die unterschiedlichen Schwerpunkte herausarbeiten. Hier ist auch von Bedeutung, dass sich die Anzahl der dargestellten Begriffe in einer Bibelcloud an dem Umfang des entsprechenden Textes orientiert. So erkennt man, dass Protosacharja der umfangreichste Teil ist.

Eine weitere Aktivität (auch hier benötigen Sie entweder ein Motivkartenset oder laminierte Bibelclouds – siehe Kasten oben) kann sich mit dem Begriff „Engel" beschäftigen. Legen Sie dazu die folgenden acht Bibelclouds der Einheitsübersetzung aus (sechs Bibelclouds bei der Version basierend auf der Lutherbibel): Richter, Tobit (nur EÜ), Sacharja, Matthäus, Lukas, Apostelgeschichte, Hebräerbrief (nur EÜ), Offenbarung des Johannes. Fragen Sie die Teilnehmer, welche Gemeinsamkeit(en) ihnen auffallen. (Dies sind die einzigen Bibelclouds mit dem Begriff „Engel".) Legen Sie dann Zettel mit den acht bzw. sechs Buchnamen aus (siehe DVD) und bitten die Teilnehmer, die Bibelclouds den richtigen Buchnamen zuzuordnen. Teilen Sie nun die Gruppe auf und tragen Sie zusammen, warum für die jeweiligen Bücher der Begriff „Engel" auch in den Bibelclouds auftaucht. Eine elektronische Suchmöglichkeit in den Bibeltexten (z.B. über www.bibelserver.de) ist dabei hilfreich.

# Psalm zur Bibelwoche

## Öffne meine Augen (EG 176)

Text: Psalm 119,18; Psalm 69,33 / Melodie und Kanon für 4 Stimmen: Friedemann Gottschick 1983

## Psalm 66

Jauchzet Gott zu, alle Lande, /
spielt zum Ruhm seines Namens,*
verherrlicht ihn mit Lobpreis!

*Saget zu Gott: /
„Wie furchtgebietend bist du in deinen Werken! *
Ob deiner gewaltigen Macht schmeicheln dir deine Feinde.*

Die ganze Erde betet dich an und singt dir,*
sie singt deinem Namen!"

*Kommt und schaut die Taten Gottes!*
Furchtgebietend ist er in seinem Tun an den Menschen.*

Er macht das Meer zu trockenem Land, /
sie zogen zu Fuß durch den Strom.*
Dort waren wir über ihn voll Freude.

*In seiner Kraft ist er Herrscher auf ewig, /
seine Augen wachen über die Völker,*
damit kein Empörer sich gegen ihn auflehnt.*

Ihr Völker, preist unsern Gott,*
lasst laut seinen Lobpreis erschallen.

*Er erhielt uns am Leben,*
ließ unseren Fuß nicht wanken:*

O Gott, du hast uns geprüft,*
hast uns geläutert, wie man Silber läutert,

*du brachtest uns ein Fangnetz,
legtest uns drückende Last auf den Rücken,*

du ließest Menschen treten auf unser Haupt /
wir gingen durch Feuer und Wasser.*
Aber du hast uns herausgeführt, hin zur Fülle.

*Nun komme ich mit Opfern in dein Haus,*
erfülle dir meine Gelübde,*

was meine Lippen dir versprachen,*
was in der Not mein Mund gelobte:

*Fette Schafe bringe ich dir als Brandopfer dar /
zusammen mit dem Rauch von Widdern,
ich bereite dir Rinder und Böcke.*

Die ihr Gott fürchtet,
kommt alle und hört, *
ich will erzählen, was er mir getan hat:

*Mit meinem Mund habe ich zu ihm gerufen,*
da lag mir schon der Lobpreis auf der Zunge.*

Hätt' ich es abgesehn auf Böses,*
würde der Herr nicht hören.

*Aber Gott hat gehört, *
er hat geachtet auf mein lautes Beten.*

Gepriesen sei Gott! /
Denn erwies mein Gebet nicht zurück, *
er hat mir seine Liebe nicht entzogen.

*Öffne meine Augen (EG 176)*

Ehre sei dem Vater und dem Sohn
und dem Heiligen Geiste.

Wie im Anfang, so auch jetzt und allezeit und in Ewigkeit. Amen.

(Psalmodie aus dem Antiphonale Münsterschwarzach)

# „Dein König kommt zu dir …"
# Einführung in das Sacharjabuch

Thomas Pola

## Der geschichtliche und traditionsgeschichtliche Ort des Buches Sacharja

### Die Stellung im Alten Testament

Das Sacharjabuch (Sach) findet sich im Alten Testament unter den Schriftpropheten innerhalb des Zwölfprophetenbuches. Von diesen, aus unterschiedlichen Epochen stammenden Propheten heißt es im Buch Sirach:

*„Und die Gebeine der zwölf Propheten mögen aufblühen von ihrem Ort; denn sie haben Jakob ermutigt, und sie haben sie durch den Glauben der Hoffnung losgekauft" (Sir 49,10, Wolfgang Kraus / Martin Karrer [Hg.], Septuaginta Deutsch: Das griechische Alte Testament in deutscher Übersetzung, Stuttgart 2009).*

> Die **Septuaginta** ist die zwischen dem 3. Jh. v. und dem 1. Jh. n. Chr. entstandene griechische Übersetzung der hebräischen Schriften des Alten Testamentes. Nach der Legende haben 72 Übersetzer unabhängig voneinander den Text übertragen, worauf sich die Abkürzung **LXX** (70) bezieht. Die LXX unterscheidet sich vom hebräischen Text an einigen Stellen interpretierend und enthält außerdem teils Texte, die in der hebräischen Fassung fehlen. Die neutestamentlichen Autoren zitieren das AT weitgehend aus der LXX. Weil die Christen die LXX als „ihr" Altes Testament verwendeten, distanzierte sich später das Judentum von dieser Übersetzung und fertigte sich neue an (z.B. die Theodotion-Übersetzung).
>
> Nach der Hebräischen Bibel bilden die Bücher Josua, Richter, das 1. und 2. Samuel- sowie das 1. und 2. Königebuch die Vorderen Propheten. Mit Berichten über das Wirken von Elia, Elischa, Natan u.a. behält es seinen berechtigten Namen in der jüdischen Tradition. Im Gegensatz zu den Vorderen sind von den **Hinteren Propheten** (eigene) Schriften erhalten, weswegen sie auch Schriftpropheten genannt werden. Diese sind Jesaja, Jeremia und Ezechiel und das sog. **Zwölfprophetenbuch**, das die zwölf Prophetenbücher von Hosea bis Maleachi umfasst.

Das Zwölfprophetenbuch gilt als eine Trost spendende und den Glauben stärkende Sammlung – nicht zuletzt wegen der drei abschließenden nachexilischen Bücher Haggai (an zehnter Stelle), Sacharja und Maleachi (an elfter und zwölfter Stelle). Während die vorangehenden Bücher des Zwölfprophetenbuches das Gericht über Israel ankündigen, erwarten Sach 1–8 zusammen mit dem Buch Haggai (Hag) eine Wende zum Heil in der Gegenwart bzw. in der bald anbrechenden Zukunft.

### Zur Bedeutung im Neuen Testament

Das Neue Testament deutet ausgewählte Abschnitte des Buches Sacharja (in seiner hebräischen und v.a. seiner griechischen Gestalt) messianisch. Besonders bestimmte Aspekte der neutestamentlichen Christologie erscheinen im Lichte von zitierten Worten aus dem Sacharjabuch:

→ In Lk 1,78 nimmt *„das aufgehende Licht"* (ähnlich Einheitsübersetzung) bzw. *„Aufgang"* (Elberfelder) die antike griechische Fassung (Septuaginta) von Sach 3,8 und 6,12 auf.

→ Die Einzugsperikope nach Joh 12,12ff. bzw. Mk 11,1-11 (Mt 21,1ff.; Lk 19,28ff.) setzt die messianische Ankündigung aus Sach 9,9 szenisch um: *„Du, Tochter Zion, freue dich sehr, und du, Tochter Jerusalem, jauchze! Siehe, dein König kommt zu dir, ein Gerechter und ein Helfer, arm und reitet auf einem Esel, auf einem Füllen der Eselin"* (in Mt 21,4f. sogar mit Zitat von Sach 9,9).

→ Das *Tempelwort* Jesu (Mk 14,58 par; Joh 2,19-21) nimmt den Tempelbau als unentbehrlich gewordenes messianisches Werk aus Am 9,11f. und Sach 6,12f. auf: „er [= der Knecht JHWHs, der Messias] *aber wird das Heiligtum bauen*".

→ Die Vertreibung der *Händler* bei der *Tempelreinigung* Jesu (Mk 11,15f. par und Joh 2,14) setzt die Ankündigung Sach 14,21 um: *„und es wird keinen Händler mehr geben im Hause JHWH Zebaoths zu der Zeit"*.

→ Jesus deutet die bevorstehende Passion auf dem Wege zum Ölberg im Lichte von Sach 13,7: *„Ich* [= der Herr] *werde den Hirten schlagen, und die Schafe werden sich zerstreuen"* (s. Mk 14,27; vgl. Mt 26,31).

→ Der *Lanzenstich* in Joh 19,33-37 wird durch ein Zitat aus Sach 12,10 gedeutet: *„Sie werden den sehen, den sie durchbohrt haben"* (Joh 19,37).

→ Offb 1,7 kündigt den mit den Wolken *kommenden Christus* ebenfalls mit einer auf die Passion bezogenen Anspielung auf Sach 12,10 an (vgl. Mt 24,30); die im griechischen Wortlaut von Sach 13,2 (gegenüber dem hebräischen konkretisierende) Übersetzung *„und den* unreinen Geist *werde ich aus dem Land entfernen"* hat auf die Darstellungen von *Dämonenaustreibungen Jesu* in den Evangelien eingewirkt.

Insbesondere der Einzug Jesu in Jerusalem und seine Passion werden mit Hilfe von zitierten Sacharja-Worten gedeutet, und zwar deswegen vorrangig aus Sach 9–14, weil hier ein leidender Messias angekündigt wird, der gewaltsam ums Leben kommt, um sein Volk zu retten.

Zu den Zitaten kommen die nicht minder wichtigen neutestamentlichen Abschnitte hinzu, die Worte oder Abschnitte aus Sach voraussetzen. Bemerkenswert sind die zahlreichen Zitate und Anspielungen in der Johannes-Offenbarung: Besonders Sach 4 und 6 werden aufgenommen (Offb 4–7.11 und 19), aber auch Sach 14,7-11 (Offb 11; 19 und 21f.).

---

In Ex 3,14 offenbart Gott seinen Namen: **JHWH** („Ich bin, der ich [für dich] sein werde"). Die Septuaginta und damit auch das NT übersetzen das Tetragramm, die vier Buchstaben („JHWH"), mit „der Herr". Angesichts des Gesprächs mit anderen Buchreligionen wird daran festgehalten, dass der Gott des Alten Testaments seinen Namen („Jahwe") geoffenbart hat. Gott wird daher im Folgenden bei seinem Namen „JHWH" genannt.

**Messias:** Das AT erwartet ab Jes 7 und 9 eine ideale königliche Herrschergestalt aus dem Geschlecht Davids. Der Messias wird vom Berg Zion aus den Willen JHWHs über die Welt verwirklichen.

---

### Der Prophet Sacharja

Sacharja war der leibliche Sohn von Berechja und Adoptivsohn des auch in den Priesterlisten Nehemias genannten Priesters Iddo (Sach 1,1.7; Esr 5,1; 6,14; Neh 12,4.16). Neh 12,1-7 zufolge ist

Iddo unter Serubbabel und dem Hohenpriester Jeschua aus dem babylonischen Exil zurückgekehrt (lt. GNB: Oberster Priester). Dass Sacharja – neben seiner prophetischen Tätigkeit – unter dem Hohenpriester Jojakim (Neh 12,16), dem Nachfolger Jeschuas, als Priester im Jerusalemer Tempel amtierte, setzt für seine Berufung am 15.2.519 (Sach 1,7-16) voraus, dass er volljährig, aber noch recht jung gewesen sein muss (im Unterschied zu Haggai, der den salomonischen Tempel Hag 2,3 zufolge noch mit eigenen Augen gesehen hatte). Er wird auch in Sach 2,8 als „junger Mann" bezeichnet.

Die erste Vision (s. Sach 1,7-17) versteht sich zugleich als die Berufung Sacharjas. (Ein Bild der Sacharja zugeschriebenen Grabstätte im Kidrontal finden Sie auf der DVD, im 7. Ordner.)

**Überblick über den Aufbau des Sacharjabuches**

Die Überschriften in 1,1 (1,7; 7,1); 9,1 und 12,1 signalisieren die Grobgliederung des Buches in drei Teile: Kap. 1–6 (mit 7f.), 9–11 und 12–14. Der in Ich-Form gehaltene Visionszyklus in 1,7 – 6,8, gerahmt durch den einleitenden Umkehrruf 1,2-6 und den Auftrag zu einer Zeichenhandlung in 6,9-15, bildet zusammen mit den Wortsammlungen in Kap. 7f. den ersten Hauptteil des Buches. Kap. 8 nimmt zahlreiche Elemente aus Kap. 1 auf (1,2.14: 8,2; 1,2f.4.6.17: 8,14) und schließt so Kap. 1–8 für den Leser erkennbar ab.

Die in 9,1; 12,1 und (erweitert) in Mal 1,1 verwendete Überschrift „*Botschaft*" oder „*Ausspruch*" (LÜ: „*Last*") „*des Herrn*" markiert die Wortsammlungen der Kap. 9–11 als den zweiten und die Kap. 12–14 als den dritten Hauptteil des Buches mit Maleachi als einem Anhang zum *ganzen* Sacharjabuch.

Analog zur Dreiteilung des Jesajabuches bezeichnet man Sach 1–8 als „Protosacharja" (= erster), Kap. 9–11 als „Deuterosacharja" (= zweiter) und Kap. 12–14 als „Tritosacharja" (= dritter Sacharja), weil Deutero- und Tritosacharja anonyme Sammlungen sind.

| GROBGLIEDERUNG | | ÜBERSCHRIFTEN |
|---|---|---|
| **1–6 (mit 7f.):** | Protosacharja | 1,1 (Datierung) |
| 1,2-6 | Einleitender Umkehrruf | |
| 1,7 – 6,8 | Visionszyklus | 1,7 (Datierung) |
| 6,9-15 | Auftrag zu einer Zeichenhandlung | 7,1 (Datierung) |
| 7f. | Wortsammlungen | |
| **9–11:** | **Deuterosacharja** | 9,1 („Ausspruch des Herrn") |
| **12–14:** | **Tritosacharja** | 12,1 („Ausspruch des Herrn") |

→ Ein ausführlicherer bibelkundlicher Aufbau ist auf der DVD (7. Ordner) abgespeichert.

**Begründung der Textauswahl und der Übersetzung**

Der Auswahl an geeigneten Abschnitten aus Sach 9–14 für die Bibelwoche lag in erster Linie das Kriterium der neutestamentlichen Rezeption zu Grunde. In den einzelnen Auslegungen (s.u.) wird zweierlei zu fragen sein:

Was ist der ursprüngliche Zusammenhang, die innere Logik der genannten Zitate? Welche Bedeutung erhalten die Zitate in neutestamentlichem Kontext?

Die Erklärungen folgen dem Sacharjabuch in bibelkundlicher Reihenfolge. Lediglich Sach 2,10-17 wurde an den Schluss gestellt, da der Abschnitt besonders als abschließender Predigttext geeignet ist. Die Auslegung in der Form ist dennoch analog zu den anderen Erklärungen abgefasst worden, sodass diese Auslegung auch bei der Vorbereitung eines *einzelnen* Bibelabends zu dienen vermag.
Bei 12,9 – 13,1 und 13,7-9 gibt es zahlreiche inhaltliche Überschneidungen und Querbezüge. Die Zusammenfassung zu Sach 12–14 am Ende der Auslegung von 13,7-9 soll den Lesenden, die nur einen der beiden Abschnitte vertiefen wollen, entsprechend einen Blick auf das Ganze gewähren.

Der Zweck der wörtlichen Übersetzungen der sieben Abschnitte ist, präzise die Absicht des hebräischen Wortlauts und damit dessen Wirklichkeitsauffassung herauszuarbeiten, weil Form und Inhalt im AT eine Einheit bilden. Das bedeutet: Die Form ist der Zugang zum Inhalt.

## Zeitliche Einordnung der drei Hauptteile

Wie im Jesajabuch entstammen die drei Teile des Sacharjabuches unterschiedlichen geschichtlichen Epochen:
1–8 stammen aus der frühpersischen Zeit, genauer: den Jahren 520 bis ca. 515 v. Chr. unter Darius I. (Abfassung von 1,7 – 6,15 durch Sacharja selber?),
9–11 setzen Alexander den Großen (336-323 v. Chr.) voraus samt der frühen Diadochenzeit (= die Ära der Nachfolger Alexanders) und
12–14 gehören in die Zeit der ptolemäischen (= griechisch-ägyptischen) Herrschaft in Jerusalem im 3. Jh. v. Chr.

### 1. Sacharja 1–8
Die Datumsangaben in den Überschriften Sach 1,1 (Okt/Nov 520 v. Chr.) und 1,7 (15. Februar 519 v. Chr.) verklammern die Visionen Sacharjas (samt 6,9-15) mit den chronologischen Angaben des Haggaibuches: In 1,1-11 (29. August 520) ruft Haggai die Judäer zum Tempelbau auf – sie gehorchen ihm. Erneut ermutigt er in 1,15b; 2,1-9 (21. September oder 17. Oktober 520) dazu, den Tempelbau fortzusetzen, dessen Ziel der Einzug der „Herrlichkeit JHWHs" ist. Nun ergreift in der Endgestalt Sach 1,1-6 zufolge auch der Prophet Sacharja mahnend das Wort, bevor in Hag 2,10-19.20-23 (18. Dezember 520) erkennbar wird: Der Grundstein des Tempels ist endlich gelegt worden – die Wende hat stattgefunden!

Dieses Heil führt nun der Visionszyklus Sach 1,7 – 6,8 (mit 6,9-15) in einer reflektierten Systematik vor Augen, datiert auf den 15. Februar 519. Die Wortsammlung Kap. 7f. ist laut 7,1 knapp ein Jahr später, am 7. Dezember 518, ergangen, sie enthält aber auch kaum datierbare Ergänzungen. Die laut Esr 6,15 im Frühjahr 515 erfolgte Tempelweihe ist dagegen in Sach 1–8 noch *nicht* vorausgesetzt. *Alle genannten Daten bei Hag und Sach beziehen sich ausdrücklich auf die Regierungszeit des persischen Königs Darius I. (521-485 v. Chr.),* der noch nicht von Darius II. (423-405 v. Chr.) unterschieden wird. Hag und Sach 1–8 gehen auf dieselbe Redaktion zurück, vermutlich durch Sacharja oder einen Schüler.

## 2. Sacharja 9-11

Die Überschriften in Sach 9–11 und 12–14 enthalten im Gegensatz zu den vorangegangenen keine chronologischen Angaben. Besitzen daher auch diese Kapitel den Hintergrund der frühpersischen Zeit? Dagegen spricht der jeweilige Inhalt: Sach 9,1-8 haben den Zug Alexanders des Großen (336-323 v. Chr.) vor Augen, wie v.a. der Vergleich mit dem jüdischen Geschichtsschreiber Flavius Josephus zeigt:

„Alexander zog nun nach Syrien, nahm Damaskus ein, bemächtigte sich Sidons, belagerte Tyrus [...]. Dann verschärfte er die Belagerung und nahm endlich Tyrus ein, ordnete die Verwaltung der Stadt und zog nach Gaza, dessen [...] Besatzung er belagerte."

<sub>Jüdische Altertümer XI,8,3 (Flavius Josephus, Jüdische Altertümer. Übersetzt und mit Einleitung und Anmerkungen versehen von Dr. Heinrich Clementz, neu gesetzt und überarbeitet nach der Ausgabe Halle a. d. Saale 1899, 2. Aufl., Wiesbaden 2006, 531f.)</sub>

Der schlicht auf einem Esel reitende Friedensmessias ist von Sach 9,9f. als positive Gegenfigur zu Alexander gezeichnet (s.u.). An Sach 1–8 angefügt wurde 9,1-8 wegen des Rückbezuges auf die Augen JHWHs aus 4,10 in 9,1b und 8b. Die nicht lange nach dem überraschenden Tod Alexanders entstandene Deutung der vorangegangenen Hirtenallegorie von 10,3-12 in 11,4-17 erklärt das Ausbleiben der Heilsankündigungen Protosacharjas von der frühpersischen Zeit bis zur Gegenwart kurz nach 323 v. Chr. In Sach 9,13 werden sogar ausdrücklich die Griechen (Einheitsübersetzung: „Jawan" = Ionier) genannt! *Sach 9–11 stammen also aus frühhellenistischer Zeit.*

## 3. Sacharja 12-14

Manche Ausleger sehen in Kap. 12–14 literarisch und vom geschichtlichen Hintergrund her eine Fortsetzung von Kap. 9–11. Dagegen spricht aber die für Kap. 12–14 eigentümliche, in sich steigernden Variationen vorgetragene Märtyrerthematik in Bezug auf Jerusalem und auf den getöteten Davididen. Sie setzen die Herrschaft der Nachfolger Alexanders in Ägypten, der Ptolemäer, voraus, die in Juda bis zum Ende des dritten Jahrhunderts v. Chr. dauerte (s.u.).

## Der geschichtliche Hintergrund der drei Teile des Sacharjabuches

Der Visionszyklus und die auszuführende Zeichenhandlung in 6,9-15 (Sacharja soll symbolisch den Hohenpriester krönen) kündigen – nach dem Ende des Gerichtes der Exilszeit – die Wende zu einer Heilsepoche in Jerusalem und Juda an. Ihr Anbruch wird mit der Tempelweihe erwartet. Auch die Wortsammlungen in Kap. 7f. sind in 7,1 in die Zeit des Tempelbaus datiert. Im zweiten und dritten Hauptteil des Buches wird zwar an der Erwartung des Anbruchs einer von JHWH gewährten Heilszeit festgehalten, doch ist der Weg dahin verflochten mit katastrophalen Niederlagen gegenüber anderen Völkern. Dagegen können die Völker (besonders in Kap. 14) auch Anteil am Heil Judas haben.

### 1. Sacharja 1-8

Die sicher datierbaren *Quellen* für die Zeit zwischen dem Exilsende 538 v. Chr. und der Tempelweihe 515 v. Chr. außerhalb des Sach sind in erster Linie das Buch Haggai, die Darstellung in Esr 1-6 (mit einer gegenüber Hag/Sach eigenständigen Sicht der Ereignisse) und als außerbiblische Quelle die bedeutende *Behistun-Inschrift* von Darius I. (521-485 v. Chr.), benannt nach dem für die antiken Perser als heilig geltenden Gebirgszug Behistun in Iran. Am Ende dieser Inschrift fasst Darius den Wortlaut zusammen:

„Es kündet Darius der König: Dies ist, was ich tat nach dem Willen Ahuramazdas in einem einzigen Jahre, nachdem ich König geworden war. Neunzehn Schlachten lieferte ich. Nach dem Willen Ahuramazdas schlug ich sie (d.h. die Feinde), und neun Könige nahm ich gefangen. [...] Es kündet Darius der König: Bei Ahuramazda schwöre ich, daß dies wahr, nicht erlogen ist, was ich in einem einzigen Jahre getan habe"

<small>(Die Behistun-Inschrift Darius' des Großen, übersetzt und kommentiert von Rykle Borger und Walther Hinz, in: Texte aus der Umwelt des Alten Testaments [TUAT], Auszug aus Bd. I, Otto Kaiser [Hg.], Gütersloh 1984, 419-450, 442f.+444; §§ 52 u. 57).</small>

Das zur Inschrift beigefügte Relief zeigt Darius (3. v. li.) und die besagten neun Könige und auf dem Boden liegend: Gaumāta, der Darius zufolge unberechtigt den persischen Thron bestiegen hatte (nicht mitgezählt); oben schwebend: der persische Gott Ahuramazda.

*Der Ausschnitt befindet sich auch auf der DVD (unter 1. Sach 1,7-17 im 7. Ordner).*

In Behistun hat Darius I. die Inschrift mehrsprachig mitsamt einer bildlichen Darstellung und unzugänglich über einem Quellheiligtum, aber sichtbar von einem vorbeiführenden Fernhandelsweg aus, anbringen lassen. Sie war verbreitet im ganzen persischen Weltreich, daher war sie wohl auch in Jerusalem bekannt. In dieser bemerkenswert ausführlichen Inschrift rechtfertigt Darius seinen Herrschaftsanspruch, indem er die gewaltsame Konsolidierung seines Reiches während seines ersten Regierungsjahres nachzeichnet. Für die Auslegung von Hag und Sach

1–6 ist dabei entscheidend: Darius hatte zum Zeitpunkt des Auftretens von Haggai und Sacharja Ende 520 v. Chr. bereits alle Aufstände im Reich niedergeschlagen. Die Erde lag ruhig und still da (Sach 1,11).

**Eine Chronologie der Ereignisse**

Die Botschaft von Sach 1–8 will vor dem Hintergrund der Entwicklungen seit der Zerstörung Jerusalems durch den Babylonier Nebukadnezar II. (605-561 v. Chr.) im August 587 v. Chr. verstanden werden. Die im AT bezeugten vorexilischen Schriftpropheten (besonders Amos, Hosea, Micha, Jesaja, Jeremia, Ezechiel) hatten die Überwältigung durch die Assyrer (im 8. Jh.) bzw. Babylonier (im 6./7. Jh. v. Chr.) angekündigt. Aus ihrer Sicht war die Schuld Israels bzw. Judas so gravierend, dass beide ihre Existenz JHWH gegenüber verwirkt hatten und nichts mehr das von JHWH bestimmte Ende von Staat und Königtum hätte verhindern können. Dennoch verkündigen Hosea, Protojesaja, Jeremia und Ezechiel auch Heilsbotschaft für die Situation *im* bzw. *nach* dem Gericht.

Insbesondere *Protojesaja* (2. Hälfte 8. Jh. v. Chr.) erwartete von seinen zeitgenössischen Hörern eine Haltung, als ob es König, Tempel/Kult, Volk, Recht und den Zion nicht mehr gäbe. Für den Einzelnen soll die äußerlich nicht sichtbare Wirklichkeit JHWHs verbindlicher werden als das äußerlich Sichtbare. Das nennt Jesaja *glauben* (Jes 7,9; 28,16). Statt im Kult mit dem Trott des Volkes zu gehen, soll der Einzelne für JHWH selber offen werden (auch im Kult; Jes 1,10-17); JHWH führt seine Geschichte nicht mehr mit dem sich ethnisch verstehenden Volk weiter, sondern mit der „Gemeinde" derer, die sich seinem (positiv verstandenen) Gericht beugen und davor nicht fliehen (Jes 3,15; 14,32; 28,16). Diese „Gemeinde" bildet den wahren, unangreifbaren „Zion" (Jes 14,32; 28,16).

Es spricht vieles dafür, dass sich diese von Jesaja eingeführte neue Wirklichkeitsauffassung, die Perspektive des „Glaubens", vermittelt durch Schüler Jesajas (Jes 8,16f.) (und weitergeführt durch die Propheten Jeremia und Ezechiel) gut ein Jahrhundert später unter den Exulanten von 597 und 587 v. Chr. im Zweistromland durchgesetzt hat. Bei der Auslegung von Hag/Sach ist dieses neue Wirklichkeitsverständnis entscheidend.

Die Bücher Esr/Neh bezeugen jedoch in bestimmter Hinsicht eine erfolgreiche Restauration in Jerusalem für das 5./4. Jh. v. Chr., wie sie z.B. am Mauerbau ersichtlich ist (Neh 4,6ff). Dagegen heißt es in Sach 4,6b in Bezug auf den Tempelbau und die damit verbundenen Erwartungen: *„Es soll nicht durch Heer oder Kraft, sondern durch meinen Geist geschehen, spricht JHWH der (himmlischen) Heerscharen"*. Im davidischen Kronprinzen Serubbabel (s.u.) sah man daher nicht „den König" oder gar „den Messias", sondern man brauchte lediglich für eine rechtmäßige Grundsteinlegung des Tempels funktional einen Davididen, den man allerdings schon fünf Jahre später (trotz Sach 4,9.10a) für die Weihe des Tempels (Esr 6,14-18) entbehren konnte.

Daher war die von Jesaja eingebrachte neue Wirklichkeitsauffassung der entscheidende Grund, warum die Judäer im Gegensatz zu den anderen verschleppten Völkern das Exil und warum das Judentum die weiteren Verfolgungen und Zerstreuungen in seiner Identität hat überdauern können! Das NT knüpft an diesen von Jesaja geprägten Glaubensbegriff an (v.a. in Hebr 11,1).

Die Zerstörung von Tempel, Königspalast und weiten Teilen Jerusalems samt Deportation eines Großteils der Bevölkerung im Spätsommer 587 v. Chr. durch die Babylonier wurde so aufgefasst, dass die Gerichtsprophetie *Jeremias* noch zu seinen Lebzeiten in Erfüllung ging. Man war der Meinung: JHWH hat Jeremias Verkündigung auf das Deutlichste bestätigt. Aus diesem Grunde hat man nach 538 v. Chr. Jeremias Ankündigung einer 70-jährigen Dauer des Exils (Jer 25,11f.; 29,10) besonders ernst genommen (s.u.). Erst auf dem Hintergrund der traumatischen Erfahrungen im Rahmen der Belagerung und Zerstörung Jerusalems wird die Bedeutung der Tempelweihe bei Sacharja verständlich:

Über die jämmerlichen Zustände während der etwa einjährigen *Belagerung* Jerusalems geben die (wohl zu Unrecht auf Jeremia zurückgeführten) *Klagelieder* einen Einblick. Anscheinend musste der Opferbetrieb im Tempel auch dann noch weitergeführt werden, als das Volk nichts mehr zu essen hatte, um JHWH nicht durch eine Einstellung der Opfer noch mehr zu erzürnen. Dass die Stadt *trotzdem* gefallen ist, muss unter den ins babylonische Exil deportierten Priestern zu zweierlei geführt haben: zu einem vertieften Heiligkeitsverständnis und (davon abhängig) zu einer gegenüber dem vorexilischen Deuteronomismus neuen Opferkonzeption (das Deuteronomium wies Opfervorschriften auf, bei denen bestimmte Opfer als menschliches Werk missverstanden werden konnten).

Beides ist am Ezechielbuch ablesbar und die Schule Ezechiels dürfte erhebliche personelle Überschneidungen mit derjenigen Schule aufgewiesen haben, die im Zweistromland und dann in Juda die Priesterschrift (P) gestaltet hat (Näheres dazu S. 26). Bei der neuen Opferkonzeption der *Sühneweihe* geht es nicht mehr um die Vergebung einzelner Sünden, sondern um die Existenz des Menschen (Ez 20,12 u.ö.), um seine Neuwerdung von JHWH her – aber nicht empirisch, sondern im Sinne des bereits erwähnten jesajanischen Wirklichkeitsverständnisses. Ausgerechnet das Sabbatgebot wird aus allen Geboten herausgegriffen, weil man diesem Gebot gerade *nicht* durch aktives Tun genügen kann, sondern nur durch Einfügung der eigenen Existenz in die Schöpfungsstruktur, deren Ziel Gen 2,1-3 (P) zufolge gerade der Sabbat ist.

Dies findet in Sach 3 eine entscheidende Weiterbildung, zumal der Prophet Sacharja selber priesterliche Erziehung aufwies (s.o.) und wohl bis Mitte 520 v. Chr. unter den judäischen Exulanten im Zweistromland gelebt hatte (s.u.). Die entscheidende Voraussetzung für die Rückkehr der judäischen Exulanten war die Tatsache, dass die Babylonier die Deportierten *zentral* anzusiedeln pflegten (und nicht wie im 8. Jh. v. Chr. die Assyrer verstreut; 2.Kön 17,6). Im Zielgebiet blieben die Deportierten von 597 und 587 v. Chr. beisammen mit einer aus ihrer Mitte gewählten Selbstverwaltung, die es aus Sicht der Babylonier erleichterte, im Konfliktfall die Zwangsumgesiedelten zu bestrafen (der Begriff der „babylonischen Gefangenschaft" ist daher missverständlich). Man wird für diese Selbstverwaltung Gestalten gewählt haben, die ohnehin in hohem Ansehen bei den Exulanten standen, z.B. der Prophet Ezechiel (Ez 14,1; 20,1). Zwar lebte der 597 v. Chr. deportierte König Jojachin Mitte des 6. Jh. v. Chr. noch und behielt sogar den Titel „König von Juda", muss sich aber mit seiner Familie in Babylon aufhalten (2.Kön 25,27-30; vgl. Jer 52,31-34).

Steintafel mit Keilschrift (Rations for Jehoiachin, exiled ruler in Babylon) © bpk / Vorderasiatisches Museum, SMB / Olaf M. Teßmer
Das Fragment einer Keilschrifttafel aus dem 6. Jh. v. Chr. enthält eine Auflistung von Öl- und Sesamrationen des babylonischen Königshofs, unter dessen ausgewählten Empfängern auch König Jojachin und seine Familie waren (Abbildung auch auf der DVD).

Die Deportierten von 597 und 587 v. Chr. dagegen wurden in die Region von Nippur, also südöstlich von Babylon angesiedelt, wie auch die dort archäologisch zu Tage gekommenen Listen mit JHWH-haltigen Namen aus der persischen Zeit erweisen.

Das muss bedeutet haben, dass die von den Babyloniern verordnete Selbstverwaltung aus der Sicht der judäischen Exulanten faktisch an die Stelle des einstigen Königs trat. Im Buch Ezechiel wird jedenfalls deutlich: JHWH führt aus der Sicht der Ezechiel-Schule seine Geschichte nur noch mit den judäischen Exulanten weiter (und nicht mehr mit den in Juda Verbliebenen): JHWH weicht aus dem Jerusalemer Tempel (Ez 8–11) und kommt zu ihnen ins Zweistromland (Ez 1–3). *Sie* sind jetzt „Israel"! Dieses ausgeprägte Selbstbewusstsein der Exulanten führte bei ihrer Rückkehr zu den dem Deuteronomismus verpflichteten Altjudäern zu unvermeidbaren Konflikten und Prozessen.

**Deuteronomismus:** Sowohl das Deuteronomium als auch davon theologisch und sprachlich abhängige Abschnitte im Pentateuch (5 Bücher Mose), im Deuteronomistischen Geschichtswerk (Josua bis 2.Könige) und in den Büchern der vorexilischen Schriftpropheten gehen auf eine vom Propheten Hosea (8. Jh.) abhängige Schule zurück. Ihr ist besonders wichtig: JHWH ist der einzige Gott (Monotheismus); Jerusalem mit dem Berg Zion ist der einzige rechtmäßige Ort der Anbetung und Darbringung von Opfern (Kultzentralisation); JHWH kann *im* Wort (einer Gotteserscheinung ebenbürtig) erfahren werden (Worttheologie), damit wird das überlieferte Wort verbindlich; JHWH hat mit Israel als seinem erwählten Volk einen Bund geschlossen.

**Priesterschrift:** Aus der Schule des Priesters und Propheten Ezechiel entstand im babylonischen Exil auf der Grundlage des Deuteronomismus und der älteren Überlieferungen ein Neuentwurf, der von der Schöpfung bis zum Ende der Wüstenzeit der Israeliten reichte. Alle Offenbarung und alle Institutionen sind nun von JHWH bestimmt, der Mensch nimmt die Rolle des Empfangenden und Ausführenden ein. Das Ziel der Geschichte sind das Wohnen JHWHs inmitten seines Volkes und der Opferkult auf dem Berg Zion, der im Unterschied zu den deuteronomischen Opfern nun sühnende Bedeutung erhält. Das Empfinden für die Heiligkeit JHWHs ist gegenüber den vorexilischen Schriften auf Grund der Erfahrung des zum Exil führenden Gerichtes JHWHs deutlich gestiegen. Den Bund mit Israel hatte JHWH schon mit Abraham geschlossen. Das Ziel der Schöpfung ist nicht der Mensch, sondern der Sabbat.

Die **Priesterschrift** hatte zwar selbständig existiert, in sie wurden aber in Jerusalem im 5. Jh. v. Chr. zum besseren Verständnis und ergänzend vorexilische (auch deuteronomistische) Materialien und das Dtn eingearbeitet. So entstand der Pentateuch mit der Priesterschrift als seinem roten Faden und spiegelt die gesamte Gotteserfahrung Israels von den Anfängen bis zur exilischen, die Endzeit betreffende (eschatologische) Prophetie. – Das Buch Sach steht inmitten der Phase der Herausbildung der Priesterschrift, insbesondere der Sühntheologie (Sach 3).

In Jes 40–55 wird nicht nur den niedergeschlagenen Deportierten in einem qualitativ Neuen Exodus die Rückkehr aus dem Exil angekündigt (Jes 40,1-11; 52,11f.), sondern in Verbindung damit ein Neuwerden der Schöpfung und besonders die Rückkehr von JHWH zum Zion erwartet, wo er sichtbar für alle Völker seine weltweite Herrschaft aufrichten wird. Israel wird als der „Knecht JHWHs" die einstige Stellung des Königs einnehmen (Jes 41,8-13; 49,1-6 u.ö.) und die Völker rücken an die Stelle Israels. Sie werden daher ihre Götzenverehrung ablegen und sich bleibend zu JHWH bekennen. Statt den Zion anzugreifen (wie einst die Assyrer und Babylonier), werden sie nun friedlich zum Zion wallfahren, um in der Tora unterwiesen zu werden und diese zu leben (Jes 2,2-4 = Mi 4,1-3). Die Wende zu diesem endgeschichtlichem Heil wird Jes 44,24 – 45,8 zufolge der von JHWH eingesetzte und beauftragte persische König Kyros II. (548-529 v. Chr.) herbeiführen. In der ganzen Bibel erscheint kein einziger Herrscher aus den Völkern so positiv wie Kyros II. in Jes 44f.!

Wahrscheinlich hätte man seinerzeit die Botschaft von Deuterojesaja als Wunschdenken abgetan, wenn ihre Erfüllung nicht tatsächlich auf zweierlei Weise *eingesetzt* hätte: einerseits mit der Übernahme der Stadt Babylon und damit des babylonischen Weltreiches durch Kyros II. im Jahre 539 v. Chr. und andererseits dem *Kyros-Erlass*, den Esr 6,1-5 (vgl. 1,1-4) aus dem folgenden Jahr wohl in seiner ursprünglichen Fassung wiedergibt.

Für die Historizität eines solchen Erlasses spricht der in Babylon ausgegrabene Kyros-Zylinder. Dieser Inschrift zufolge hat Kyros religionspolitische Maßnahmen des letzten babylonischen Königs, Nabonid (556-539 v. Chr.), und vorangehender babylonischer Herrscher rückgängig gemacht. Zwar hat sich Kyros so wenig um den äußersten Westen seines Reiches gekümmert, dass ein Besuch von ihm in Altsyrien unbekannt ist. Doch ist es sehr wahrscheinlich, dass einzelne Judäer, die in der babylonischen Verwaltung beachtliche Karriere gemacht hatten, sich die gegenüber Nabonid und auch Nebukadnezar II. „konservative" Politik von Kyros zugunsten ihrer judäischen Heimat zunutze gemacht und ein solches Edikt in der persischen Verwaltung durchgesetzt haben. (Die dt. Übersetzung des Kyros-Zylinders befindet sich auf der DVD.)

Esr 1,5f. und Kap. 2 (= Neh 7,7b.8ff.) gehen von einer schon 538 v. Chr. erfolgten, etwa 20.000 Judäer umfassenden Rückkehrwelle aus. Dass Esr 2,2 (= Neh 7,7) unter den Rückkehrern u.a. Nehemia, Esra, Mordechai und Bagoas nennt, also Gestalten aus der ganzen, bis 332 v. Chr. reichenden persischen Zeit aufführt, signalisiert den *idealen* Charakter der Liste. Sie versteht sich nicht als Momentaufnahme aus dem Jahre 538 v. Chr. Hier wird die Geschichte vielmehr so dargestellt, wie sie hätte ablaufen *sollen*!

Hag 1,1-11 setzt dagegen für Ende 520 v. Chr. in Jerusalem eine anscheinend akut eingetretene Versorgungskrise voraus (V. 5f.), die am wahrscheinlichsten durch das Eintreffen einer nennenswert großen Menge an Rückkehrern in das seinerzeit nur spärlich besiedelte und bewirtschaftete Juda verursacht worden war. Anscheinend ist es in den 18 Jahren seit Ergehen des Kyros-Erlasses zu keiner größeren Rückkehrerwelle gekommen. Die meisten Familien waren im Exil längst etabliert, es ging ihnen gut – warum sollten sie das Erreichte aufgeben? Die in Ps 137 laut werdende Zionssehnsucht gibt die Betroffenheit der deportierten Zeugen von 587 v. Chr. wieder, nicht aber die Haltung der Mehrheit ab der zweiten Exilsgeneration. Noch für die spätpersische Zeit sind durch die Archäologie JHWH-haltige Namen für die Region um Nippur belegt.

**Der Tempelbau**

Der Tempelbau dürfte 538 v. Chr. aus persischer Sicht angesichts der vergleichsweise geringen Bevölkerungsdichte in Juda noch keine politisch spektakuläre Angelegenheit gewesen sein. Trotzdem kam er erst 18 Jahre nach dem Kyrosedikt in Gang. Zwei Gründe waren für diese Verzögerung *entscheidend*:

Zum einen brauchte man als *Schirmherrn für den Bau einen legitimen davidischen Herrscher*, denn der Bau von Tempeln ist im ganzen Alten Orient das Werk von Göttern oder Königen, die ausdrücklich von einem Gott dazu beauftragt worden sind. Der letzte judäische König, Zedekia (597-587 v. Chr.), verschwand jedoch im Dunkel der Geschichte (2.Kön 25,6f. par). Und der letzte greifbare König, Jojachin (598/597 v. Chr.), war von Jeremia (22,24-30) im Auftrag JHWHs mit scharfen Worten verworfen worden. Auch aus persischer Sicht kam die Wiederaufrichtung des judäischen Königtums nicht in Frage.

Zum anderen galt der neue Tempel – wie im ganzen Alten Orient – *nur dann als legitim, wenn er auf den Zentimeter genau an der Stelle seines Vorgängergebäudes errichtet* worden ist (Esr 3,3): Der Tempel ist im Alten Orient und auch in Juda ein *Symbol der Schöpfung*, sodass die Proportionen und Symmetrien des Tempels eine (in der Forschung noch nicht ergründete) Bedeutung besitzen, die auch ein König nicht abändern kann. Die Vermessung des Tempelplatzes war deswegen äußerst schwierig, weil die Babylonier nicht nur durch Feuer das Dach und die Wände des salomonischen Tempels zum Einsturz gebracht (2.Kön 25,8f. par), sondern sich sogar die Mühe gemacht hatten, auch die Grundmauern der Ruine bis auf den letzten Stein zu schleifen (vgl. Mk 13,2 par), sodass nach 587 v. Chr. auf dem Zionsberg nur mehr der blanke Fels zu sehen war (Jer 51,25f.; Ps 74,7).

Wie hat man diese beiden Grundsatzprobleme gelöst? *In den Schutthaufen um den Tempelplatz herum verbarg sich der alte, originale Grundstein*, ohne den (wegen der sonst fehlenden sakralrechtlichen Rechtmäßigkeit des neuen Tempels) eine Grundsteinlegung überhaupt nicht in Frage kam. Anscheinend wurde man beim ersten Durchgang nicht fündig (Ps 118,22; vgl. Sach 4,7). Die Fortsetzung der Arbeit bedurfte gar einer erneuten Ermutigung durch Haggai (2,1-9)! Jedenfalls hat man den Grundstein dann doch gefunden, und die Grundsteinlegung wird vor dem 18. Dezember 520 erfolgt sein (Hag 2; Sach 4,7).

*Für eine rechtmäßige Grundsteinlegung benötigte man einen legitimen davidischen Prinzen*. Man fand ihn in Serubbabel, Enkel Schealtiëls. Er war 1.Chr 3,17-19 zufolge ein Urenkel des von den Babyloniern im Jahre 597 v. Chr. nach drei Monaten Regierungszeit abgesetzten und deportierten Königs Jojachin (2.Kön 24,8-12). Serubbabel war der Erstgeborene von Pedaja und damit der Kronprinz. Dass in deutschen Bibelausgaben Schealtiël als der Vater Serubbabels angegeben wird, liegt daran, dass hebr. *ben* („Sohn") an diesen Stellen „Enkel" bedeutet (s. Hag 1,1.12; 2,2.23; Esr 3,2.8; 5,2; Neh 12,1 und Mt 1,12 par).

Serubbabels babylonischer Name (wörtlich: „Sprössling" oder „Nachkomme Babyloniens") weist auf seine Herkunft aus dem Zweistromland. Wahrscheinlich ist er an der Spitze der größeren Rückkehrwelle im Jahre 520 v. Chr. nach Jerusalem gekommen, zusammen mit dem Priester Jeschua und den Propheten Haggai und Sacharja. Sach 4,9.10a zufolge hat Serubbabel den

Grundstein gelegt (vgl. Esr 3,7ff.; 3. Esr 5,54f.), allerdings musste zu seiner Legitimation noch ein schwerwiegendes religiöses Hindernis überwunden werden: Jeremia hatte Jojachin die Kinderlosigkeit vorausgesagt (22,30). Dass Jojachin dann doch babylonischen Quellen zufolge fünf und 1.Chr 3,17f. zufolge sieben Söhne hatte, fiel nicht ins Gewicht: Es musste jemand, der wie Jeremia von JHWH autorisiert war, die Verwerfung Jojachins durch JHWH zurücknehmen. Auf diese Rehabilitation Jojachins zielt der feierliche Schluss des Haggai-Buches (s. Hag 2,20-23).

Nicht die Erhebung Serubbabels zum König (wie die ältere Forschung meinte), sondern die Zurücknahme des Jeremiawortes – die Verwerfung Jojachins – ist das Ziel des Abschnittes, um Serubbabel zum von JHWH erwählten Schirmherrn der Errichtung des zweiten Tempels zu legitimieren. Darauf weist besonders das gemeinsame Motiv des Siegelringes (Hag 2,23 gegen Jer 22,24) hin.
Für das *alttestamentliche Gottesbild* ist dieser Vorgang, dass JHWH-Wort gegen JHWH-Wort steht, also die Rücknahme der von JHWH autorisierten Jeremiaworte gegen Jojachin und der Ansage einer 70-jährigen Exilsdauer später durch Haggai, ebenfalls von JHWH beauftragt, ein bemerkenswerter Vorgang: JHWH kann also eine zuvor verkündete Gerichtsbotschaft teilweise oder ganz zurücknehmen. Dagegen ist für die unbegründete Rücknahme einer Heilsbotschaft kein Beispiel bekannt. JHWH, der Gott des Alten Testaments, kann *Reue* zeigen.

Man darf bei Hag 2,20-23 nicht übersehen, dass mit der Rehabilitierung Serubbabels als Urenkel Jojachins und damit mit dem Tempelbau das Ende der irdischen Weltreiche einhergehen soll, also der *Tempelbau im Zusammenhang endzeitlicher Ereignisse gesehen wird* (V. 21f.; vgl. bereits V. 6f.).

Mit dem Tempelbau drängte sich *die Frage nach dem davidischen Herrscher auch in populärer Weise* auf: Im Unterschied zum salomonischen Tempel wurde nur der Tempel selber, nicht aber der einst angebaute Palastkomplex errichtet (vgl. Ez 43,7-12). Dies ist der Hintergrund der sich in Hag 2,3 (vgl. Sach 4,10 Esr 3,12) spiegelnden Enttäuschung. Darüber hinaus stellte sich mangels eines regierenden Davididen die Frage nach der legitimen Einsetzung einer Priesterschaft und nach der Leitung des Tempels und des Kultes. Vorexilisch hatte der König die Hoheit über den Tempel inne und ging auch selber kultischen Pflichten nach.

Auffälligerweise wird Serubbabel als Schirmherr in den Büchern Haggai und Esra fast immer zusammen mit dem *Hohenpriester Jeschua* genannt (Hag 1,1.12.14; 2,2.4; Esr 3,2.8; 5,2). Jeschua repräsentiert den geistlichen, Serubbabel den weltlichen Bereich. Der theologischen Entwicklung während der Exilszeit verdankt sich der Aufstieg des JHWH-Priestertums zu einer Position *neben den weltlichen Vertreter*. Die sich in der Zuordnung von Jeschua und Serubbabel zeigende Teilung der Herrschaft wird inhaltlich in den „messianischen" Ankündigungen Sach 4,1-5.11-14 und 6,12f. erkennbar (darüber hinaus in 1.Sam 2,35; Jer 33,14-16.17ff.). Beide gemeinsam stellen den Messias als Ganzes dar, da Jeschua und Serubbabel in ihrer priesterlichen und weltlichen Autorität stets zusammen auftreten.

Die Einführung des Amtes des *Hohenpriesters* in Sach 3 geht noch weiter: Dem vorexilischen Amt des dem König untergebenen Oberpriesters fügt JHWH (von Sacharja in einer Himmelsvision geschaut) Rechte und Pflichten des vorexilischen Königs hinzu und schafft so das Amt des

Hohenpriesters. Der Hohepriester ist nun zusätzlich prophetisch begabt, hat Zutritt zum himmlischen Thronrat, und wird deshalb bei seiner Amtseinführung analog zum vorexilischen König gesalbt (Ex 29,4-7; Lev 21,10-12). Später wurde der Brauch der Salbung auf die Investitur aller Priester ausgedehnt (Ex 40,12-15). Allerdings ist die Übernahme königlicher Rechte und Pflichten in Sach 3 nur vorläufig auf den Hohenpriester und sein Priesterkollegium übertragen, nur bis zum Kommen des messianischen „Sprosses" (Sach 3,8; 6,12 als Weiterführung von Jer 23,5). Der erwartete ideale Herrscher ist jetzt schon geheimnisvoll im Heiligtum gegenwärtig, auch im Bekenntnis der Gemeinde: Am Schluss der Volksklage Ps 80 heißt es überraschend: *„Deine Hand schütze den Mann deiner Rechten (vgl. außer Ps 110,1 auch Sach 4,14), den Sohn, den du dir großgezogen hast" (V. 18).*

Der Hohepriester Jeschua wurde durch Sacharja nicht einfach zu einer Messiasgestalt erklärt. Sach 4 hatte in Bezug zum Tempelbau die Gestalten Jeschuas und Serubbabels komplementär als messianische Größe hingestellt, die das Leuchten des Lichtes JHWHs im kultischen Raum in der sichtbaren Welt ermöglichen. Mit der sich abzeichnenden Vollendung des Tempelbaus zeigt die Prophetie Sacharjas eine ähnliche eschatologische Offenheit wie der Schluss des Haggaibuches: Sach 6,12f. innerhalb von V. 9-15 schaut in eine qualitativ sich von der Gegenwart abhebende eschatologische Zukunft, die die im Grundtext von Kap. 4 geschaute priesterlich-weltliche Herrschaft aufweisen wird. Die *Krone*, mit der Jeschua gekrönt werden soll, dient nicht repräsentativen oder rituellen Zwecken und ist überhaupt nicht für Jeschua persönlich oder seine Nachfolger bestimmt, sondern *soll im Tempel aufbewahrt werden* (Sach 6,14). Ergänzend dazu heißt es in den Heilsworten an Jeschua in Sach 3,8: *„Du und deine Brüder, die vor dir sitzen, sind miteinander ein Zeichen; denn siehe, ich will meinen Knecht, ‚den Spross', kommen lassen."*

Das Priesterkollegium im Zweiten Tempel ist „Zeichen" für den eschatologisch erwarteten messianischen „Spross" (vgl. Jer 23,5f.). Wie die traditionsgeschichtlich vorgegebenen Motivwörter „Spross" (Jer 23,5; Sach 3,8 und 6,12; vgl. Ps 132,17) und „Knecht" (Sach 3,8; Num 12,7f.; vgl. Hag 2,23 und Ps 132,10) signalisieren, ist Gott in ihrer Mitte bzw. durch die deponierte Krone im Tempel in verborgener Weise gegenwärtig. Die auf die Grundsteinlegung bezogene endzeitliche Hoffnung (Hag 2,20-23; Sach 4) wird hier auch durch die Deponierung der Krone im Tempel nun *ganz in das Kultische übertragen* und ist für das Volk *im Kult erfahrbar.*

## 2. Sacharja 9–11
Standen Sach 1–8 (und das Haggaibuch) unter dem Eindruck des Wechsels in der Weltherrschaft von den Babyloniern zu den Persern, so steht hinter Sach 9–11 wiederum deren Ablösung durch den Makedonen Alexander den Großen (336-323 v. Chr.). Es wäre verfehlt, diese Herrschaftswechsel in ihrer Bedeutung für Israel und Juda nur machtpolitisch aufzufassen. Seit den Neuassyrern, insbesondere Tiglat-Pileser III. (745-727 v. Chr.) sahen sich die herrschenden Kulturen von ihren jeweiligen Göttern beauftragt, diesen Göttern die ganze Welt zu unterwerfen (vgl. 2.Kön 18,28 35).

Es galt jedoch nicht mehr, die eroberten Völker razzienartig auszuplündern, sondern sie langfristig als Vasallen oder als Provinz an das Imperium zu binden. Durch die Umsiedlung großer Volksmassen sollten diese kulturell entwurzelt und damit auch religiös vereinheitlicht werden. Polytheistische Religionen haben dabei einfach den Gott Assur (assyrisch), Marduk (babylonisch) oder Ahuramazda (persisch) ihren Göttern hinzugefügt – Israel und Juda waren dabei durch ihren Monotheismus ins Herz getroffen. Es sollte dieser Welteinheitsideologie zufolge der ganze Erdkreis in einem vermeintlich ursprünglichen Zustand assyrisch, babylonisch bzw. persisch werden. *Alexanders Programm war der Hellenismus: die Verschmelzung von Griechentum und den Kulturen des Orients.* Der Biograph Plutarch (50-125 n. Chr.) schreibt über die Umerziehungsmaßnahmen Alexanders:

Hierauf passte sich Alexander noch mehr in seiner Lebensart den Einheimischen an und suchte andererseits diese den makedonischen Sitten nahezubringen in dem Glauben, dass er durch eine solche Mischung und Gemeinschaft auf gütlichem Wege seine Macht besser begründen werde als durch Gewalt, wenn er sich weit entfernt. Daher suchte er dreißigtausend Knaben aus, setzte viele Aufseher über sie und ließ sie griechisch erziehen und im Gebrauch der makedonischen Waffen ausbilden.

<small>Plutarch, Alexandros 47, in: Plutarchus: Fünf Doppelbiographien: griechisch und deutsch, übersetzt von Konrat Ziegler und Walter Wuhmann (Sammlung Tusculum), 2. Aufl., Düsseldorf/Zürich 2001, 125+127 (in 71 wird der Erfolg dieser Massen-Umerziehung berichtet).</small>

In Bezug auf Altsyrien bedeutete dies die Ansiedlung makedonischer Kolonien einerseits und der zunehmenden Auswanderung von Juden in hellenistische Großstädte andererseits. Die Ablösung der Perser durch Alexander wird daher in Sach 9–11 keineswegs begrüßt, sondern die Kritik an der Gestalt Alexanders in Sach 9,1-8+9f. vor dem Hintergrund der durch ihn nur mit anderen Mitteln fortgesetzten assyrischen Welteinheitsideologie verständlich. Von Alexander fasziniert zu sein oder an JHWH als dem einzigen Gott zu glauben, wurde für die hinter Sach 9–11 stehenden Kreise zu einer Alternative. Im „Messias", der nun Züge annimmt, die bisher für JHWH galten, sah man jetzt betont eine friedliche Gestalt, die ohne äußere Gewalt ihre Herrschaft errichtet und daher auch traditionell judäisch auf dem königlichen Reittier, dem Esel (und nicht zu Pferd), in Jerusalem einzieht. Sach 9 sah also im Auftreten Alexanders den Beginn einer letzten endgeschichtlichen Periode!

### 3. Sacharja 12–14

Der überraschend frühe Tod Alexanders 323 v. Chr. brachte für mehr als ein Jahrhundert, bis zum Aufstieg der Römer, im Weltreich Kämpfe um seine Nachfolge mit sich. Zwischen den großen Parteien (den sog. *Diadochen*), vor allem den im ägyptischen Alexandria herrschenden *Ptolemäern* und den in Antiochia am Orontes residierenden *Seleukiden* kam es zu fünf „syrischen" Kriegen bis zum endgültigen Sieg der Seleukiden 197 v. Chr. (Dan 11,15).

Angesichts des Abschlusses des Prophetenkanons um 200 v. Chr. (Sir 49,10; Sirach-Prolog) und des bis zum Anbruch der Ptolemäerzeit reichenden Geschichtsrahmens von Sach 11,4-14.15f. kommt als historischer Hintergrund von Sach 12–14 nur das 3. Jh. v. Chr., also für Juda die Ptolemäerzeit (= das 4. Jh. v. Chr.) in Frage.

In Jerusalem wurden die führenden Hohenpriestergeschlechter in diese Auseinandersetzungen hineingezogen. In den z.T. blutigen Machtkämpfen um das Hohepriesteramt spiegelt sich letztlich die instabile Weltpolitik. Das Kommen des in Sach 9,9f. angekündigten Friedensmessias und der Neuen Schöpfung zögerte sich also in einer von Kämpfen erschütterten Welt immer weiter hinaus. Entgegen Sach 9,9f. war nun bewaffneter Kampf geboten. Der gegenüber Sach 12–14 spätere Abschnitt Dan 11,5-45 zeigt, dass man in Jerusalem diese Vorgänge kannte. Man litt umso mehr unter dem Ausbleiben der weltweit sichtbaren Gottesherrschaft. Dabei gilt Jerusalem sowohl in Sach 12–14 als auch in Dan 11 als das *Zentrum der Welt*: Das weltgeschichtliche Ringen im 3. Jh. v. Chr. verzögert das Eintreten der Verheißungen von Jes 40–55 und der sich anschließenden frühen Apokalyptik (s.u.), besonders von Haggai und Sach 1–8+9–11, aber auch von Jes 56–66. Ein konkreter geschichtlicher Hintergrund (z.B. die Identität des im Kampf Gefallenen) lässt sich nicht erkennen, vielmehr will der Wortlaut von Sach 12–14 in Bezug auf das Ende generelle, über die Gegenwart hinausgehende Aussagen machen.

### Sacharja – ein apokalyptisches Prophetenbuch?

In der Apokalyptik strömen Prophetie und die weisheitliche Wirklichkeitsauffassung einer erkennbaren Schöpfungsordnung zusammen. Das Thema der Apokalyptik ist die weltweit sichtbare Herrschaft JHWHs vom Zion aus über alle Völker. Das NT nennt dies „Gottesherrschaft" oder „-reich".

#### Was kennzeichnet in Israel und Juda Prophetie?
*Propheten sagen nicht (die Zukunft) „vorher", sondern sie sagen ihre von JHWH empfangene Botschaft „hervor"* (H. Krämer): Sie deuten im Auftrag JHWHs für die Menschen ihrer eigenen Zeit und Umgebung ihre gegenwärtige Situation. Ob die Botschaft der Propheten von ihren Zeitgenossen geachtet wird oder nicht, führt zu Konsequenzen für die Zukunft. Dass es in Israel und Juda zu Prophetie kam, die sich nicht zu Lebzeiten des Propheten erfüllte oder die trotz ihrer Erfüllung bleibende Bedeutung für künftige Generationen behält, führte in Israel und Juda zum Aufkommen der im Alten Orient sonst nicht belegten *Schriftprophetie*.

Den Schriftpropheten ist auch der Wechsel von einem zyklischen Geschichtsverständnis, das am Kreislauf der Jahreszeiten orientiert war, zu einer *linearen Geschichtsauffassung*, zu verdanken. *Die Geschichte führt nun zu einem Ende, sie hat ein Ziel.* Die prophetische Ankündigung des „Ende(s) der Tage" (Jes 2,2 u.ö.) weckt neu die Frage nach den Anfängen, dem Schöpfungshandeln Gottes (Gen 1,1 – 2,4a). Als Schöpfer steht Gott über der Schöpfung und es kann daher neben ihm keine anderen Götter geben (Ps 96,5).

#### Was ist neu in der Apokalyptik gegenüber der Prophetie?
Die Kette an religiös bedrohlichen Fremdherrschern seit den Neuassyrern (s.o.) führte zum Schrei der verfolgten Juden: Wann endlich bereitet JHWH dem ein Ende? Darauf antwortet die Apokalyptik mit tröstender Absicht: *Das* von Deuterojesaja vorgegebene *Thema der Apokalyptik ist die weltweit sichtbare Herrschaft JHWHs* (s.o.). Die *Formsprache* der Apokalyptik scheint von Ezechiel und seiner Schule auszugehen.
Dabei wurde für die Apokalyptiker die von Jesaja ausgehende *Unterscheidung von zwei Wirklichkeitsebenen* grundlegend: Obwohl im Diesseits angesichts der Weltmächte von der Herrschaft JHWHs noch nichts erkennbar ist, so ist dies in der mit äußerem Auge nicht sichtbaren Wirklichkeit JHWHs und im Gottesdienst ganz anders: Dort herrscht JHWH bereits jetzt schon als der König (Ps 47; 93; 95–99).

Die Apokalyptik überträgt die aus der Schöpfung bekannten Ordnungsstrukturen auf den Geschichtsablauf. Erschien die Vergangenheit nun streng in Epochen gegliedert (ab Ez 20), so war auch von der Zukunft zu erwarten, dass bestimmte Epochen zu durchschreiten waren, bis JHWH endlich den Weltmächten ein Ende bereitet und seinen königlich-prophetischen „Menschensohn" für die Welt einsetzt (Dan 7). Allerdings findet sich die Struktur „Ende der Weltmächte/Beginn der Herrschaft JHWHs" schon in Hag 2. Die Gliederung der Geschichte in Epochen hat tröstende Wirkung: Nichts ist dem Zufall überlassen, JHWH hat den Ablauf fest in seiner Hand.

Hinzu kommt, dass die Apokalyptiker ihre Botschaft nicht mehr frei formulierten, sondern sie blicken in die Vergangenheit, um mit Hilfe von originell arrangierten Zitaten und Anspielungen aus älteren, bereits verbindlich gewordenen Schriften ihre Botschaft auszudrücken. Aus ekstatischen Propheten, denen das verkündigte Wort wichtig war, wurden *schriftgelehrte Visionäre*, bei denen nicht auszuschließen ist, dass sie eigene Visionserlebnisse auf Grund vorgegebener literarischer Konventionen ausdrückten.

## Der Messias im Sacharjabuch

Zwar ist das Thema „Messias" nicht das Thema des Sacharjabuches, aber es fällt auf, dass es *messianologische Abschnitte in allen drei Teilen des Buches* gibt. Dabei wird der Messias aus auffallend unterschiedlichen Blickrichtungen betrachtet. Es ist sogar eine Tendenz zum Martyrium des Messias als dem Weg zum Heil feststellbar:

→ In Sach 1–6, genauer in Kap. 3 (und 6,9-15) ist der „Spross" genannte Messias bereits geheimnisvoll im Tempel gegenwärtig (vgl. Ps 80,18; 84,10).
→ In 9,9f. kommt der Messias wie JHWH selber zum Zion, der „König" ist dabei aber gebeugt, hat ein Gericht JHWHs angenommen und durchlitten.
→ In 12,9 – 13,1 und 13,7-9 *stirbt* gar der Messias als Märtyrer, weil JHWH es so will. Noch deutlicher ist hier Heil nur möglich durch das furchtbare Gericht JHWHs hindurch.

Als unerlässliche messianische Werke erscheinen in den ausgelegten Abschnitten der Tempelbau sowie die Wiederherstellung Israels (Sach 3; 6,9-15 u. 9,9f.).
Die Neue Schöpfung (1,17; 2,9; 3,10; 9,10), die endzeitliche Sündenvergebung (3; 13,1) und der Neue Bund (2,15; 13,9) kommen dagegen von JHWH selber.

# Kanon zur Bibelwoche
## Schalom chaverim – Der Friede des Herrn geleite euch

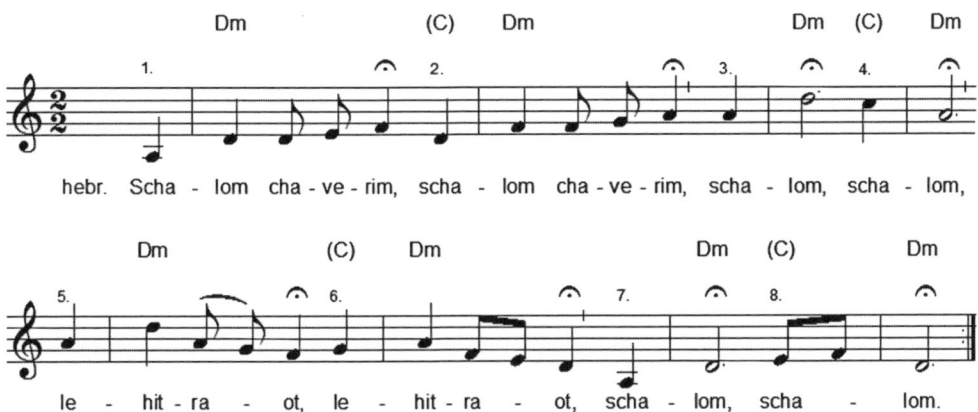

*Text und Kanon für 8 Stimmen: aus Israel (s. EG 434)*

Der Friede des Herrn geleite euch, Schalom, Schalom.

Der Friede des Herrn geleite euch, Schalom, Schalom.

(Das Notenblatt finden Sie auch auf der DVD, unter „7. Material für die Abende".)

Die Cartoons von Johann Mayr sind auf der beiliegenden DVD für eine Verwendung im Rahmen der Bibelwoche (etwa zur Projektion) abgespeichert. Von einer Nutzung darüber hinaus bitten wir abzusehen (das beinhaltet auch den Abdruck im Gemeindebrief und jegliche Nutzung im Internet).

# 1 | Wenn etwas in Bewegung kommt: Sach 1,7-17

## 1.1 Auslegung

**Thomas Pola**

### Die erste Vision: Reiter und Pferde

**Übersetzung (Thomas Pola)**

⁷ Am 24. Tag, im elften Monat, das ist der Monat Schebat,
    im zweiten Jahr von Darius,
geschah das Wort JHWHs zum Propheten Sacharja,
    dem Sohn Berechjas, dem (Adoptiv-)Sohn Iddos:
⁸ Ich schaute diese Nacht,
und siehe, ein Mann, der auf einem roten Pferd ritt.
Und er kam zum Halten zwischen den Myrten,
    die in der Tiefe waren,
und hinter ihm waren braune, hellrote und weiße Pferde.
⁹ Und ich sagte: Was bedeuten diese, mein Herr?
Und es sprach zu mir der Engel, der mit mir redete:
Ich selbst will dich sehen lassen, wer diese sind.
¹⁰ Da hob der Mann,
    der zwischen den Myrten zum Halten gekommen war, an
    und sprach:
Das sind die, welche JHWH ausgesandt hat,
    auf Erden hin- und herzuziehen.
¹¹ Und sie antworteten dem Engel JHWHs,
    der zwischen den Myrten zum Halten gekommen war,
    und sprachen:
Wir sind auf Erden hin- und hergezogen,
    und siehe, die ganze Erde ist still und in tiefster Ruhe.
¹² Aber der Engel JHWHs hob an und sprach:
JHWH der Heerscharen,
    wie lange willst du dich nicht selbst
    über Jerusalem und die Städte Judas erbarmen,
    die du verwünscht hast nun siebzig Jahre?
¹³ Und JHWH antwortete dem Engel, der mit mir redete,
    gütige Worte, tröstliche Worte.
¹⁴ Da sprach der Engel, der mit mir redete, zu mir:
Rufe aus: So spricht JHWH der Heerscharen:
    Ich eifere mit großem Eifer für Jerusalem und für Zion,
¹⁵ und mit großem Zorn zürne ich über die sorglosen Nationen,
    über die ich selber wenig zürnte,
    aber sie verhalfen zum Unheil.

¹⁶ Darum, so hat JHWH der Heerscharen gesprochen:
   Ich wende mich Jerusalem wieder zu in Erbarmen.
Mein Haus soll darin gebaut werden – Ausspruch JHWHs der Heerscharen –
   und die Messschnur soll über Jerusalem ausgespannt werden.
[¹⁷ Rufe noch dazu aus: So hat JHWH der Heerscharen gesprochen:
Meine Städte sollen weiterhin überfließen von Gutem;
   und der HERR wird Zion weiterhin trösten
   und Jerusalem fernerhin erwählen.]

**Die Überschrift Sach 1,7**

Das genannte Datum *entspricht dem 15. Februar 519 v. Chr.,* Sacharja setzt also gegen Ende des zweiten Regierungsjahres des persischen Großkönigs Darius I. (521-485 v. Chr.) ein. Wir befinden uns hier in der spannungsreichen Übergangszeit zwischen dem babylonischen Exil vieler Judäer, ohne Tempel und ohne König, also seit 587 v. Chr. (2.Kön 25) einerseits und dem Ende des Exils durch den persischen Großkönig Kyros II. (548-529 v. Chr.) andererseits. Er hatte 539 v. Chr. Babylon, die Hauptstadt des babylonischen Weltreiches, und das babylonische Reich selber übernommen.

Nach seinem Erlass ein Jahr später sollten die 587 v. Chr. von Nebukadnezar II. (605-561 v. Chr.) geraubten heiligen Tempelgeräte zurückgegeben und vor allem der Tempel in Jerusalem wieder aufgebaut werden – dem Willen von Kyros zufolge auf persische Staatskosten.
Die heiligen Geräte wurden Esr 1,7-11 zufolge tatsächlich wieder nach Jerusalem gebracht (mit Ausnahme der bis heute verschollenen Bundeslade), begleitet von angesehenen Judäern als den ersten Heimkehrern. Unserem Datum in Sach 1,7 gehen Ende 520 v. Chr. die Grundsteinlegung des Tempels und die Worte zum Tempelbau in Hag 1,15b – 2,23 voraus (s. dazu S. 20).

Die Überschrift Sach 1,7 führt darüber hinaus den *Propheten Sacharja* ein. Sein Name bedeutet „*JHWH hat* (der Mutter des Namensträgers) *gedacht*". Über Kinder hat man sich überaus gefreut und war sich bewusst, dass diese eine Gabe Gottes sind. Eigenartig ist die Angabe zweier Väter: Anscheinend ist Berechja der leibliche Vater und Iddo der Adoptivvater. Sacharja war Priester (Neh 12,16) und Iddo erscheint Neh 12,1-7 zufolge unter den unter Serubbabel und Jeschua zurückgekehrten Priestern. Sacharja wäre dementsprechend im Zweistromland geboren worden. Die Priesterausbildung erfolgte in den Priesterfamilien, jedoch war die Adoption möglich (z.B. in 1.Sam 1f.), wenn sich die betreffenden Jungen in frühem Alter als besonders lernfähig erwiesen hatten (s. dazu S. 18f.).

Dtn 33,10 nennt die *Aufgaben der Priester:* „Sie lehren Jakob deine Rechte und Israel dein Gesetz; sie bringen Räucherwerk vor dein Angesicht und Ganzopfer auf deinen Altar" (LÜ). An erster Stelle steht die Lehre, die seinerzeit eine universale Bildung gewesen sein muss (sie umfasste auch Geographie, Medizin, Astronomie u.m.) und die treu an die nächste Generation weiterzugeben war. An zweiter Stelle steht die Pflicht, *das heilige Feuer im Tempel zu bewahren* (das normale, „weltliche" Feuer durfte Lev 10,1-5 zufolge im Tempel wegen der Heiligkeit JHWHs nicht verwendet werden). Ging das heilige Feuer versehentlich aus, konnte man es menschlicherseits nicht ersetzen. Es kam nur dann vom Himmel, wenn JHWH es wollte. Daher mussten es die Priester täglich in einem Ritus JHWH vorzeigen, indem sie Spezereien auf die Räucheraltäre vor dem Allerheiligsten streuten (Ex 30,1-10). Erst an dritter Stelle stehen in Dtn 33,10 die *Opfer*. Dass die Priester in ihrer Zeit die Gelehrten waren, wird im AT außer bei Sacharja v.a. aus dem Ezechielbuch deutlich.

*Die Überschrift steht über dem gesamten Visionszyklus* 1,7 – 6,8 (mit V. 9-15), da erst in 7,1 wieder eine neue Überschrift mit chronologischer Angabe folgt. 1,8 zufolge hat Sacharja die Visionen in einer einzigen Nacht geschaut. Dazu passt die Abendstimmung in der ersten Vision (1,7-17) und die Morgensituation in der letzten (6,1-8), die überdies mit ihrem Pferdemotiv samt deren Farben die Visionen als Komposition rahmt. Die mittlere der ursprünglich sieben Visionen, Kap. 4, wäre dann um Mitternacht, in der tiefsten Nacht, ergangen, hier schaut der Prophet das Licht JHWHs in der Welt selber (Kap. 3 ist eine Ergänzung: s. S. 67).

Im Alten und Neuen Testament gilt die Nacht als die Zeit der besonderen Offenbarung (vgl. etwa Num 22,8.19f. oder Jes 29,7). J. Baumgarten (1854) hat daher die Visionen Sacharjas mit Recht als *„Nachtgesichte"* bezeichnet. Dennoch handelt es sich bei den Nachtgesichten nicht um Träume, sondern um *Schauungen bei vollem Bewusstsein*: Die Einleitung in Sach 4,1 drückt eine Steigerung des Normalbewusstseins aus, das mit dem Wecken aus dem Schlaf verglichen wird.

**Die erste Vision (Sach 1,8-17): Aufbau**

**V. 8**     Visionsbeschreibung:
Ein Jenseitsgelände bei Sonnenuntergang:
Ankunft der Reiter und ihrer braunen, hellroten und weißen Pferde

**V. 9**     Eine Erzählebene höher:
Frage Sacharjas an den Deuteengel und dessen Antwort

**V. 10f.**     (demgegenüber) noch eine Erzählebene höher:
Bericht der Boten auf den Pferden an den Engel JHWHs:
Die ganze Welt ist ruhig.

**V. 12**     (demgegenüber) noch eine Erzähl-Ebene höher:
Klage des Engels JHWHs an JHWH:
Wie lange soll das 70-jährige Exil jetzt noch dauern?

**V. 13**     **Die höchste Erzähl-Ebene: Antwort: Heilsworte JHWHs (als Inhaltsangabe)**

**V. 14f.**     Erzähl-Ebene wieder wie in V. 9: Audition als Summe der Vision:
Beauftragung Sacharjas durch den Deuteengel:
Heilsverkündigung

**+ V. 16**     Botenformel + mit „darum" eingeleitetes JHWH-Wort:
Das Thema der Visionen:
Zuwendung JHWHs mit Erbarmen – Tempelbau – Gottesspruchformel
Wiederherstellung der Stadt

**[V. 17**     Zweiter Verkündigungsauftrag für Sacharja:
Neue Schöpfung und Ankündigung der bleibenden Erwählung Jerusalems,
(damit implizit auch des „Messias")]

## Einzelexegese und Traditionsgeschichtliches

**V. 8:** *Visionsbeschreibung:* Sacharja schaut nachts im Wachzustand einen anführenden Reiter auf einem braunen Pferd samt drei weiteren Reitern auf andersfarbigen Pferden. Er kommt zum Halten zwischen Myrtenbäumen, die sich in der „Tiefe" (EÜ) befinden. „Talgrund" (LÜ und Elberfelder) ist zu diesseitig übersetzt, *denn der Leser wird sogleich an die Grenze zu einem Jenseitsgelände geführt. Er hat daher mit einem Geschehen in der äußerlich nicht sichtbaren Wirklichkeit Gottes zu rechnen*, das aus menschlicher Perspektive der äußerlich sichtbaren Wirklichkeit vorausläuft (wie im Visionspaar Am 7,1-8 und 8,1-3).

Die konkrete Bedeutung von V. 8 erschließt sich über die gebrauchten Motive: Die *Myrte* mit ihren weißen Blüten wurde in der Antike bei den Bestattungsriten, aber auch bei der Hochzeit verwendet (vgl. Hld 8,6: „Denn Liebe ist stark wie der Tod ..."). Die Myrtenbäume in Sach 1,8 markieren den Eingang zur Unterwelt. Die Ortsangabe „in der Tiefe" wird von daher verständlich und steht im Zusammenhang mit der Situation der Sonne am Horizont: Die Myrten „in der Tiefe" befinden sich im äußersten Westen. Die *Farben der Pferde* bezeichnen die damals bekannten Kontinente, die die Reiter mit ihren Pferden jeweils durchstreift haben.

**V. 10:** Die braunen Pferde stehen für das fruchtbare Asien, die hellroten Pferde für das bedingt fruchtbare Europa und die weißen Pferde für das als unfruchtbar geltende Libyen (also Nordafrika).
Die erstmals bei Hekataios v. Milet (ca. 560-480 v. Chr.) belegte, infolge der phönizischen Hochseeschifffahrt entdeckte Dreizahl der Kontinente ist offensichtlich Sacharja auf Grund seiner Priesterausbildung bekannt gewesen. Dagegen verweisen die vier Pferde in Kap. 6,1ff. auf die vier Himmelrichtungen.

**V. 8** (und **10**) drücken also aus, dass die als Boten fungierenden Reiter mit ihren Pferden an einem mythisch tiefen Ort zum Halten kamen, nachdem sie alle Kontinente und damit die ganze Welt durchstreift hatten. Selbstverständlich führt der „asiatische" Reiter mit seinem braunen Pferd die Boten und ihre Pferde an. Das Motiv des Anhaltens der Pferde erzeugt beim Leser/Hörer eine Spannung: Was geschieht jetzt?

**V. 9:** *Frage Sacharjas an den Deuteengel und dessen Antwort:* Die alttestamentlichen Visionen sind immer von einer Audition (Hörerfahrung) begleitet, das Gesehene wird grundsätzlich erklärt. Die Erklärung muss aus dem himmlischen Bereich kommen, daher wird eine zwar Gott und den obersten Engeln untergeordnete Engelsgestalt für den am himmlischen Geschehen teilhabenden, dort aber fremden Menschen erforderlich, die dem Visionär das Geschaute erklärt: der sog. Deuteengel (vgl. Dan 7,16ff.).
Ein Vorläufer des Deuteengels ist der „Mann", der den Propheten Ezechiel durch das visionär geschaute ideale Heiligtum führt und dieses vor seinen Augen ausmisst (Ez 40ff.).

Durch den Dialog mit dem Deuteengel gelangt Sacharja in der Wahrnehmung der Hierarchie des Himmels eine Ebene höher. Die durch das Anhalten der Pferde erzeugte Spannung wird durch die Frage Sacharjas und die das Verstehenlassen nur ankündigende Antwort des Deuteengels gesteigert. Wann kommt des Rätsels Lösung?

**V. 10f.:** *Bericht der Boten auf den Pferden an den Engel JHWHs: Die ganze Welt ist ruhig.*
Es tritt nun der „Engel JHWHs" in Erscheinung und Sacharja wird, obwohl paradoxerweise ein Mensch und kein Engel, Zeuge eines innerhimmlischen Geschehens. Damit gelangt seine Wahrnehmung gegenüber V. 9 auf eine weitere höhere Ebene. Der Adressat der Boten, „der Engel JHWHs", kann wegen des Redewechsels mit JHWH in V. 12f. nicht (wie sonst, z.B. in Ex 3,1ff.) mit JHWH identisch sein. Wie im antiken Theater übernimmt der Anführer, hier: der Asien vertretende Bote, das Wort und erklärt den (bereits erledigten) Auftrag der Reiterschar, auf der Erde hin- und herzuziehen. Dann ergreift die somit in ihrer Identität klare Reiterschar das Wort und verkündet dem Engel JHWHs das Ergebnis ihres Streifzuges – und damit die von den Lesern/Hörern erwartete Erklärung: *„Die ganze Welt"* (= alle drei Kontinente, V. 8) *„ist still und in tiefster Ruhe"*. Man sollte dabei erwarten, dass das positiv aufzufassen wäre (vgl. Ri 3,11; Jes 14,7; Sach 7,7). Sollte nicht das Gegenteil Besorgnis erregen?

Doch besteht die ganze Welt seinerzeit aus judäischer Perspektive aus dem persischen Reich unter Darius I.: Da dieser unberechtigt den Thron bestiegen hatte, kam es mit Antritt seiner Herrschaft zu zahlreichen Aufständen. Davon kündet ausführlich die sog. Behistun-Inschrift, die Darius zu seiner Legitimation im ganzen Weltreich verbreiten ließ. Nicht nur gibt Darius darin an, dass er die Aufstände ausnahmslos niederschlagen konnte, sondern er strukturiert dieses Geschehen auch durch eine Chronologie: Der Behistun-Inschrift zufolge hat Darius die Aufstände in gut einem Jahr niedergeschlagen:
„Es kündet Darius der König: Dies ist, was ich tat nach dem Willen Ahuramazdas in einem einzigen Jahre, nachdem ich König geworden war. Neunzehn Schlachten lieferte ich. Nach dem Willen Ahuramazdas schlug ich sie (d.h. die Feinde), und neun Könige nahm ich gefangen. [...] Es kündet Darius der König: Bei Ahuramazda schwöre ich, daß dies wahr, nicht erlogen ist, was ich in einem einzigen Jahre getan habe"
(Die Behistun-Inschrift Darius' des Großen, 442f.+444; §§ 52 u. 57; s.o. S. 22).

Zum Zeitpunkt des Ergehens des ersten Nachtgesichtes an Sacharja am 15.2.519 v. Chr. saß Darius in seinem zweiten Regierungsjahr, das offiziell am 5.3.520 begonnen hatte, längst fest im Sattel: Das persische Weltreich lag also – soweit man es in Jerusalem wissen konnte – in tiefstem Frieden.
Der Abschnitt will aber nicht den Lesenden objektiv über die Geschichte der Ära von Darius I. informieren, sondern beurteilt die Weltpolitik vom Standpunkt Judas und Jerusalems aus: Für V. 12 ist diese Ruhe kein Schalom, sondern nur eine Friedhofsruhe.

**V. 12:** *Klage des Engels JHWHs an JHWH:* Auf die Anrufung JHWHs folgt die in der Klage häufig belegte Frage: „Wie lange (noch)?" (Ps 13,2f. u.ö.). Man beachte: Um der für JHWH offenen Menschen willen gibt es sogar im Himmel Klage! Die Begründung für den Vorwurf, JHWH erbarme sich nicht über Jerusalem und Juda, wird im abschließenden Relativsatz gegeben: Sacharja geht davon aus, dass die von Jeremia angekündigten 70 Jahre Exil bereits verstrichen sind. Daher ist jetzt eine neue und dauerhafte Zuwendung JHWHs zu Jerusalem und Juda zu erwarten.

**V. 13:** *Antwort auf höchster Ebene – Heilsworte JHWHs:* Sacharja hört JHWH selber (vgl. Jes 6,8ff.) zum Deuteengel sprechen. Damit setzt Sacharjas eigentliche Berufung ein. Aus Scheu folgt hier nun aber keine zitierte JHWH-Rede, sondern eine für das AT ungewöhnliche Inhaltsangabe:

*„gütige Worte, tröstliche Worte"*. Die Form der Inhaltsangabe ist gewählt, um die JHWH-Worte V. 14-17 als Höhepunkt des Abschnitts erscheinen zu lassen. JHWH stellt sich also der Klage von V. 12.

Die Wende von der Gerichts- zur Heilszeit für Juda und Jerusalem geht Sach 1,7-17 zufolge *direkt* von JHWH aus! Dies hat unser Abschnitt mit dem programmatischen, die Wende zum Heil verkündenden Abschnitt Jes 40,1-11 gemeinsam, abgesehen davon, dass die „tröstenden Worte" (Sach 1,13) sprachlich den Jes 40–55 einleitenden Ruf „Tröstet, tröstet mein Volk! spricht euer Gott" (Jes 40,1) aufnehmen! *Es steht die bisher unerfüllte Heilshoffnung von Jes 40–55 im Hintergrunde von Protosacharja.*

**V. 14-16:** *Beauftragung Sacharjas zur Heilsverkündigung durch den Deuteengel in einer Audition als Summe der Vision:* Der JHWH-Botschaft aus V. 13 ist inhaltlich nichts hinzuzufügen – was soll jetzt noch kommen? In V. 14-16 (+ 17) finden sich als JHWH-Worte und damit als Höhepunkt des Abschnitts die Berufung und Beauftragung Sacharjas: Der Prophet soll die in der unsichtbaren Welt JHWHs vernommene Wende zur Heilsbotschaft in Jerusalem und Juda verkünden. Die JHWH-Worte bedeuten gegenüber der Inhaltsangabe der Botschaft JHWHs von V. 13 den Höhepunkt des Abschnitts. V. 14 kehrt durch das erneute Gespräch mit dem Deuteengel zur Erzähl-Ebene von V. 9 zurück.

**Erzähl-Ebenen in Sach 1,8-16**

→ **V. 13:** **JHWH selber**

→ **V. 12:** Der Engel JHWHs: Klage

→ **V. 10f.:** Reiter: Bericht

→ **V. 11:** Reiter an den Engel JHWHs

→ **V. 8:** Sacharja: Vision

→ **V. 9:** Sacharja an den Deuteengel

→ **V. 14-16:** Deuteengel an Sacharja: **JHWH-Rede**

Zwei Male ergeht der Befehl: „Verkündige!" (V. 15.17) – dies erinnert an Jes 40: „Es spricht eine Stimme: Verkünde!, und ich sprach: Was soll ich verkünden?" (V. 6, EÜ; vgl. V. 2).

Auch in Jes 40,1-11, dem programmatischen Einsatz von Deuterojesaja, liegt eine Gliederung anhand hierarchisch angeordneter Ebenen in der unsichtbaren Welt (s. Grafik) vor. Dabei setzt Jes 40 mit der höchsten Ebene ein und steigt dann ab bis zum Propheten selber und der Stadt Jerusalem:
**V. 1f.:** auf einen Prolog im Himmel, d.h. einem Gotteswort, folgt in
**V. 3-5:** die Instruktion eines Heroldsengels an andere Engel, in
**V. 6-8:** eingeleitet durch „Verkündige!", der Auftrag eines Engels an den Propheten
und schließlich in
**V. 9-11:** das Wort des Propheten an Jerusalem.

**Erzähl-Ebenen in Jes 40,1-11**

→ **V. 1f.:** JHWH selber an den Verkünderengel

→ **V. 3-5:** Der Verkünderengel an andere Engel

→ **V. 6-8:** Ein Engel an den Propheten

→ **V. 9-11:** Der Prophet an Jerusalem

Trotz der strukturellen Ähnlichkeit von Sach 1,8-16 (+17) mit Jes 40,1-11 ist die inhaltliche Ausrichtung der beiden Abschnitte unterschiedlich: Jes 40,1-11 zielt auf das Kommen JHWHs zum Zion (V. 9f.), Sach 1,16f. zielt auf den Tempelbau (V. 16) und das Kommen des „Messias" (V. 17):

**V. 14f.:** *Eifer und Zorn JHWHs:* Das Weltgericht JHWHs bedeutet einen exklusiven liebenden Eifer für Jerusalem mit dessen heiligem Berg Zion und im Gegenzug dazu Zorn für die übermütig gewordenen Völker der Assyrer und Babylonier mit ihren gewaltsam eroberten und zusammengehaltenen Weltreichen (2.Kön 19,28; Jes 10,12; 47,6-8; Jer 50,29). Diese Logik kehrt die der vorexilischen Gerichtspropheten, insbesondere Jesajas, um: Seinerzeit war der Übermut Israels und Judas der Grund für JHWHs Herbeirufung der Weltmächte aus dem Zweistromland als Gerichtswerkzeug (Jes 3 u.ö.; vgl. Sach 1,2-6). Zum Vorwurf des Übermuts kommt ergänzend hinzu, sie hätten zum „Unheil" oder „Bösen" zu Lasten Jerusalems „verholfen". Damit ist (wie V. 16 zeigt) in erster Linie die Zerstörung des Tempels gemeint. Auf solch einen Vorwurf hin, der wie ein prophetisches Scheltwort (Schuldaufweis) klingt, folgt in der Prophetie sachlich ein mit „darum" eingeleitetes Drohwort (Gerichtsankündigung).

**V. 16:** *Das Thema der Nachtgesichte: „Ich wende mich Jerusalem wieder zu in Erbarmen":* Der Vers wird tatsächlich mit „darum" eingeleitet, jedoch als Heilswort. Es steht jetzt nicht das Gericht über die Völker im Mittelpunkt, sondern wie in 8,2f. das Heil für Jerusalem (und Juda). Dass sich JHWH Jerusalem (wieder) zuwendet, nimmt die anschauliche Ankündigung der Rückkehr JHWHs nach Jerusalem – eines der wichtigsten Themen des ATs – aus Jes 52,7-10 auf (vgl. Sach 9,9f.). Das Motivwort „Erbarmen" beantwortet die Klage aus V. 12 „Wie lange willst du dich nicht selbst über Jerusalem und die Städte Judas erbarmen?"

Diese Botschaft des Erbarmens als dem Gegenteil von Zorn verlangt nach einer Verdeutlichung: Der Tempel („mein Haus") soll inmitten (Ez 37,26-28; Sach 2,8f.14; 8,3) der Stadt gebaut werden (wie in Jes 44,26-28; Jer 31,38-40!). Dazu kommt das Ausmessen der Grundstücke in der Stadt als Vorbereitung von Baumaßnahmen (Sach 2,5-9). Aber die Errichtung des Tempels besitzt Vorrang vor der Wiederherstellung der Wohnhäuser (wie in Hag 1,4). Die Zuwendung JHWHs, sein Kommen nach Jerusalem findet also die Verwirklichung im Tempelbau (und der noch in der Ferne liegenden Tempelweihe), alles Weitere ergibt sich daraus. Diese Logik kennt auch Mt 6,33: „Trachtet zuerst nach dem Reich Gottes und nach seiner Gerechtigkeit, so wird euch das alles zufallen".

**V. 17:** Die neue Redeeinleitung mit erneutem Verkündigungsauftrag für Sacharja führt nicht einfach die in V. 14 begonnene Rede fort, sondern setzt sich rhetorisch von ihr ab. Zwei Aspekte treten zur Botschaft der bleibenden Zuwendung JHWHs zu Jerusalem und der Ankündigung des Tempelbaus hinzu: die Neue Schöpfung und das Kommen des „Messias".

**V. 17a:** „Meine Städte sollen weiterhin überfließen von Gutem": Man ordnet diesen Satz gerne dem auch anderweitig in der Heilsprophetie belegten Motiv der „Fülle der Heilszeit" zu (bei Sach noch in 3,10; 8,12). Während des Gerichts herrscht bekanntlich Not, in der Heilszeit dagegen Überfluss. Aber ist das alles? Hinter den bei Haggai mit der Wende verbundenen kosmischen Veränderungen steht das von Deuterojesaja eingebrachte Motiv des Wirklichwerdens der Neuen Schöpfung. Dort ist dieses Motiv mit der Rückkehr des Volkes und dem Kommen JHWHs zum Zion verbunden.
Bei Deuterojesaja sind die Motive der Rückkehr nach Jerusalem, der Herrschaft JHWHs vom Zion aus und der Verwandlung der Schöpfung miteinander verknüpft (Jes 40,3-5.9-11; 41,18-20; 43,19f.; 51,3; vgl. auch 35,1ff.). Am deutlichsten ist dies in Jes 55,12f. der Fall:
„Denn ihr sollt in Freuden ausziehen und im Frieden geleitet werden. Berge und Hügel sollen vor euch her frohlocken mit Jauchzen und alle Bäume auf dem Felde in die Hände klatschen. Es sollen Zypressen statt Dornen wachsen und Myrten statt Nesseln ..." (LÜ).

Diese Verknüpfung erlaubt nicht, das Motiv der „Fülle der Heilszeit" zu isolieren. Das gilt auch vom Verfassungsentwurf Ezechiels (Kap. 40–48). Hier erscheint das Thema der Neuen Schöpfung in der Vision von der Tempelquelle Ez 47,1-12 in einer Ergänzung zur Beschreibung des idealen Tempels, des Einzuges der Herrlichkeit JHWHs und der Ordnungen des Tempels in Kap. 40–46 (s. 5.1 Auslegung)! Auch bei Haggai schließt die durch die Grundsteinlegung des Tempels eingetretene Wende die ebenfalls eingetretenen kosmischen Veränderungen ein.

Nun ist im Jahre 520 eine größere Welle an Rückkehrern aus dem Exil eingetroffen (s.o. S. 27). Allerdings ist die Wüste bei ihrem Zug – entgegen Deuterojesaja – nicht fruchtbar geworden. Nachdem sich die Rückkehr aber in eindrucksvoller Weise erfüllt hat, wird dann also alles andere von Deuterojesaja Geweissagte mit der Tempelweihe eintreten? Umso wichtiger ist entsprechend in der Situation des Jahres 519 v. Chr. der Tempel*bau*!

**V. 17b:** „*und JHWH wird Zion weiterhin trösten*": Das Trösten (vgl. 8,4) führt Jes 40,1 weiter: „*Tröstet, tröstet mein Volk! spricht euer Gott*". Trost bedeutet im AT: JHWH beseitigt die *Ursache* der Not! „*Und [JHWH wird] Jerusalem fernerhin erwählen*": Zion und Jerusalem sowie „trösten" und „erwählen" sind in der synonym parallelen Formulierung V. 17b einander zugeordnet. Die Erwählung Jerusalems ist eine Konkretisierung des zuvor angekündigten Vorgangs des Tröstens. Der Zion galt schon vorexilisch als der Mittelpunkt der Welt (Ps 76; 46; 48) bzw. als der „Nabel der Erde" (Ez 38,12 EÜ). V.a. knüpft das Motiv der Erwählung Jerusalems an den für die Zionstheologie und das Selbstverständnis des vorexilischen judäischen Königtums zentralen Psalm 132 an.

Die Erwählung des Zions durch JHWH (V. 13f.) ist innerhalb der rhetorischen Duplik V. 1-10/11-18 zugleich die Erwählung des königlichen Davidsgeschlechts, nachdem David die Lade zum Zion als Erbland der Davididen gebracht hatte (V. 6-8; vgl. 2.Sam 6). In V. 10 und 18 ist ausdrücklich vom „Gesalbten" = Messias JHWHs die Rede.
Vor diesem Hintergrunde bedeutet die Ansage der „fernerhin" erfolgenden Erwählung Jerusalems eine Ankündigung des „Messias"! So, wie die Erwählung Zions in Ps 132,13f. die Fruchtbarkeit des Landes bewirkt (V. 15), hängen in Sach 1,17 die bleibende Erwählung Jerusalems und das „überfließen von Gutem" der Städte JHWHs in Juda miteinander logisch zusammen.

### Fazit

In der ersten, an der Grenze zum Jenseitsgelände der himmlischen Welt lokalisierten Vision liegt zwar die ganze den Persern (durch Darius I. wieder) untertan gewordene Welt im Jahre 519 v. Chr. ruhig da, aber es fehlt noch immer das Entscheidende: Das Ende des Exils für die Judäer, konkret die bleibende Zuwendung JHWHs zu Jerusalem, das Kommen der Neuen Schöpfung und des „Messias" sind das „Thema" der Nachtgesichte Sacharjas.

Wichtig ist dabei die in Anspielungen ausgedrückte Aufnahme bzw. „Aktualisierung" der Ankündigungen von Jes 40–55! Da die Rückkehr aus dem Zweistromland bereits eingetroffen ist, steht die Erfüllung der restlichen Verheißungen unmittelbar bevor – mit der Tempelweihe als dem universal heilvollen Ende der Geschichte. Der Abschnitt begann mit der weltgeschichtlichen Dimension des von den Persern (gewaltsam) geschaffenen Friedens, er schließt volltönend mit dem verstandenen Kommen der universalen Herrschaft JHWHs vom Zion aus mit seinem „Messias" und dem Kommen der Neuen Schöpfung. Dies soll (der hier zum Propheten berufene) Sacharja verkündigen – und damit in der sichtbaren Welt wirklich werden lassen.

### Biblisch-theologische und homiletische Überlegungen

*Zur Erfüllung des Abschnitts:* Wie die Botschaft von Deuterojesaja, so hat sich auch die Botschaft der ersten Vision der Nachtgesichte nicht so wörtlich erfüllt, wie es in ihr angekündigt war. Esr 6 zufolge fand die Tempelweihe im Jahre 515 v. Chr. statt, ohne dass sich die Völker JHWH zugewendet hätten, ohne dass das persische Reich einer direkten Herrschaft JHWHs und seines Gesalbten gewichen wäre oder dass äußerlich sichtbar die Neue Schöpfung gekommen wäre. War Sach 1,14f. der Meinung, die Zeit des Gerichtes JHWHs über sein Volk sei zu Ende, so sind das Danielbuch und Esr 1–6 der Meinung, die Zeit des Gerichts dauere doch noch bis in ihre Gegenwart (Daniel: 2. Jh. v. Chr.) an – aber jetzt endlich stünde die weltgeschichtliche Wende bevor.

Zunehmend aber wirkte sich die Unterscheidung einer die Glaubenden bestimmenden äußerlich unsichtbaren von der äußerlich sichtbaren Wirklichkeit aus: Man hat im Judentum nicht die durch den Gang der Geschichte unerfüllte Naherwartung der Propheten als Irrlehre verworfen, sondern aktualisierend durchgehalten. Wen wundert es dann, dass es auch im Christentum eine – durch seine zweitausendjährige Geschichte vordergründig widerlegte – bleibende Erwartung des Wiederkommens Christi gibt?!

*Zu Gericht und Heil:* JHWH beendet das (positiv verstandene) Gericht, nachdem dessen von Gott gesetzte Zeit (wie in Jes 40,1-11) abgelaufen ist. Dann ergeht von Gott der Trost, dann beginnt die endgültige Ära des Heils. Im NT setzt das Heil den stellvertretenden Tod Jesu Christi voraus, d.h. dort begegnet endgültig die vom AT vorgegebene Struktur „Heil durch (das positiv verstandene) Gericht". Auch hier ist der Einzelne gerufen, sich mit beidem zu identifizieren. Liturgisch geschieht diese Identifikation besonders in der Karwoche. Die Frage des existentiellen Ernstes des göttlichen Gerichtes und der Unendlichkeit des göttlichen Heils verbindet die alttestamentliche Perspektive mit der christlichen. Die Tiefe der Gotteserfahrung im gekreuzigten Christus führt zur Gewissheit der endgültigen Zuwendung Gottes am Ostermorgen, dem Erstrahlen der Neuen Schöpfung.

---

**Zettel in den Fugen der Klagemauer in Jerusalem**

**Vielleicht, damit gott nicht vergißt**

**Damit er die angst
schwarz auf weiß hat**

Reiner Kunze, Zettel in den Fugen der Klagemauer von Jerusalem.
Aus: ders., Gedichte. © S.Fischer Verlag GmbH, Frankfurt am Main 2001.

---

## 1.2 Bibelarbeit

**Rita Müller-Fieberg**

**Inhaltlicher Schwerpunkt**
Der Text zeigt einen bedrückenden und lähmenden Stillstand und stellt als Kontrast die Hoffnung auf das verändernde Eingreifen Gottes dagegen. Die „brennende Liebe" Gottes zu seinem Volk wird konkret in der Verheißung der prachtvollen Wiedererrichtung von Stadt und Tempel.

**Raumgestaltung**
Im Halbkreis sind Stühle angeordnet; drei Tische stehen für die Gesprächsgruppen bereit.

**Materialien und Medien**
→ Text auf der DVD oder im TN-Heft: a) Sach 1,7-11; b) Sach 1,12-17
→ Moderationskarten, Stifte, Stellwand
→ Laptop und Beamer

# 1 | WENN ETWAS IN BEWEGUNG KOMMT

## 1.2 BIBELARBEIT

- → Bilder: G. Madonia zu Sach 1,7-17; Relief zur Behistun-Inschrift (s. DVD: 7. Materialien für die Abende)
- → ein großes, nachtblaues Tuch; ein Kreis und Strahlen aus gelber Pappe für eine Sonne
- → Dreiecke aus roter Farbe
- → drei Plakate mit den Überschriften der Gesprächsgruppenthemen
- → eine große Kerze und Teelichter

## Zur Gestaltung des Abends

### Liturgische Eröffnung
- → Lied: „Still über alle Welt fällt die Nacht" (in: Das Liederbuch: Lieder zwischen Himmel und Erde, Nr. 454; ISBN 978-3-926512-80-2, tvd)

Auf den Text des Liedes kann – in Anknüpfung und Widerspruch – im weiteren Verlauf verwiesen werden (Motiv der Nacht und Stille; Vorstellung eines über Zeit und Geschichte herrschenden, in der Nacht wachenden Gottes etc.).

### Auf den Text zugehen: Bilder eines „Nachtgesichts" (ca. 30 min)
**1)** Sach 1,7-11 wird Vers für Vers reihum vorgelesen. Die TN notieren auf Moderationskarten Bilder und Schlüsselwörter des Textes (z.B. Reiter, Pferde, Ruhe …). Die Karten werden auf einer Stellwand fixiert mit der Gelegenheit, Begriffe einander zuzuordnen. Dabei können erste Eindrücke, Assoziationen und Fragen geäußert werden.
**2)** Das Bild von G. Madonia zum Text wird projiziert oder im TN-Heft betrachtet. Die TN vergleichen die Elemente des Bildes hinsichtlich Darstellung und Anordnung mit den von ihnen notierten Bildern und Begriffen. Finden sich im Bild Anknüpfungspunkte bezüglich der geäußerten Eindrücke und Vermutungen? Ergeben sich neue, bislang unerwähnte Aspekte? Ggf. dient der Hinweis auf die Stadt Jerusalem im oberen Drittel des Bildes als Überleitung zur folgenden Textarbeit.

### Dem Text begegnen: Trostworte wider die „Friedhofsruhe" (ca. 40 min)

**Teil I:** „Überall herrscht Ruhe." (Sach 1,11)
Das Relief zur Behistun-Inschrift wird gezeigt. Ein Erzähler tritt vor:

*„Wir schreiben den 15. Februar des Jahres 519. Nur ein Jahr hat der neue persische Großkönig Darius gebraucht, um alle Aufstände in seinem Weltreich gewaltsam niederzuschlagen. Könige liegen ihm nun zu Füßen – jetzt herrscht Ruhe!*
*Ein Blick nach Jerusalem: Die Zerstörung von Stadt und Tempel, die Vertreibung nach Babylon – all das liegt schon Jahrzehnte zurück. Das Exil ist seit fast zwanzig Jahren vorbei, gerade erst kam eine große Schar Heimkehrer zurück. Der Grundstein für den neuen Tempel ist gelegt. Doch nun herrscht Stillstand – nichts geht voran. Noch immer ist Gottes Volk von Fremden beherrscht. Noch immer gibt es keinen zweiten Tempel. Nichts ist zu spüren von den kosmischen Umwälzungen, die der Prophet Haggai ankündigte (Hag 2,21-23). Und es sieht so aus, als ob die großen Hoffnungen sich in Nichts auflösen.*
*Dies ist die Stunde des Sacharja, eines jungen Mannes aus priesterlicher Familie. An diesem 15. Februar 519, mitten in der Nacht, macht er Augen und Ohren auf, wird offen für Gottes Wort und spricht es in seine Zeit hinein …"*

Eine Person trägt (als „Sacharja") Sach 1,7-11 erneut vor. Auf dem Hintergrund der zeitgeschichtlichen Einbettung tauschen sich die TN über die neu gewonnene Perspektive auf den Text aus und setzen sie in Beziehung zu ihren eigenen Assoziationen bei der ersten Lektüre. Interpretationshilfen zu den einzelnen Bildern können einfließen (z.B. die Deutung der drei farbigen Pferde auf die damals bekannten drei Erdteile und das damit angezeigte weltweite Ausmaß des Geschehens; die Myrte als Pflanze der Hochzeit und des Todes sowie als Chiffre für den Eingang zum Himmlischen). Dabei sollte der Respekt vor der generellen Mehrdeutigkeit der Bilder und der potentiellen Vielfalt ihrer Rezeption auch über die historische Erstsituation hinaus gewahrt bleiben. An dieser Stelle können vertiefende zeitgeschichtliche Hinweise (s. Pola, Einführung u. 1.1 Auslegung) oder auch Informationen über das Phänomen der Prophetie in Israel eingebracht werden (eine zusammenfassende Darstellung finden Sie unter https://www.bibelwerk.de/Materialpool.36641.html).

**Teil II:** Sacharja – JHWH hat sich erinnert!
Auf einem nachtblauen Tuch wird ein gelber Kreis aus Pappe gelegt. Er trägt die Aufschrift „SACHARJA = JHWH hat sich erinnert". Die Bedeutung des Prophetennamens leitet zum zweiten Teil des Textes (Sach 1,12-17) über, den die als „Sacharja" designierte Person vorliest.

**Textarbeit:**
→ Die TN markieren in Partnerarbeit die Aussagen, die Gottes Gedenken und dessen positive Konsequenzen kennzeichnen, um diese in Stichworten auf den „Sonnenstrahlen" zu notieren.
→ Die negativen Aussagen (glühender Zorn gegen Fremdvölker) werden auf Dreiecke geschrieben.
→ Anschließend werden die Strahlen in der Großgruppe unkommentiert vorgelesen und an die „Sonnenmitte" gelegt. Die sich dabei zwangsläufig ergebenden Doppelungen intensivieren den Eindruck. Die roten Dreiecke mit der „Kehrseite der Liebe" werden zwischen die Strahlen gelegt und ebenfalls vorgelesen.

**Mit dem Text weitergehen: Wenn etwas in Bewegung kommt – im Hier und Jetzt (ca. 20 min)**
Die TN wählen eines von drei Gesprächsangeboten (gekennzeichnet durch auf Tischen liegende Plakate mit dem jeweiligen „Wenn …"-Satzbeginn). Alle Ebenen der Aktualität (privat, gesellschaftlich, politisch) sind angesprochen. Alternativ kann bei mehr Zeit ein sukzessives Durchlaufen aller drei Angebote im Sinne von Gesprächsstationen erfolgen.
→ **Wenn alles stillsteht …**
Wo erlebe ich Stillstand, Lähmung und Ohnmacht?
Wo stoße ich mit der Frage „Wie lange noch?" auf enttäuschte Hoffnungen und unerfüllte Träume?
→ **Wenn eine „freundliche, tröstliche Antwort" erfolgt …**
Welche Trostworte wurden mir selbst schon gesagt, welche habe ich anderen zugesprochen?
Welche Wirkung können „freundliche, tröstliche Antworten" im Kleinen und im Großen haben?
→ **Wenn etwas in Bewegung kommt …**
Wo habe ich Ermutigungen zum Neuaufbruch und Weitergehen erlebt?
Wo wünsche ich mir Bewegung und Aufbruch – und was kann ich dazu beitragen?

# 1 | WENN ETWAS IN BEWEGUNG KOMMT

## 1.3 ANREGUNGEN

**Liturgischer Abschluss: Fürbitte und Dank**

Die TN versammeln sich um das Tuch mit dem Stern, auf dem nun auch eine große Kerze steht. Sie formulieren im Anschluss an die erfolgten Gespräche Bitte, Lob und Dank und können an der Kerze ein Teelicht entzünden und auf das Tuch stellen.

→ Zwischengesang: „In unsre Trauer fällt ein Licht" (in: Lieder zwischen Himmel und Erde, s.o., Nr. 217)
→ Lied zum Abschluss: „Gottes neue Welt" (Lieder zwischen Himmel und Erde, Nr. 202)

## 1.3 Anregungen

**Kerstin Offermann**

### 1. Das Bild im Text sprechen lassen

*Der erste Text beginnt mit einem geschauten Bild*
Die TN werden gebeten, im Gespräch zusammenzutragen:
→ Welches Bild wird geschaut bzw. mit Worten gemalt? Welche Personen, Dinge, Farben, Bewegungen werden gezeichnet?
→ Dazu werden Assoziationen gesammelt: Welche anderen Bilder, Gedanken, Gefühle lösen diese Bilder aus?

*Erst im Anschluss wird eine Erklärung des Bildes angeboten*

Das Bild im ersten Text: Pferde und Reiter bei den Myrten:
→ Assoziationen dazu: Pferde sind starke und schnelle Reittiere, die im Krieg verwendet wurden; sie sind königliche Tiere und zuverlässig; eng mit den Menschen verbunden.
→ In dem Bild selbst ist keine Bewegung mehr, sondern spannungsgeladene Stille. Die Pferde werden gezügelt.
**Impuls:** Ergänzend können andere Bilder dazu angeschaut werden: das Bild von Giuseppe Madonia (s. mit Meditation S. 145 u. DVD) oder das Bild „Drei Pferde II" von Franz Marc.
**Impuls:** Im Weiteren wird den TN zu den verschiedenen Elementen des Bildes eine Deutung angeboten (siehe 1.1 Auslegung) und neben die bisher erarbeiteten Erklärungen gestellt, ohne jedoch damit die Erklärungen und Assoziationen der TN abzuwerten. Wie passt beides zusammen? Welche Zusammenklänge ergeben sich daraus mit dem Text?

## 2. Liturgisches Element

**Impuls:** Die TN stimmen in die Klage des Engels (V. 12) ein: Wie lange noch müssen wir auf dein Eingreifen warten? Wann hast du endlich Erbarmen?
Dabei werden die TN aufgefordert, ihre eigene Erfahrung und Sehnsucht nach Erlösung und Hilfe mit einzubringen, indem sie Namen oder Stichworte sagen oder aufschreiben – oder in der Stille Gott nennen. Das Ganze wird von einem Kyrie-Lied gerahmt und aufgenommen.

## 3. Beim Text bleiben

Der Text ist klar strukturiert (an dieser Struktur kann sich die Gestaltung des Abends orientieren):
→ V. 8-11: Bild (s.o.)
→ V. 12: Klage (Liturgisches Element s.o.)
→ V. 13-17: Jahwe-Rede

Ein wichtiges Thema des Propheten Sacharja ist das Aufeinandertreffen von Verheißung und Realität, das *Ausbleiben der Erfüllung*. Programmatisch wird es im 1. Kapitel dem Sacharjabuch vorangestellt, um dann explizit von Deuterosacharja in Kap. 9–11 bzw. Tritosacharja in Kap. 12–14 aufgenommen zu werden.
(Eine kurze zusammenfassende Übersicht über die Nachtgesichte in Sacharja 1–8 bietet Gerhard von Rad, Theologie des Alten Testaments – s. DVD unter 7. Materialien für die Abende; vgl. auch 1.1 Auslegung sowie die tabellarische Darstellung unter 3.1 Auslegung; s. auch die tabellarische Darstellung und Zusammenfassung von Sach 1–8 von Alexander Fischer ebd. auf der DVD.)
Die Fortdauer des Mangels wird als Andauern des göttlichen Gerichtes erfahren – 70 Jahre sind um, aber das Gericht nicht! Ist also die Verheißung noch zuverlässig?
Sacharja antwortet mit einem klaren Ja, denn im Himmel ist es schon erfüllt, also wird es sich auch auf der Erde erfüllen. Die Leser/HörerInnen erhalten einen kurzen Durchblick auf die Wende zum Heil.

**Impuls:** Die Erfahrung, dass sich Verheißungen scheinbar nicht erfüllen und die Realität gegen Gottes Wirklichkeit zu sprechen scheint, machen die TN auch. Allerdings wird ihnen die Antwort Sacharjas eher fremd sein.

# 1 | WENN ETWAS IN BEWEGUNG KOMMT

## 1.3 ANREGUNGEN

Im weiteren Verlauf des Sacharjabuches wird diese Antwort weiter ausgeführt: Aus himmlischen Worten werden irdische Worte: Was in der himmlischen Welt geschaut wird, soll der Prophet der irdischen verkündigen. Aus den himmlischen Worten werden himmlische Bilder (Sach 2/8), die dann zu irdischer Wirklichkeit werden.

Das im Jenseits Geschaute ist schon präsent und wird darum auch im Diesseits Realität werden. Die scharfe Trennung von himmlischer und irdischer Welt wird durch den Propheten überwunden – ebenso in Kap. 3 durch Jeschua und im Kult, in dem auch Gericht und Heil gegenwärtig sind. Im Tempelbau wird Jahwes Anwesenheit sichtbar in der Welt.

**Impuls:** *Wie erfahren die TN heute das Neben- oder Ineinander von himmlischer und irdischer Realität? Kennen Sie solche Momente, in denen man den Himmel schon hier erahnen kann?*

Der Text mündet in ein *Wortgeschehen*. Zunächst handelt es sich um ein Gespräch zwischen Gott und dem Engel. Die Jahwe-Rede wird dann aber auch für den Propheten und durch ihn für die Menschen hörbar.
**Impuls:** Wo erleben die TN, dass Gott zu ihnen redet und welche Botschaft haben sie gehört? Kennen sie auch Träume und Bilder, die von Gott kommen? Wo werden die TN zu Boten Gottes, die anderen Menschen etwas von Gott weitersagen?

Jahwe veranlasst, dass die Menschen getröstet werden, damit sie neue Hoffnung, Vertrauen und Lebensmut gewinnen.
Jahwes Worte sind Zuspruch und Trost für Jerusalem/Zion.
Der Text beschreibt Jahwe als einen *emotionalen* Gott: voll brennender Liebe und voller Zorn. Jahwe ist voller Eifer. Gottes emotionales Engagement führt sowohl zu Trost und Erbarmen als auch zu Zorn und Gericht.
**Impuls:** Normalerweise denken wir Gott nicht so unmittelbar und differenziert emotional. Welche Emotionen gestehen die TN Gott zu? Wie empfinden sie eine solche Rede von Gott? Was würde sich an ihrem Verhältnis zu Gott ändern, wenn sie ihn so emotional erleben würden?

Gott verheißt *Jerusalem und Zion* eine Zukunft in Wohlstand und Überfluss.
**Impuls:** Eine Klärung der Unterschiede von „Zion, Zionsberg und Jerusalem" ist hilfreich (s. 5.1 Auslegung, S. 103, sowie den hilfreichen und klärenden Artikel „Zion – Ort der Sehnsucht. Warum die „Tochter Zion" sich freuen soll", in: Faszination Bibel 4/2014, S. 16-19, s. Ordner 7 der DVD).
Vielleicht waren ja TN bereits in Jerusalem und können darüber berichten. Hier könnte eine aktuelle Karte von Jerusalem weiterhelfen.
**Impuls:** Sind für uns Wohlstand und Überfluss Zeichen der Zuwendung Gottes? Im Grunde leben wir ja schon in solch paradiesischen Zuständen, wie sie Sacharja erst noch verheißt: Wir leben in Wohlstand, Gerechtigkeit, Frieden und Sicherheit. Ist uns dadurch die Jenseitsperspektive abhandengekommen? Was können wir noch über das hinaus erwarten, was wir schon haben?

> Rot ist der Sand
> mein Atem so
> trocken
> wie Blei
>
> Der Deuter schläft
> einen unendlichen Schlaf
>
> Wir liegen im Lehm
> die Flügel gelähmt
> die Nacht
> entführt uns
> die Sterne
>
> Hier sind wir
> hier halten wir
> Ausschau
> hier warten wir
> auf eine Zukunft

Rose Ausländer, Rot ist der Sand. Aus: dies., Gedichte. © S.Fischer Verlag GmbH, Frankfurt am Main 2001.

## 4. Den Text von Jesus her lesen

**Impuls:** Es liegt nahe, am ersten Abend zunächst zu erörtern, wieso und inwieweit ein *alttestamentlicher Text von Jesus her ausgelegt* werden soll und darf.
Dafür spricht, dass wahrscheinlich schon Jesus selbst sich von Sacharja her verstanden hat (Einzug in Jerusalem, vgl. Artikel von Aaron Schart „Ist Jesus auch der Heiden Heiland? Zitate aus dem Zwölfprophetenbuch im NT", in: Bibel und Kirche 1/2013, S. 37-42), aber auf jeden Fall die ersten Christen Sacharja von Jesus her neu gelesen haben, in wechselseitigem Erklären und Erkennen. Bereits in Sacharja sind solche Neuauslegungen schon zu finden, wie eine Aktualisierung der Botschaft Jesajas durch Sacharja 1–8 sowie eine Aktualisierung der Botschaft von Protosacharja durch Deuterosacharja (vgl. 1.1 Auslegung). In gleicher Weise aktualisieren die Autoren neutestamentlicher Bücher den Sacharjatext von ihrer Warte aus (vgl. den Überblick in der Einführung, S. 17f.).

Im vorliegenden Text wird eine Deutung von Jesus Christus her vor allem für Vers 17 plausibel. *Sowohl die Verheißung der Neuen Schöpfung als auch ein Leben in Fülle sind Zusagen*, die sich mit der Person Jesu verknüpfen (Offb 21; Joh 10,10).
**Impuls:** Was verstehen die TN unter: Leben in Fülle? Was erwarten wir, wenn wir eine Neue Schöpfung erwarten? Schon etwas Gegenwärtiges oder etwas Zukünftiges? (2.Kor 5,17)

## 5. Die Themen des Textes auf heute übertragen

**Impuls:** So wie Juda auf *70 Jahre* Exil zurückblickt, so blicken auch wir auf 70 Jahre Kriegsende zurück. Mit dieser Übertragung wird die Zeitspanne von 70 Jahren konkreter. Wer aus der Gruppe kann sich noch erinnern? Wer hat noch eigene Erfahrungen? 70 Jahre sind eine lange Zeit, in der viel passiert ist – nicht nur bei uns, sondern auch bei den Israeliten.
Was sind für die TN die wichtigsten Dinge, die sie aus diesen 70 Jahren oder in diesen 70 Jahren gelernt haben? Was droht nach 70 Jahren in Vergessenheit zu geraten und sollte wieder neu

# 1 | WENN ETWAS IN BEWEGUNG KOMMT

## 1.3 ANREGUNGEN

bewusst gemacht werden? Was sollte vielleicht auch getrost dem Vergessen anheimgestellt werden? Welche Rolle hat Gott in den 70 Jahren (bei den TN) gespielt?

**Impuls:** Damit Frieden möglich wird, braucht es *Aufarbeitung des Unrechts*, nicht nur für die Opfer, sondern auch für die Täter, damit ein Neuanfang möglich wird. Gibt es gelungene Beispiele für eine solche Aufarbeitung? Wo besteht heute noch Bedarf?
→ Lesen Sie in Auszügen eine der Reden, die Bundespräsident Joachim Gauck im Frühjahr 2015 zu diesem Thema gehalten hat (http://www.bundespraesident.de/SharedDocs/Reden/DE/Joachim-Gauck/Reden/2015/01/150127-Bundestag-Gedenken.html und http://www.bundespraesident.de/SharedDocs/Reden/DE/Joachim-Gauck/Reden/2015/03/150321-LugarMemoria-Lima-Peru.html).
→ Stimmen Sie seiner politischen Analyse zu? Wo gibt es ähnliche Prozesse und Notwendigkeiten auch im privaten oder im gemeindlichen Kontext?

**Impuls:** Offensichtlich braucht Sacharja einen *Deuteengel*, um zu verstehen, was er sieht und hört. Auch den heutigen LeserInnen scheint vieles im Text eher unverständlich. Sie brauchen auch einen „Deuteengel", also jemanden, der dabei hilft, Text und heutige Situation zusammenzudenken. Viele Menschen brauchen einen solchen „Deuteengel" aber nicht nur bei schwierigen prophetischen Texten, sondern im Umgang mit der Bibel überhaupt.
→ Wer könnte, sollte eine solche Rolle übernehmen? Auf was musste ein solcher „Deuteengel" dabei besonders achten? Welche Rolle könnten die TN oder die Gemeinde dabei übernehmen?
→ Vielleicht könnte eine solche Gesprächseinheit ein Impuls für bibelmissionarische Aktivitäten der Gemeinde sein.

**Impuls:** Vielleicht brauchen wir aber einen „Deuteengel" auch für das Verständnis alltäglicher Situationen, wenn man sie von Gott her lesen will. Wer oder was könnte den TN helfen, *ihr Leben von Gott her zu verstehen* und zu deuten?
Die Erfahrung, dass sich Verheißungen nicht erfüllen, zumindest nicht so, wie man es erwartet hatte, ist auch eine Erfahrung der TN. Wie geht man mit dem *Ausbleiben von Erfüllung von Verheißung* um, ohne den Glauben zu verlieren? Wie kann man die Gottesgegenwart glauben angesichts der Konflikte der Welt?

**Impuls:** Eine mögliche Antwort aus dem Text des Abends ist das Gebet: Gott sein Leid zu klagen und ihn zu fragen, warum sich die Erfüllung so hinzieht. Es kann auch für die TN bedeuten, zu lernen mit Widersprüchen und Unerfülltem zu leben, zu lernen zu hoffen, auch wenn man nicht sieht. Wie lernt man so etwas, ohne zu verzweifeln? Ist die Idee, dass die Erfüllung im Himmel bereits vollzogen ist, für uns heute noch glaubwürdig und attraktiv? Das Ausbleiben der Erfüllung führt in der Bibel immer wieder zu einer Aktualisierung der Verheißung. Was heißt das für uns heute? Worauf warten/hoffen wir? Wie sieht unsere Aktualisierung aus?

## **Lieder**

| | |
|---|---|
| EG 199 | Gott hat das erste Wort |
| EG 266 | Der Tag, mein Gott, ist nun vergangen |
| EG 486 / GL 99 | Ich liege, Herr, in deiner Hut |
| EG 487 | Abend ward, bald kommt die Nacht |

# 2 | Wenn man sich öffnen kann: Sach 2,1-9

## 2.1 Auslegung

**Thomas Pola**

**Die zweite und dritte Vision: Hörner und Schmiede – Maß Jerusalems und die Einwohnung JHWHs**

**Übersetzung (Thomas Pola)**

¹ Und ich hob meine Augen auf und sah:
Und siehe, vier Hörner!
² Und ich sagte zu dem Engel, der mit mir redete: Was sind diese?
Und er sprach zu mir:
Diese sind die Hörner,
    die Juda [, Israel und Jerusalem] zerstreut haben.
³ Und JHWH ließ mich vier Handwerker sehen.
⁴ Und ich sagte: Was wollen diese tun?
Und er sprach:
Diese sind die Hörner, die Juda (so) zerstreut haben,
    dass kein Mensch mehr sein Haupt erhebt;
und diese sind gekommen [um sie in Schrecken zu setzen],
    um die Hörner der Nationen niederzuwerfen,
die ein Horn gegen das Land Juda erhoben haben,
    um es zu zerstreuen.

-------------------------------------------------

⁵ Und ich hob meine Augen auf und sah:
Und siehe, ein Mann,
    der hatte in seiner Hand eine Messschnur.
⁶ Und ich sagte: Wohin gehst du?
Und er sprach zu mir:
Jerusalem zu messen, um zu sehen,
    wie groß seine Breite und wie groß seine Länge ist.
⁷ Und siehe, als der Engel, der mit mir redete, losging,
    da ging ein anderer Engel los, ihm entgegen.
⁸ Und er sprach zu ihm: Lauf, rede zu diesem jungen Mann:
Eine offene Stadt wird Jerusalem bleiben
    wegen der Menge an Menschen und Vieh in ihrer Mitte.
⁹ Und ich selbst werde ihr ringsherum
    eine feurige Mauer sein – Ausspruch JHWHs –
und ich werde zur Herrlichkeit in ihrer Mitte sein.

## 2 | WENN MAN SICH ÖFFNEN KANN

## 2.1 AUSLEGUNG

**Der Aufbau des Visionspaars Sach 2,1-9: eine rhetorische Duplik**

| V. 1-4: negativ | V. 5-9: positiv |
|---|---|
| 1 Visionseinleitung<br>Sacharja sieht vier Hörner | 5 Visionseinleitung<br>Sacharja sieht einen Mann/Engel<br>mit einer Messschnur |
| 2 Frage an den Deuteengel<br>Antwort: Die Hörner haben Juda,<br>Israel und Jerusalem zerstreut | 6 Frage an den Mann/Engel<br>Antwort: Er will Jerusalem vermessen |
| 3f. JHWH zeigt Sacharja vier Handwerker<br>Sie werden die vier Hörner der<br>Nationen niederwerfen | 7-9 Erklärung durch einen anderen Engel<br>bzw. durch JHWH selber:<br>Das Neue Jerusalem wird eine blühende<br>Stadt sein, JHWH selber wird eine<br>feurige Mauer sein und seine Herrlich-<br>keit inmitten der Stadt |

Da die Vision V. 5-9 die Einleitung „und ich hob meine Augen auf und sah" die der vorangehenden Hörner-Vision aufnimmt, ordnet sie sich an deren Seite (die Einleitungen in 1,8 und 3,1 lauten dagegen anders). Gemeinsam hat das Visionspaar den sich anschließenden Dialog (V. 2/6). Im dritten Teil (V. 3f./7-9) schließlich spricht als Höhepunkt jeweils JHWH selber zu Sacharja. *Die (als rhetorische Duplik gestaltete) Hörner-Vision V. 1-4 zielt negativ auf die Zerstörung der Weltmächte, die Juda überwältigt und zerstreut haben. V. 5-9 nehmen dagegen Jerusalem als unermessliche, von JHWH in ihrer Mitte erfüllte und zugleich von JHWH schützend umgebene Stadt in den Blick.*

### Sach 2,1-4: Einzelexegese und Traditionsgeschichtliches

**V. 1f.:** *Visionsbeschreibung und vorläufige Erklärung:* Sacharja sieht visionär vier „Hörner". Nichts wird über den Zusammenhang dieser Hörner gesagt, sodass sich auch dem Hörer des Abschnitts die Frage in V. 2 nach der Bedeutung dieses Visionsgegenstands aufdrängt. Sind es Tierhörner oder die sog. Hörner eines Altars? Zumindest erfahren wir: Die Hörner haben Juda „zerstreut".

**V. 3f.:** *Vision der Schmiede und endgültige Erklärung:* Es ist JHWH selber, der Sacharja nun vier Handwerker visionär zeigt (der Prophet ist jetzt ganz in der unsichtbaren Welt). In seiner (endgültigen) Erklärung an Sacharja nimmt JHWH den Satz aus V. 2 „Diese sind die Hörner, die Juda zerstreut haben", auf, um ihn anklagend mit „dass kein Mensch mehr sein Haupt erhebt" zu präzisieren (die darin ausgesagte Totalität begründet das folgende totale Gericht). Die vier Hörner haben also in Bezug auf die Zerstreuung Judas unter die Völker in der Exilszeit ganze Arbeit geleistet. Es hat kein Judäer mehr Kraft. Alle sind durch die Macht der „Hörner" niedergedrückt.

Die Identität der „Hörner" wird im folgenden Satz gelüftet: Es sind weder Tierhörner noch die einen Altar verzierenden Hörner, sondern *„die Hörner der Nationen"*. Aber war Juda nicht von den Babyloniern 597 und 587 v. Chr. zerstreut worden (2.Kön 24,8 – 25,21; s.o. S. 24), also nur von einem Volk? Sach 2,1-4 kommt es gar nicht darauf an, die ohnehin inzwischen durch die Perser als Weltmacht abgelösten Babylonier zu nennen. *Die Vierheit der Hörner weist auf eine Macht, die alle Himmelsrichtungen umgreift, also auf das Phänomen der Weltmacht schlechthin.*
Zudem weisen die in V. 2f. genannten Handwerker, die die Hörner „niederwerfen" sollen, nicht auf die Tierwelt, sondern auf die der menschlichen Handwerkskunst, insbesondere auf die Metallherstellung und -verarbeitung. *Hinter den „Hörnern" in Sach 2,1-4 steht die altorientalische „Hörnerkrone".*

„Eine Krone, Kappe, Mütze oder ein Helm mit Stierhörnern ist stets ein Zeichen der Göttlichkeit. In der Regel wird eine solche Kopfbedeckung von Göttern getragen, zuweilen aber auch von einem bestimmten Menschen, nämlich dem vergöttlichten König ..." (R.M. Boehmer, Reallexikon der Assyriologie IV, 1975, 431 – s. auch DVD, Ordner 7. Materialien für die Abende).

Die Form des Horns bzw. der Hörner kann stark variieren und pflanzliche oder astrale Symbole tragen. Gelegentlich wurde das Horn zu einem hörnerbekrönten Kegelstumpf inmitten der Kopfbedeckung stilisiert. Vorkommen der Hörnerkrone sind in der Ikonographie der Neuassyrer und -babylonier reichlich belegt, sie fehlen dagegen ab den Persern.

Sach 2,1-4 führt mit dem Bild der Hörnerkrone die sich *religiös* beauftragt verstehenden Weltmächte vor Augen (ab den Neuassyrern), denen sich JHWH zu Gunsten Judas überlegen zeigt. Die Zeit der irdischen Weltreiche, auch des persischen, ist infolge des Eingreifens JHWHs nun für immer vorbei (vgl. Hag 2,6f.21f.).
Das Ende der Weltreiche ist auch das Ziel von Dan 7,1-12. Hier ist allerdings die Vierzahl aus der Sicht des 2. Jh. v. Chr. konkret auf die aufeinanderfolgenden vier Reiche der Assyrer/Babylonier, Meder, Perser und Hellenisten bezogen, jedoch auch im Sinne einer Vollständigkeit. Statt Hörnern bilden in Dan 7 verschiedengestaltige, dem Menschen überlegene, schreckliche Tiere, die einem chaotischen Meer entsteigen, die genannten Weltmächte ab. Auch in Dan 7 bereitet JHWH selber der Herrschaft der Tiere für immer ein Ende (V. 10-12). Danach beginnt die ewige, heilvolle Herrschaft des „Menschensohns" (V. 14f.: „wie eines Menschen Sohn"). Vgl. als Wirkung von Dan 7 im Neuen Testament Offb 13.

**Sach 2,1-4: Fazit**
Die Hörner-Vision Sach 2,1-4 beschreibt die Niederwerfung der sich religiös definierenden Weltmächte, auch der persischen, durch JHWH. Der Totalität ihrer Schreckensherrschaft, sodass keiner der von ihnen zerstreuten Judäer mehr sein Haupt erhebt, entspricht die Totalität ihrer Beseitigung. JHWH ist gegenüber den Göttern und Weltmächten souverän. Hatte Sacharja in der ersten Vision erfahren, dass in der sichtbaren Welt eine Art von Friedhofsruhe herrscht (1,11), so wird ihm hier in der unsichtbaren Welt größte Unruhe vor Augen geführt. Deren Ziel ist es, dass Juda von den religiös sich verstehenden Mächten nicht mehr angegriffen werden kann.

„Irdisch gesehen, ist die Gemeinde Gottes ausgeliefert und verloren. Mit Gottes Augen gesehen, ist sie auf der einen Seite noch viel mehr ausgeliefert und verloren, auf der anderen Seite aber geborgen, und ihre Feinde sind der Allmacht Gottes ausgeliefert und verloren". (H. Frey, Das Buch der Kirche in der Weltwende. Die kleinen nachexilischen Propheten. Für Freunde und Verächter der Bibel ausgelegt [Die Botschaft des Alten Testaments 24], 2. Aufl., Stuttgart 1948, 60)

### Sach 2,5-9: Einzelexegese und Traditionsgeschichtliches

**V. 5f.:** *Visionseinleitung; der Engel, der Jerusalem ausmessen will:* Der Wortlaut der Einleitung stellt V. 5-9 neben V. 1-4 (s.o.). Sacharja begegnet hier nicht dem Deuteengel (obwohl dieser anwesend gedacht ist), sondern einem Engel, der losgeht, um die Maße Jerusalems zu messen. Ein solcher ausmessender „Mann" ist bereits von Ez 40–42 innerhalb der Tempelvision Ezechiels in Kap. 40–48 bekannt. Bei Sacharja allerdings scheint der Engel ohne einen Auftrag zu handeln (oder wird hier das in Sach 1,16 Angekündigte umgesetzt?).

**V. 7:** *Der erste Engel wird aufgehalten:* Erst hier tritt der Deuteengel auf, allerdings nicht, um Sacharja das Geschaute zu erklären, sondern, um dem erstgenannten Engel entgegenzutreten. Dies übernimmt dann aber sofort anstelle des Deuteengels ein ihm dienender dritter Engel.

**V. 8:** *Der erste Engel wird korrigiert:* Der Deuteengel gibt nun den Auftrag an den ihm dienenden Engel, Sacharja als „jungem Mann" ein JHWH-Wort über das Neue Jerusalem mitzuteilen. Jetzt erst erfahren Sacharja (und der Hörer des Abschnitts), wie das Neue Jerusalem aus der Sicht JHWHs beschaffen sein wird: „Offen", also ohne Stadtmauer wird Jerusalem bleiben (wörtl.: „wohnen"). Das ist für das erste Jahrtausend in Altsyrien ganz ungewöhnlich: Im Friedensfall muss selbst ein Dorf durch eine solide Mauer vor Raubtieren und räuberischen Verbrechern geschützt werden, im Kriegsfall, wenn es überleben will, vor den Feinden.

Der Grund für diese mauerlose Stadt ist die erwartete große Fülle an Menschen und Tieren. Man sollte sich aber hüten, hier die moderne Urbanität (Stadtwesen) mit ihren Schattenseiten hineinzulesen, auch wenn das moderne Jerusalem inzwischen eine Millionenstadt geworden ist: Zum einen schließt die Ankündigung in V. 8 die Haustiere mit ein, denn die Menschen auch dieser Stadt gründen ihr Leben auf eine bäuerliche Lebensweise (Gen 2,15 u.ö.), die auch in der Stadt die Haltung besonders von Schafen und Ziegen einschließt. Zum anderen ist diese Ankündigung an die Exilsrückkehrer gerichtet, die in der Gefahr standen, „weniger" zu werden (Jer 29,6). Bei einer Kindersterblichkeit von 80 % in Friedenszeiten und einer Lebenserwartung, bei der man jenseits des 40. Lebensjahres nichts mehr zu erwarten hatte, war der Gedanke an eine Überbevölkerung in neuzeitlicher Art unvorstellbar. Die Ankündigung drückt vielmehr aus, dass JHWH jene Faktoren, die zu dieser hohen Kindersterblichkeit und umgekehrt zum vorzeitigen Tod der meisten Erwachsenen geführt haben, beseitigen wird. Anschaulich wird dies aus Sach 8,4f.:
„So spricht der HERR Zebaoth: Es sollen hinfort wieder sitzen auf den Plätzen Jerusalems alte Männer und Frauen, jeder mit seinem Stock in der Hand vor hohem Alter, und die Plätze der Stadt sollen voll sein von Knaben und Mädchen, die dort spielen." (vgl. Jes 65,20)

**V. 9:** *Heilswort JHWHs:* Ungeschützt ist das Neue Jerusalem nicht, sondern JHWH selbst wird die Stadt durch eine „Mauer" von schützendem Feuer umgeben (gewissermaßen eine spirituell wirksame „firewall"). Das Feuer samt Wolke ist die Außenseite der „Herrlichkeit JHWHs".

Dies wird v.a. aus dem priesterschriftlichen (P) Abschnitt Ex 24,15-18 deutlich: „Und die Herrlichkeit des Herrn war anzusehen wie ein verzehrendes Feuer auf dem Gipfel des Berges vor den Israeliten". In diese Wolke, in dieses Feuer tritt Mose auf den Ruf JHWHs hin ein (V. 16.18). Daher kündigt JHWH an, zugleich „inmitten" der Stadt „zur Herrlichkeit" zu werden. Was exilisch und frühnachexilisch die ezechielisch-priesterschriftliche Theologie gekennzeichnet hatte, die Einwohnung der Herrlichkeit JHWHs inmitten seines Volkes im Zusammenhang mit dem Neuen Bund (Ez 37,26-28; Ex 29,42-46), wird hier in Anspielung auf die Bundesformel („Ich will euer Gott sein und ihr sollt mein Volk sein") über die Stadt Jerusalem als dem Mittelpunkt der Welt angekündigt (vgl. Lev 26,12; Jer 7,23).

Auch bei Haggai ist die Erscheinung der Herrlichkeit JHWHs das Ziel des ganzen Tempelbaus (Hag 1,9; 2,7). Zugleich zeigt sich hier eine Berührung mit den apokalyptischen Anteilen in Jes 60: Hier wird das Erstrahlen des Lichtes Gottes (Gen 1,3; Priesterschrift) als die „Herrlichkeit JHWHs" über Jerusalem angekündigt (Jes 60,1f.), die die natürlichen Himmelskörper verblassen lässt, weil JHWH selbst zum Licht für die Stadt wird (V. 19f.; vgl. Offb 21,23; 22,5). *Hier vereinigen sich Himmel und Erde, unsichtbare und sichtbare Welt miteinander.* Dabei spielt das in Sach 2,9 zweifach gebrauchte „ich werde sein" auf Ex 3,14 (am Beginn der Volksgeschichte), auf den heiligen Namen „JHWH" an (vgl. Ez 48,35). Dass das Gottesvolk den Namen JHWHs, sein Selbst personal und kontaktiv erkennt, war für Ezechiel das Ziel der Geschichte (Ez 20 u.ö.; vgl. Joh 14,7.20.31; 17,3.23 u.ö.)!

## Fazit

Dass ein Engel irrtümlich die Stadt vermessen will und in diesem Vorhaben korrigiert wird, zielt darauf, dass die Hörenden den Unterschied zwischen der sichtbaren und der unsichtbaren Welt erkennen. Es geht nicht um einen messbaren künftigen Wohlstand in der irdischen Stadt, sondern das Irdische und Himmlische verschmelzen miteinander. JHWH umgibt diese „grenzenlose" Stadt schützend und ist zugleich ihre Mitte. So haben geschwundene Kindersterblichkeit und Altern in Würde ihren personalen, auf JHWH bezogenen Sinn. Das Ziel der Geschichte ist – von JHWH her – gekommen. Dass im folgenden Jahrhundert unter Nehemia bei spärlicher Bevölkerung in der Stadt (Neh 7,4) die Notwendigkeit aufkam, Jerusalems Mauern wiederherzustellen (Neh 2–6), zeigt, dass Sach 2,8f. eine der sichtbaren Wirklichkeit zeitlich vorausgehende unsichtbare Wirklichkeit JHWHs beschreiben. Da in Sach 2,1-9 die heilvolle Herrschaft JHWHs thematisiert wird, ist der Abschnitt als apokalyptisch anzusehen.
Während V. 1-4 negativ darstellen, dass JHWH die äußeren Feinde beseitigt, bedeutet JHWH nach innen positiv in V. 5-9 den Schutz und die Mitte des Neuen Jerusalem. Dabei liegt der Akzent nicht darauf, dass durch JHWH Angriffe abgewehrt werden, sondern dass er selber diesen Schutz darstellt.

## Biblisch-theologische und homiletische Überlegungen

*Und ich selbst werde ihr ringsherum eine feurige Mauer sein:* Viele Unfall- und Lebensversicherungen sowie viele Krankenkassen erwecken in ihrer Werbung den Eindruck, ihrem Kunden könne nichts mehr geschehen, er ist „sicher". Dies tut unser Abschnitt nicht – er bietet *mehr: Geborgenheit* in Gott (Jes 4,2-6), auch dann, wenn wir im Diesseits als Christen drangsaliert werden. Jesus Christus hat am Kreuz den Sieg über die Mächte errungen und diesen mit seiner Auferstehung bestätigt – für seine Kirche.

*Wo erfahren wir die Herrlichkeit Gottes?* Wir finden sie, wo man sie am wenigsten suchen würde: in Jesus Christus *am Kreuz* (Joh 12,16; 17,1-5 u.ö.). In Christus bedeutet die Herrlichkeit nicht den äußeren Triumph, sondern das Niedrigwerden bis zum schändlichen Tod am Kreuz (Phil 2,7f.). Wer wird angesichts dessen noch „groß" sein wollen?

*Jerusalem, die Stadt der Endzeit und der Neuen Schöpfung:* In der Johannesoffenbarung kommt das Neue Jerusalem vom Himmel herab (Offb 3,12 und Kap. 21!). Es ist erfüllt von der Herrlichkeit Gottes (V. 11.23). Um ihrer symbolischen Maße willen wird diese Stadt vermessen (V. 15ff.). Die Gemeinschaft Gottes und des „Lammes" mit den Erlösten ist das Ziel der Geschichte. – Auffallenderweise lesen Christen in größter Not, z.B. Frontsoldaten in den beiden Weltkriegen, vorzugsweise die Offenbarung des Johannes.

*Lebensgemeinschaft von Menschen und Tieren:* Seinerzeit haben die Menschen und ihr Vieh zwar räumlich getrennt, aber dennoch in einem Hause zusammen gelebt. Daher gilt das Sabbatgebot auch für die Haustiere (Dtn 5,14). Sogar in der Großstadt Ninive sollen die Menschen mit ihrem Vieh gelebt haben, es gehört zur Stadt insgesamt (Jon 4,11). Aber die Nähe zwischen Mensch und Tier hat auch ihre Grenze: Kein Tier kann die Stelle eines menschlichen Lebenspartners ausfüllen (Gen 2,18-20.21-24).

## 2.2 Bibelarbeit

**Wolfgang Baur**

### Inhaltlicher Schwerpunkt
Der Text stellt eine hochaktuelle Frage in den Raum: Welche Bedrohungen umgeben uns und mit welchen Mitteln können wir beschützt werden? Die Antwort ist ungewöhnlich: Durch radikale Entgrenzung (keine Mauer) und Vertrauen auf Gott.

### Raumgestaltung
Zwei gegenüberliegende Stuhlreihen (wenn nötig mehrere Reihen) für die erste Phase („Auf den Text zugehen"); alternativ ein Stuhlkreis: nach der liturgischen Eröffnung wird die erste Phase an einem anderen Ort durchgeführt, an dem die TN sich in zwei Gruppen gegenüberstehen.

### Materialien und Medien
→ Teilnehmerhefte
→ Papierstreifen mit Pfeilspitzen, auf denen je einer der folgenden Begriffe steht: Kredit, Referendum, Export, Recht auf unser Land, Lebensraum, Börse, seltene Erden, Öl, Wasser, Religiöse Überzeugung, Truppenstärke, Atomwaffen, Hacken, Pipeline, TTIP, Überschuldung; evtl. weitere „aggressive" Begriffe ergänzen oder auch doppelt erstellen, dazu einige leere Streifen und dicke Stifte
→ Papierstreifen ohne Spitzen mit folgenden Begriffen: Firewall, Schutzzölle, Polizeikontrolle, Grenzstreifen, Zaun, Mauer, schnelle Eingreiftruppe, Weltbank, Abschreckung, Euro, Bildung, Todesstrafe, Geheimdienst, Demokratie, Armee; evtl. weitere „aggressive" Begriffe ergänzen oder ebenfalls doppelt erstellen, dazu einige leere Streifen und dicke Stifte
→ Papier und Stift für zwei Personen, die als Beobachter Notizen festhalten
→ Schere
→ Teelichter

### Zur Gestaltung des Abends

### Liturgische Eröffnung
→ Lied: Ich steh vor dir mit leeren Händen, Herr (EG 382 / GL 422)
→ Psalm 140 im Wechsel gesprochen

### Auf den Text zugehen: Angriff und Verteidigung (ca. 30 min)
Jede TN-Gruppe erhält einen Satz der Begriffs-Streifen. L erläutert, dass Menschen sich seit Anbeginn immer wieder in Situationen befinden, in denen die einen zu Angreifern werden (sogar manchmal, ohne es zu wissen) und die anderen sich zur Verteidigung herausgefordert fühlen. Um dies exemplarisch durchzuspielen, haben beide Gruppen „Optionen" in der Hand, mit denen sie agieren und reagieren können.
→ Jede Gruppe stellt einen unabhängigen Beobachter oder eine Beobachterin. Diese/r notiert, was passiert, was logisch scheint, was überzogen oder überraschend ist, wertet aber noch nicht.
→ Es darf nun pro Gruppe je ein Begriff gelegt werden (die Pfeilstreifen natürlich mit der Pfeilspitze in Richtung der anderen Gruppe) – dabei wird erklärt, was die Maßnahme begründet und was sie bewirken soll.
→ Die andere Gruppe darf nun reagieren oder andere geeignete Maßnahme starten und begründet ebenfalls.
→ Die Gruppe, die Streifen ohne Pfeile hat, kann diese auch „schärfen" (mit der Schere eine Pfeilspitze erzeugen und den Pfeil einsetzen).
→ Schließlich darf eine Gruppe auch – wenn sie an der Reihe ist – einen Pfeil oder Streifen der anderen Gruppe nehmen und für sich verwenden.

Wenn die Aktionen zu Ende gekommen sind, wird Bilanz gezogen:
→ Was ist passiert?
→ Welche Aufgaben versuchten wir zu lösen?
→ Welches Ziel hatten wir?
→ Welches Ergebnis kam heraus?

**Dem Text begegnen: Ein Prophet sieht rot (ca. 20 min)**

**a)** Zuerst wird Sach 2,1-4 reihum gelesen und es werden dieselben Fragen gestellt wie eben nach der Aktion.
Welche Botschaft stünde im Raum, wenn der Text so im Gottesdienst vorgelesen und mit der Formel „Wort des lebendigen Gottes" abgeschlossen würde?

**b)** Nun liest L Sach 2,5-8 langsam und eindrücklich vor.
Was hat sich verändert?
→ Stimmung
→ Dimension (Weite, keine Begrenzung)
→ Perspektive (völlig neue Option)
Was bedeuten die „vielen Menschen und Tiere"? (ebenfalls Entgrenzung, es klingt die Völkerwallfahrt an, s. Jes 2, Mi 4, s. auch 7 Wenn man gemeinsam schweigen lernt)
Welche Personen spielen eine Rolle? (Mann mit Deuteengel, korrigierender Engel mit Befehlsautorität)
Wieder können die Fragen von oben gestellt werden; dazu die Frage, ob die Lösung realistisch ist. Wer garantiert dafür?

**c)** V. 9 wird gelesen.
Was hat sich verändert, und zwar
→ im Vergleich zum Abschnitt 1-4
→ im Vergleich zum Ergebnis von 5-8?
Ein letztes Mal werden die Fragen von oben bemüht, wobei der Angefragte entweder Gott oder der Prophet Sacharja sein kann.

**Mit dem Text weitergehen: Mit Utopien leben (20 min)**
Das Bild von Madonia zum Text wird mit den Frageimpulsen aus dem TN-Heft betrachtet:
→ Beschreiben Sie die Symbole, die Sie erkennen. Welche Bedeutung könnten sie vor dem Hintergrund des Sacharja-Textes haben? Welche Botschaft könnten Sie einer menschlichen Gemeinschaft (Stadt, Staat, Verbund) heute zurufen?
→ Ist die Vorstellung einer „göttlichen Firewall" für Sie eher beruhigend oder erschreckend?
→ Inwiefern kann Sacharjas Utopie zum Handeln einladen?

**Liturgischer Abschluss**
Die TN legen all die Aktionspfeile umgedreht (Schrift nach unten) und mit den Pfeilen zur Mitte in einen Kreis.
→ Freies Dank- und Fürbittgebet, das Menschen in den Blick nimmt, die unter Ausgrenzung leiden, und das für Gottes umgebende Nähe, die gerade nicht einsperren will, sondern zum Abbau von Begrenzungen einlädt, dankt. Nach den einzelnen Sätzen stellen TN ein Teelicht an den äußeren Rand des Kreises, sodass eine durchlässige „firewall" entsteht.

→ Lied: Meine engen Grenzen (EG 589 / GL 437)

## 2.3 Anregungen

**Kerstin Offermann**

### 1. Das Bild im Text sprechen lassen

*Die Elemente des Bildes, Assoziationen und Deutungen zusammentragen:*
Die Bilder in diesem Text sind nicht so sehr Gemälde, als vielmehr kurze Spots, vielleicht Skizzen oder Comics:
→ Hörner – es legen sich viele Assoziationen nahe: Tierhörner, Bulle an der Börse, Wikinger, das Horn von Boromir aus „Der Herr der Ringe", mit dem er Hilfe herbeirufen kann …
→ Handwerker – wahrscheinlich Schmiede: es wird aber nicht berichtet, dass sie etwas tun – das Bild ist erstaunlich regungslos, genau wie die Menschen

*Im zweiten Teil werden die Bilder bewegter:*
→ der junge Mann, der etwas ausmessen will
→ die Feuermauer
→ die offene Stadt voller Menschen und Vieh

**Impuls:** Aus der Vielzahl der Bilder ließe sich eine Text- oder Bildcollage erstellen.

### 2. Liturgisches Element

**Impuls:** Die TN zu einer Körper- bzw. Atemübung anregen: Von der niedergedrückten Bewegungslosigkeit hin zum befreiten und aufgerichteten Aufatmen. Die TN sollen sich zuerst auf ihren Stühlen zusammenkauern, ihre Körperhaltung drückt dabei Kraftlosigkeit, Ratlosigkeit und Ohnmacht aus. Dann richten sie sich langsam auf, heben den Kopf, atmen tief ein und aus. Dabei beobachten sie, was mit ihnen geschieht, wie sie sich fühlen und sich ihr Befinden während der Übung verändert. Tauschen Sie sich darüber aus.
Im aufgerichteten Zustand kann man besser singen, z.B.: Ein feste Burg ist unser Gott (EG 362) oder: Gott gab uns Atem, damit wir leben (EG 432 / GL 468).

### 3. Beim Text bleiben

Der Text gliedert sich in zwei Teile. In den Versen 1-4 geht es zuerst um das Völkergericht, das die Voraussetzung für das Heil Judas ist. Das Eingreifen Jahwes bedeutet für Juda die Befreiung von Unterdrückung und Bedrohung und das Schaffen von Gerechtigkeit.
Der zweite Teil, die Verse 5-9 reden dann vom Heil für Jerusalem.

#### 1. Teil: Völkergericht (V. 1-4)
Jahwe ist Herr der ganzen Welt und Herr der Geschichte. Die Vierzahl steht für Totalität, es geht hier um die ganze Welt. Für Jahwes Volk heißt das: Sie sind den weltgeschichtlichen Ereignissen nicht schutzlos ausgeliefert. Sie sind vielleicht selbst ohnmächtig, aber ihr Gott ist es nicht. Und er wird eingreifen.
Hier kommen zwei Gottesvorstellungen zusammen, die in der zeitgenössischen Umwelt auf verschiedene Gottheiten übertragen waren: der gewaltige und schreckliche Weltenherrscher-

gott und die persönliche Schutzgottheit. Wenn Jahwe beides in einem ist, dann resultiert für den Glaubenden daraus eine Spannung, die es auszuhalten gilt (so Erhard S. Gerstenberger, Israel in der Perserzeit [Biblische Enzyklopädie 8], S. 355ff.). Hier liegt eine Quelle der Theodizeefrage (die Frage der Gerechtigkeit Gottes), die Menschen durch die Jahrtausende immer wieder umtreibt: Wenn Gott die Macht dazu hat, warum verhindert er dann das Unglück, das geschieht, nicht (s.u. 5.)? Die atl. Antwort findet sich in den Klagepsalmen, aber auch in solchen prophetischen Texten, die Gottes zukünftiges Eingreifen ansagen oder geschehene Ereignisse als göttliches Strafgericht verstehbar machen: Es wird nicht so bleiben, Gott wird eingreifen und Gerechtigkeit schaffen.

**Impuls:** Ein *kriegerisches Eingreifen Gottes* ist für uns schwer denkbar! Kann sich Israel als gegenwärtige politische Größe auf ein solches Eingreifen Gottes verlassen?

Man vergleiche damit einen Ausspruch Golda Meirs: „Die Muslime können kämpfen und verlieren und dann wiederkommen und erneut kämpfen. Aber Israel kann nur einmal verlieren." („The Muslims can fight and lose, then come back and fight again. But Israel can only lose once." Fundort: https://wahrheitgraben.wordpress.com/2009/01/23/101/)

Die prophetische Einsicht der Herrschaft Gottes ist eine Form der Interpretation geschichtlicher, innerweltlicher Kriege und Konflikte.

**Impuls:** Können wir in unseren innerweltlichen, *politischen Konflikten das Handeln Gottes* ablesen? Fallen Ihnen Beispiele dafür ein? Wo sind die Risiken eines solchen Denkens? Gerade auch auf dem Hintergrund des vermeintlich „Heiligen Krieges" von ISIS-Terrormilizen.

**Impuls:** Welche Kräfte drücken heute Menschen und Gemeinden zu Boden? Wie steht Gott für sie, für uns ein?

**2. Teil: Heil für Jerusalem (V. 5-9)**
Dieses Heil besteht darin, dass nach dem Sieg über die äußere Bedrohung Jahwe selbst nun unter seinem Volk wohnen wird, und dass seine Anwesenheit unter ihnen für sie Sicherheit, Wohlstand und Frieden bedeutet.

Die Feuermauer erinnert an Gottes Anwesenheit bei seinem Volk in der Feuersäule oder im brennenden Dornbusch. Daher klingt in ihr auch die Bundesformel an: „Ich will euer Gott sein und ihr sollt mein Volk sein" – „Ich bin für euch, der ich für euch bin". In dieser Nähe zwischen Jahwe und seinem Volk vollendet sich das Leben des Volkes und findet seine ultimative Erfüllung. Mehr – Besseres, Vollkommeneres, Glücklicheres – als dieses Leben in der unmittelbaren Nähe Gottes gibt es nicht.

**Impuls:** Suchen Sie mit den TN nach Bildern und Worten, mit denen sich dieses Leben in *unmittelbarer Gottesnähe*, dieses Unter-euch-Wohnen beschreiben und ausmalen lässt. Vielleicht gibt es ja sogar Berichte Einzelner darüber, wie sie Gottes Nähe erfahren haben.

## 4. Den Text von Jesus her lesen

*Beide Aussagen, die in Sach 2,1-9 über Gott gemacht werden, gelten nach ntl. Zeugnis auch für Jesus:*
→ Durch Jesus Christus ist Gott wie nie zuvor bei den Menschen, *er wohnt unter ihnen* (Joh 1,14), er ist der „Immanuel", der „Gott mit uns" (Mt 1,23; GNB: „Gott steht uns bei"). Nach Jesu Himmelfahrt wird vom Wohnen Gottes unter den Menschen in Bezug auf den Heiligen Geist, der in den Herzen wohnt (2.Kor 6,16), gesprochen und vom Wort Gottes, dessen Reichtum sich entfal-

ten möge (Kol 3,16). Trotzdem bleibt Gottes Wohnen unter den Menschen auch eine Verheißung für das himmlische Jerusalem (Offb 21,3) und die Neue Schöpfung (vgl. 1.1 Auslegung).
→ Und *er ist Weltenrichter* (Apg 17,31) – im NT meist verknüpft mit Aussagen über die Wiederkunft Christi und das endgültige Aufrichten seiner Königsherrschaft. Präsentisch verstanden ist es in Joh 3,18. Jesus wird die Menschen nach ihrem Glauben an ihn und nach ihrem Verhalten gegenüber seinen Worten (Joh 12,48) und nach ihrem Verhalten gegenüber ihren Mitmenschen beurteilen (Mt 25). Dass es ein göttliches Gericht geben wird, heißt ja auch: Gott ist es nicht egal, was Menschen anderen Menschen antun. Es ist bleibt nicht auf ewig ungesühnt, nicht unkommentiert, nicht ungestraft!

**Impuls:** Wie also stellen wir uns ein solches Gericht Gottes vor? Findet es schon innerweltlich statt oder erst zum Ende der Welt?

*Jesus wird als König, als Herr und Herrscher bezeichnet* (1.Tim 6,14-16). Der entscheidende Gedanke ist, dass mit der Auferstehung Jesu Christi die realen Machtverhältnisse bereits hergestellt sind, sie auch schon einen Berührungspunkt mit der irdischen Welt haben und sich nun auf Erden auch zukünftig durchsetzen werden, zum einen im Leben und Erleben der Gemeinde Jesu Christi, zum andern für alle sichtbar bei seiner Wiederkehr. Das entspricht der Sichtweise Sacharjas, dass im Himmel Dinge schon präsent sind, die sich auch auf der Erde präsent erweisen werden. Es geht aber auch darüber hinaus: Die Menschwerdung Gottes in Jesu Christus und die Auferstehung Jesu Christi verbindet beide Bereiche in nie dagewesener Weise. Sie sind zugleich himmlische wie irdische Geschehen. Seitdem sind die beiden Bereiche durchlässig füreinander (Lk 17,21).

**Impuls:** Worauf also hoffen wir? Ist diese Erwartung, dass Jesus Gerechtigkeit und Frieden schaffen wird, noch unsere Perspektive? Setzt sich hierin Gerechtigkeit irdisch durch?

### 5. Die Themen des Textes auf heute übertragen

*Gott und Gewalt – wie passt das zusammen?* (vgl. dazu auch 6.3 Anregungen)
Die Aussagen über Gottes strafendes Handeln den Völkern gegenüber befremden uns. Wir denken Gott meist gütig, geduldig und gnädig. Blenden wir damit eine Dimension Gottes aus, vielleicht auch, weil wir solchen lebensbedrohlichen Angriffen anderer Menschen nicht ausgesetzt sind, die uns ohnmächtig hinterlassen und die zutiefst ungerecht sind? Dieser Unrecht rächende Aspekt von Gottes Wesen ist dem Alten Testament aber durchaus vertraut. Für Israel ist diese gewalttätige Seite ihres Gottes ein Trost angesichts der Übermacht ihrer Feinde: Wer gegen Jerusalem heranstürmt, stürmt gegen Jahwe selber an (und hat also keine Chance!).

Die Aussagen über die *Gewalt Gottes* brauchen also dringend die richtige Bezugsgröße: Wenn die Gewaltandrohung sich gegen die Feinde und Aggressoren der Armen und Geschundenen, der Ohnmächtigen und Schutzlosen richtet, dann ist es eine gute und beruhigende Gewissheit, dass Gott mächtig einzugreifen bereit ist und der Gewalt der Menschen etwas entgegenzusetzen hat. Denn Gottes Gewalt ist immer eine Reaktion auf die Gewalt und das Unrecht der Menschen, die nicht bereit sind, sich mit etwas anderem als mit Gegengewalt von ihren Plänen und Vorhaben abbringen zu lassen.

**Impuls:** Wenn Gott verspricht einzugreifen und die Feinde zu besiegen, dann bedeutet das wohl auch, dass Israel selbst nicht zu kämpfen braucht. Ist diese Zusage eine politische Möglichkeit, auf die sich das Volk realistisch verlassen kann? Ist das ein Weg zum Frieden? Auch heute noch?

## 2 | WENN MAN SICH ÖFFNEN KANN

### 2.3 ANREGUNGEN

**Impuls:** Der Kampf und die Macht die Jahwe im AT gegenüber den Fremdvölkern, also gegenüber den übermächtigen Feinden Israels, ausübt, entsprechen *dem Kampf und der Macht Jesus im NT gegenüber den Dämonen!*

→ Vgl. dazu den Beitrag von Peter Aschoff unter: http://www.elia-gemeinschaft.de/wordpress/2015/02/23/theologie/stress-mit-boesen-geistern-2. Diese Parallele macht deutlich, wie sehr sich Israel den Gewalttaten der Völker ausgeliefert sah (und sieht) und welche geistliche Dimension der Kampf für sie hatte (bzw. auch noch hat). Die Fremdvölker stellen genau wie die Dämonen eine existentielle Bedrohung dar, gegenüber der man ohnmächtig ist und der man sich schutzlos ausgeliefert fühlt.

→ Es gibt aber auch ohne äußere politische Bedrohung die Erfahrung von Ohnmacht und Ausgeliefertsein – z.B. angesichts von Krankheit und Tod. In der Auseinandersetzung mit einer solchen Situation schreibt Esther Maria Magnis:

> **Gott ist schrecklich. Gott brüllt. Gott schweigt. Gott scheint abwesend. Und Gott liebt in einer Radikalität, vor der man sich fürchten kann. Alle seine Jünger, bis auf einen, alle, die ihn geliebt haben, sind auf brutale Weise umgebracht worden. Und in dem Moment, als Gott Mensch wurde, als er dieser Welt in Fleisch nahe kam, da brachte er mit sich das große Kindermorden. So kam Gott in diese Welt. Seine Berührung mit unserer Geschichte hat nicht nur Maria zum Lächeln gebracht. Sein Eintritt hat ein Drama hervorgerufen. Das muss er gewusst haben. Unsere Erlösung, die Verstrickung zwischen Mensch und Gott, unsere Schuldgeschichte, die Entfernung zu ihm, all das ist wahrscheinlich schlimmer, komplizierter und ernsthafter, als wir wirklich glauben.**

Esther Maria Magnis, Gott braucht dich nicht: Eine Bekehrung, © 2012 Rowohlt Verlag, Reinbek bei Hamburg, S. 224.

**Impuls:** Wenn Gott also die Macht hat einzugreifen, warum verhindert er dann Unrecht und Gewalt nicht?
Die Bibel antwortet auf diese Frage selbst, indem sie auf die *Solidarität und Verbundenheit Gottes* mit den Leidenden und die Stellvertretung Gottes im Leiden verweist. In diesem Leiden des Gerechten und vor allem im Leiden Gottes selbst liegt die Kraft zur Überwindung aller Ungerechtigkeit, sogar des Todes selbst. Gott ist anwesend bei den Menschen, die leiden, er ist solidarisch und identifiziert sind mit den Opfern. Er begrenzt das Leiden und trägt es am eigenen Leib.

*Ist Gott der Herr der Geschichte?* – Die Bibel sagt klar: Ja! Sie begründet es damit, dass Gott auch der Schöpfer der Welt ist. Darum ist er auch ihre Zukunft. Und es geschieht nichts auf dieser Welt, wo Gott nur zuguckt oder gar wegguckt. Diese sehr fundamentalen Aussagen über den Zusammenhang zwischen Gott und Welt sind in unsere Kultur sämtlich unbequem und unbeliebt und werden zunehmend in Frage gestellt.
**Impuls:** Sind solche Aussagen für die TN noch nachvollziehbar oder auch fragwürdig? Wenn Gott Herr der Geschichte ist, wie regiert er?

**Impuls:** Lesen Sie mit den TN die 5. Strophe des Liedes „Jesus ist kommen, Grund ewiger Freude" (EG 66). Dort heißt es: „Jesus ist kommen, der König, der Ehren; Himmel und Erde *rühmt seine Gewalt!*"

Wie kann man Gewalt rühmen? Wie übt er seine Gewalt aus?
In der Liedstrophe geht es weiter: „Dieser Beherrscher kann Herzen bekehren".
Ist das eine Form des Regierens, das uns angenehm und rühmenswert erscheint? Möchten wir, dass Gott die Herzen regiert? Ist das nicht so etwas wie Gehirnwäsche?
Andererseits ist es Gottes Weg, um die Welt und die Menschen zu verändern, dass er Herzen verändert. Lesen Sie dazu als Impuls ein Zitat von Frère Roger: „Gott aller Liebe, warum sollten wir darauf warten, dass unser Herz sich ändert, bevor wir zu dir kommen? Du verklärst es. Noch in unseren Wunden lässt du Gemeinschaft mit dir wachsen. Und in uns tun sich die Tore des Lobpreises auf." (aus der Taizé-App vom 17. April 2015, © Ateliers et Presses de Taizé)
In dem Lied (EG 66) folgt aus Jesu Art des Herrschens die Aufforderung: „Öffnet ihm Tore und Türen fein bald!" Es folgt die Vorstellung, dass er uns am Herrschen beteiligt: „Denkt doch, er will euch die Krone gewähren".
Auch andere Gesangbuchlieder ließen sich auf ihre Vorstellung von der Herrschaft Gottes oder Jesu Christi hin befragen:
„Ist Gott für mich, so trete gleich alles wider mich ..." (EG 351) und Jesus Christus herrscht als König (EG 123).

Das neue Jerusalem wird keine Stadtmauer haben bzw. brauchen. Es wird eine *offene Stadt* sein.
**Impuls:** Wie viel Offenheit verträgt der Friede? Wir sind in Europa gerade dabei, unseren Frieden und Wohlstand zu verteidigen, indem wir uns einmauern. Passt unsere Einwanderungs- und Asylpolitik zu dieser Vision? Offenheit ist auch immer eine Frage des Vertrauens. Gottes Konzept ist: Vertrauen statt Absicherung. Damit eröffnet er Handlungsspielräume und Freiheit. Wo binden uns unsere Ängste und unser Sicherheitsbedürfnis? Wo verhindern sie Gerechtigkeit und Leben? Was würde geschehen, wenn wir uns trauen würden, im Vertrauen auf Gott, Offenheit zu wagen – sowohl politisch als auch persönlich?

**Impuls:** Eine Anregung soll noch *über den Bibelwochen-Abend hinausweisen*, wobei das Anliegen dieser Anregung ist, die Bibelwoche mit dem Leben der Einzelnen und der Gemeinde und der Umgebung zu verzahnen: Wenn Gott in der Stadt mitten unter uns wohnt, dann ist er dort auch zu finden und zu erleben! Um Gottes Gegenwart in der Stadt erfahren, kann man sich auf den Weg zu ihm machen, siehe: http://www.strassenexerzitien.de/. Dort heißt es: „Exerzitien heißt üben. Üben, zu sehen und zu hören, nach außen und nach innen und die Konsequenzen für das eigene Leben wahrzunehmen. Bei Exerzitien auf der Straße wird eine besondere Achtsamkeit dem Ort entgegengebracht, an dem der/die Einzelne innerlich bewegt wird ... d.h.: sich betend auf den Weg zu machen, Orte der persönlichen Gottesbegegnung zu finden, dort zu verbleiben oder wieder hin zu gehen." Als Anregung gibt es auch einen Kurzfilm zu Straßenexerzitien vom Katholikentag in Regensburg.

**Lieder**

| | |
|---|---|
| EG 166 | Tut mir auf die schöne Pforte |
| EG 281 | Erhebet er sich, unser Gott |
| EG 382 / GL 422 | Ich steh vor dir mit leeren Händen, Herr |
| EG 510 | Freuet euch der schönen Erde |

# 3 | Wenn Gott neue Kleider bereithält: Sach 3

## 3.1 Auslegung

**Thomas Pola**

**Die vierte Vision: Neues Priesteramt, Neue Existenz, Neue Schöpfung**

**Übersetzung (Thomas Pola)**
¹ Da ließ er (JHWH) mich (Sacharja) Jeschua, den Hohenpriester schauen,
    wie er vor dem Engel JHWHs stand,
während der Ankläger zu seiner (Jeschuas) Rechten stand,
    um ihn (Jeschua) anzuklagen.
² Da sprach JHWH zum Ankläger:
„JHWH schelte dich, Ankläger! Es schelte dich JHWH,
    der Jerusalem erwählt hat!
Ist dieser (Jeschua) nicht ein Brandscheit, aus dem Feuer herausgerissen?"
³ Jeschua aber war mit schmutzigen Gewändern bekleidet,
    während er vor dem Engel stand.
⁴ Da hob er (JHWH) an und sprach zu denen, die vor ihm standen:
„Zieht ihm die schmutzigen Kleider aus!"
Und er sagte zu ihm:
„Sieh, hiermit lasse ich vorübergehen von dir deine Schuld
    und lege dir Festkleider an!"
[⁵ Und ich (Sacharja) sprach:
„Man setze einen reinen Turban auf sein Haupt!"
Da setzten sie den reinen Turban auf sein Haupt.]
Und sie bekleideten ihn mit Gewändern,
    während der Engel JHWHs aufstand.
⁶ Da bezeugte der Engel JHWHs (dem) Jeschua:
⁷ „So hat JHWH der Heerscharen gesprochen:
‚Wenn du auf meinen Wegen wandelst
    und meine Anordnungen beachtest,
sollst du selbst sowohl mein Haus verwalten
    als auch meine Vorhöfe bewachen,
und ich werde dir Zutritt (zu mir) gewähren unter diesen,
    die hier (dienend) stehen.
⁸ Höre doch, Jeschua, Hoherpriester,
    du und deine Kollegen, die vor dir sitzen!
Ja, Männer des Zeichens sind sie,
    denn siehe, ich lasse (bald) meinen Knecht ‚Spross' kommen.
⁹ Denn siehe, der Stein,
    den ich in Bezug auf das Angesicht Jeschuas gewährt habe
      – auf einem Stein sind sieben Augen –:
Siehe, ich werde (bald) seine Gravur einschneiden'
      – Ausspruch JHWHs der Heerscharen –
‚und will weichen lassen die Schuld jenes Landes
    an einem (einzigen) Tage.

¹⁰ ‚An jenem Tage' – Ausspruch JHWHs der Heerscharen –
   ‚werdet ihr einander (wörtl.: ein Mann und seinen Nachbarn) einladen
   unter Weingewächs und Feigenbaum'".

**Aufbau**
Die JHWH-Rede V. 8-10 ist parallel zu V. 1-7 formuliert (rhetorische Duplik). Die Eigenart des Abschnitts besteht darin, dass er mit Elementen verschiedener Gattungen (wie „Gerichtsszene" oder Amtseinsetzung) beginnt, dann aber überraschend anders fortfährt, sodass sich gerade das Neue der prophetischen Aussage in den unerwarteten Fortsetzungen zeigt:

| | | | |
|---|---|---|---|
| V. 1f. | Gerichtsszene → Erwählung Jerusalems → Wiedererrichtung des Tempels und Neukonstitution der Priesterschaft | V. 8 | Die Priesterschaft als Zeichen → Das Kommen des JHWH-Knechts „Spross" |
| V. 3f. (+5) | Amtseinsetzung → zeremonielle Vergebung (V. 4: „Schuld") | V. 9 | Das Zeichen des Steins → Der „Große Versöhnungstag" („Schuld") |
| V. 6f. | Die einstigen Pflichten des Königs werden zum Amt des einstigen Oberpriesters hinzugefügt (= Amt des Hohenpriesters) → der Hohepriester wird auch zum Propheten und Mitglied des himmlischen Thronrats | V. 10 | → Integrität der Schöpfung (Neue Schöpfung) |

**Sach 3 innerhalb der Nachtgesichte**
Der von den anderen Überschriften der Nachtgesichte abweichende Charakter von 3,1 und das Fehlen eines Deuteengels hängen mit dem ebenfalls von den anderen Visionen abweichenden Inhalt zusammen: Sach 3 zeigt ein himmlisches Geschehen, um anhand der irdischen, historischen Gestalt Jeschuas die Legitimierung des nachexilisch neuen Amts des Hohenpriesters von JHWH darzustellen. Neu ist auch die Einsetzung des „Großen Versöhnungstages". Da Kap. 3 das ursprüngliche System der sieben Visionen der Nachtgesichte durchbricht, hat man es mit Recht als Ergänzung zu den Nachtgesichten Sacharjas angesehen. Sie wird aber kaum nach der Tempelweihe (515 v. Chr.) entstanden und dürfte daher noch von Sacharja selber eingefügt worden sein. In der Endgestalt bildet Kap. 3 zusammen mit Kap. 4 die Mitte der Nachtgesichte: In Sach 3 kommt JHWH zentral zu Wort, in Kap. 4 ist er in Gestalt des kultischen Leuchters selber Gegenstand der Vision.

# 3 | WENN GOTT NEUE KLEIDER BEREITHÄLT

## 3.1 AUSLEGUNG

| 1,8-17 (I) | 2,1-9 (II+III) | 4 (IV) | 5 (V+VI) | 6,1-8 (VII) |
|---|---|---|---|---|
| Reiter und Pferde | Hörner/ Schmiede + Maß Jerusalems | **Leuchter und Ölbäume** | Fluchrolle + Bosheit im Hohlmaß | Wagen und Pferde |
| Abend (Heimkehr der Boten) | äußere, politische Befreiung | **Mitternacht (Schau von JHWH selber)** | innere, Sünden-Befreiung | Morgen (Belebung der Welt) |

### Einzelexegese und Traditionsgeschichtliches

**V. 1f.:** *Von einer einleitenden Gerichtsszene zum Motiv der Rettung aufgrund der Erwählung Jerusalems.* In V. 1 lässt JHWH (hier noch nicht ausdrücklich genannt) Sacharja visionär den Hohenpriester Jeschua ben Jozadak sehen. Die Genealogie 1.Chr 5,40f. und 3.Esr 5,5 führen seinen Vater Jozadak und seinen Großvater Seraja auf. Seraja war 2.Kön 25,18-21 zufolge der zum Zeitpunkt der babylonischen Überwältigung Jerusalems im Herbst 587 v. Chr. amtierende Oberpriester. Er wurde in der syrischen Festung Ribla (arabisch el-Rable) auf Befehl Nebukadnezars II. zusammen mit seinem Vertreter Zephanja hingerichtet. Serajas Sohn Jozadak dagegen wurde 1.Chr 5,41 zufolge zwangsweise ins babylonische Kernland umgesiedelt.
Jeschua war als Enkel des letzten vorexilischen Oberpriesters und als Erstgeborener seines Vaters von seiner Herkunft und Erziehung her unangefochten berechtigt, eine dem Amt des Oberpriesters entsprechende Führungsrolle einzunehmen.

Es bestand also hinsichtlich der ranghöchsten Jerusalemer Priester, die sich als Nachkommen des Priesters Zadok (s. 2.Sam 8,17; 15,24ff.) verstanden haben, eine das Exil überdauernde Kontinuität. Die hebräische Bildungsweise des Namens „Jeschua" („JHWH ist Rettung") im Gegensatz zu den akkadischen Namen „Scheschbazzar" und „Serubbabel" weist auf eine bewusste Pflege der judäischen Identität in der Familie Jozadaks. Neh 12,10f. zufolge wurde Jeschua das Haupt einer über Jojakim bis zu Jaddua reichenden Linie von Hohenpriestern.
Spätestens unter der größeren, von Serubbabel angeführten Rückkehrerwelle kurz vor dem Herbst des Jahres 520 v. Chr. muss Jeschua nach Jerusalem gekommen sein.

Mit Planung und Durchführung des Tempelbaus stellte sich nicht nur angesichts des Fehlens des Königs die Frage nach der Legitimation des Bauherrn, sondern auch die nach der rechtmäßigen Führung und Reorganisation der Priesterschaft. Das den Klerus leitende Amt erhielt angesichts des nun fehlenden Königs gegenüber der vorexilischen Zeit unweigerlich höchstes Gewicht. In Ez 40–48 war von diesem Amt noch nicht die Rede. Es sachlich und begrifflich neu zu definieren, war zwischen Grundsteinlegung und Weihe des Tempels dringlich geworden.

Jeschua steht V. 1 zufolge im Himmel vor JHWH, der aus Scheu der „Engel JHWHs" genannt wird. Der „Ankläger" hingegen steht rechts von Jeschua und damit links (!) von JHWH, um Jeschua anzuklagen. Die linke Seite gilt aufgrund der Tatsache, dass 90 % aller Menschen Rechtshänder sind, als die negative Seite. Mit V. 1 setzt also eine Gerichtsszene ein, die als solche noch nichts Negatives bedeutet, denn das Gericht JHWHs soll ja grundsätzlich zurechtrücken, was gegen Gottes Willen ver-rückt geworden ist. Wer aus der Sicht Gottes Recht hat, muss auch sein Recht wirksam bekommen.

**V. 2:** Aber etwas ist hier gravierend nicht in Ordnung. Wir erfahren den Inhalt der Anklage nicht, sondern JHWH spricht zum „Ankläger": „JHWH schelte dich, Ankläger!". „Schelten" gilt im AT bedrohlichen bzw. chaotischen Mächten (Jes 17,13; 30,17; Ps 76,7): In Sach 3 erscheint der „Ankläger" (hebr. satan) erstmals als Gott entgegengesetztes Chaoswesen. Das „Schelten" JHWHs ist ein wirksames Wort, denn fortan ist von Satan im Abschnitt nicht mehr die Rede. Er hat seinen Platz nun nicht mehr im Himmel (vgl. Lk 10,18; Offb 12,9). Damit ist der Rahmen einer Gerichtsszene verlassen, das Geschehen besitzt nun eine kosmische Dimension.

Die JHWH-Rede schließt dagegen mit der Selbstbezeichnung JHWHs als dem, „der Jerusalem erwählt hat" (vgl. Sach 1,17; 2,16). Damit nimmt JHWH die einst ergangene Verwerfung Jerusalems (2.Kön 23,27) zurück. Jetzt wird deutlich: Satan wird verstoßen, weil er sich dem Erbarmen JHWHs widersetzt. Darüber hinaus spricht der Verweis auf die Erwählung Jerusalems das Thema der Erwählung Zions und damit des Davididen und seiner Priesterschaft aus dem vorexilischen Königspsalm 132 (V. 9ff. und V. 16ff.) an. Wie Jes 40,1ff. verkündet, ist nun die Zeit der Gnade angebrochen. Darauf verweist die die JHWH-Rede abschließende rhetorische Frage: „Ist dieser (Jeschua) nicht ein Brandscheit, aus dem Feuer herausgerissen?". Jes 40,2 zufolge hat das Volk seinen von JHWH verhängten „Frondienst" „vollständig" erfüllt und seine „Sünde" ist vergeben. Dem entspricht inhaltlich Sach 3,2: Mit einem Zitat aus Am 4,11 wird der Blickwinkel der Rettung vor der vollständigen Vernichtung im Exil herausgestellt.

**V. 3-5:** *Von einer Amtseinsetzung zu einer soteriologischen Handlung:* Erneut tritt Jeschua in den Vordergrund, aber nun nicht mehr in einer Gerichtsszene, sondern anscheinend in einer Investitur (Amtseinsetzung durch Einkleidung mit einem Ornat). Der Ausgangspunkt dazu ist seine schmutzige, eigentlich „kotige" (Ez 4,12) Kleidung, die er vor dem Engel JHWHs (wie JHWH wegen dieser – im Himmel! – unangebrachten Kleidung wieder genannt wird) trägt. Für einen JHWH-Priester ist solche rituelle Unreinheit untragbar. Woher rührt sie? Manche Ausleger, auch das Judentum, denken dabei an persönliche Verfehlungen Jeschuas:
„Weshalb wurde er bestraft? R. [= Rabbi] Papa [gest. 375 n. Chr.] erwiderte: Seine Söhne heirateten für die Priesterschaft unwürdige Frauen und er wehrte es ihnen nicht. Denn es heißt: *Jehošua aber war mit schmutzigen Gewändern angetan* [Sach 3,3]. War es denn die Art Jehošuas, schmutzige Gewänder zu tragen? Vielmehr lehrt dies, daß seine Söhne Frauen heirateten, die für die Priesterschaft unwürdig waren, und er wehrte es ihnen nicht" (Babylonischer Talmud, Sanhedrin 93a).
→ Eine Liste weiterer Talmudstellen, die Sacharjatexte aufnehmen, können Sie der DVD entnehmen.

Aber von persönlichen Verfehlungen Jeschuas sagt das Alte Testament nichts. Vielmehr ist anzunehmen: Jeschua repräsentiert das Volk, das im Exil in einem unreinen Land hat leben müssen und deshalb unrein ist (Hag 2,14). Das Volk sollte ja auch Jes 52,11 zufolge bei seinem Auszug

# 3 | WENN GOTT NEUE KLEIDER BEREITHÄLT

## 3.1 AUSLEGUNG

aus Babylonien nichts Unreines anrühren – aber war das in der Praxis überhaupt möglich? Nun aber hat es dieses Gericht, das die Unreinheit mit einschließt, durchschritten.

Unreinheit und Schuld können im AT miteinander zusammenhängen, da das AT überindividuelle Schuld kennt und damit auch Schuld, die dem Betroffenen nicht bewusst ist (z.B. in der Jakobsgeschichte: Rebekka gehorcht in Gen 27 dem JHWH-Orakel von Gen 25,23, wodurch Jakob den Erstgeburtssegen erhält – Jakob selber trifft keine individuelle Schuld). Darüber hinaus trennen sowohl Schuld als auch Unreinheit den Betroffenen vom heiligen Gott JHWH. Es wird daher in Sach 3 äußerlich sichtbare Unreinheit zum Zeichen für Schuld, deren Vorhandensein in einer Vision (!) äußerlich nicht dargestellt werden kann (so auch die Auslegung in bSanh 93a, s.o.).

Der Kult des Zweiten Tempels sollte (in Fortführung von Ez 44f.) ein Sühnekult werden (s.u. zu Sach 3,9) und nicht die bloße Wiederaufnahme deuteronomistisch verstandener Opfervorschriften, die man auf Grund ihrer Wirkungslosigkeit bei der Katastrophe von 587 v. Chr. als (aus der Sicht Gottes) nicht ausreichend hat einstufen müssen. Mit der erforderlichen religiösen Integrität des einzusetzenden höchsten Priesters stand und fiel die Legitimität des Sühnekults des Zweiten Tempels. Dieser Sühnekult fand immerhin knapp 600 Jahre bis zur Zerstörung des Tempels durch die Römer im Jahre 70 n. Chr. statt.

**V. 4:** Das Subjekt des Befehls ist JHWH oder ein Engel. Alles, was an das Gericht des Exils erinnert und an Jeschua als Repräsentanten „haftet", soll vollständig entfernt werden. Doch wird diese Reinigung nicht durch (vom Himmel kommendes) Wasser bewirkt, wie dies Ezechiel erwähnt hatte (Ez 36,25) und gegenüber Sach 3 später die Priesterschaft als Voraussetzung der Investitur ist (Ex 29,4; 40,12; Lev 8,6), sondern durch bloßes Wechseln der Kleider. Da im AT und NT das Kleid als fast identisch mit dem Leib seines Trägers angesehen wird (Ri 6,34; besonders Mk 5,25-34), ist die „Investitur" in Sach 3,3-5 keine bloße Äußerlichkeit: Die V. 4 abschließende Erklärung (vgl. Jes 6,7) „Sieh, hiermit lasse ich vorübergehen von dir deine Schuld" weist darauf hin, dass hier eine Gerecht*machung* stattfindet (und keine bloße Gerecht*sprechung*).

In V. 4 kommt wie in Ez 36,25ff. ein schöpferisches Handeln JHWHs zum Zuge. Jeschua erhält von JHWH ein neues Leben, eine neue Existenz! Dies verdeutlicht das nur noch in Jes 3,22 gebrauchte Wort „Festkleider" (oder: „weiße Kleider"): Jeschua erhält symbolisch solche Kleider, die eine Reinigung anzeigen und nicht den Ornat des Hohenpriesters. Es fehlen hier auch die kurze Zeit später in der Priesterschrift vorausgesetzten Elemente der Amtseinsetzung des Hohenpriesters, v.a. die Salbung und die „Füllung der Hände" (Lev 8,7-9).
Obwohl also Sach 3,3-5 wie eine Investiturdarstellung einsetzen, so handelt es sich in der Ausgestaltung um ein Rettungsgeschehen in Bezug auf die genannte Schuld, das eine Schöpfungsdimension einschließt (vgl. Lev 16,4). Es geht bei dieser von JHWH ausgehenden Versöhnung nicht um die Vergebung einzelner Taten, sondern um das Wesen, die Existenz Jeschuas, der die JHWH-treuen Judäer repräsentiert (vgl. den zu V. 3-5 parallelen V. 9!).

In **V. 5** ist dabei der Wortlaut „Und ich sprach ... Da setzten sie den reinen Turban auf sein Haupt" eine Ergänzung. Sie macht sich kenntlich durch die sonderbare Tatsache, dass der Prophet eigenmächtig sowohl in Anwesenheit JHWHs als auch des ihn vertretenden Engels einen Befehl an den himmlischen Thronrat erteilt, der dann auch noch vor der Ausführung der

Weisung von V. 4 ausgeführt wird. Da die Priester seinerzeit Turbane trugen (Ez 24,17; 44,18), hat der Ergänzer die Nennung eines Turbans hier vermisst. Daher entnahm er die Weisung bezüglich des Turbans Ex 28,36-41, um Sach 3,8-10 noch enger mit V. 1-7 zu verklammern.
„Und sie bekleideten ihn mit Gewändern, während der Engel JHWHs aufstand": Dieser Satz drückt die höchste Bedeutung der Zeremonie aus – JHWH in Gestalt des „Engels JHWHs" steht dazu auf! So zielt dieser Satz auf die in V. 6f. folgende Zusage JHWHs.

**V. 6f.:** *Von der Übertragung königlicher Ämter auf den Hohenpriester zu dessen prophetischer Autorisierung im himmlischen Thronrat:* Dieses „Zeugnis" JHWHs wird feierlich mit einer um „Zebaoth" erweiterten Botenspruchformel eingeleitet – es spricht der Jerusalemer Gott der Bundeslade. Das Zeugnis ist gekennzeichnet durch die Struktur „wenn ... und wenn ... und dann ... und dann". Man sollte diese Struktur nicht als „Bedingung" oder „Vorleistungen" verstehen: Die (als Aufforderung formulierte) Integrität des Angeredeten ist eine (selbstverständliche) Voraussetzung wie in Gen 17,1 (vgl. 5,22; 6,9).

Die Bedingungen beziehen sich auf Jeschuas hohepriesterlichen Dienst (V. 7). Die deuteronomistische Formulierung „wenn du auf meinen Wegen wandelst" (Ex 18,20; Dtn 8,6 u.ö.) wird durch die ezechielisch-priesterschriftliche, spezifisch Priestern geltende „(dann) sollst du selbst mein Haus verwalten als auch meine Vorhöfe bewahren" (Ez 44,8.16; Lev 8,35 u.ö.) gesteigert. Beide Formulierungen nehmen 1.Kön 3,2 auf, wo sich die Teilformulierungen finden. Damit unterstreicht Sach 3,7 deutlich die Übertragung des klassisch Königlichen auf den Hohenpriester. Das gilt auch für den Nachsatz: JHWH überträgt damit vorexilische, einst dem König vorbehaltene Pflichten nun auf Jeschua als dem legitimen Nachfolger des einstigen Oberpriesters, auch wenn diese Formulierung eine Sprache aufweist, die außer in 1.Sam 7,1 bei Ezechiel (40,45f.; 44,8.14f.) und der Priesterschrift (besonders in Num 3,4 und 8,26) anzutreffen ist. *Die Verwaltung des Tempels geht in Sach 3,7 nun vollgültig auf den Hohenpriester über.* Dabei bedeutet „verwalten" mit „mein Haus" als Objekt eine inhaltliche Nähe zu Num 12,7f.: „Ihm (Mose) ist mein (JHWHs) ganzes Haus anvertraut."

Die Gestalt von Mose und der Hohepriester Jeschua haben das Motiv des Zutritts zum himmlischen Thronrat gemeinsam. So deutet sich bereits vor dem Schlusssatz von Sach 3,7 an, dass V. 7 insgesamt über eine Übertragung der königlichen Befugnis über den Tempel hinaus auf ein *Zusammenlaufen des Priesterlichen mit dem Prophetischen in der Gestalt des Hohenpriesters* zielt: Der vom JHWH-Engel dem Hohenpriester Jeschua generell gewährte „Zutritt" zu JHWH „unter diesen, die hier dienend stehen" bezieht sich auf die in V. 4 genannten „die vor ihm (JHWH) standen". Es handelt sich um den himmlischen Thronrat.

Die vorexilischen Belege des Motivs des himmlischen Thronrats (1.Kön 22; Jes 6; Jer 23,16ff.; Am 3,7) zielen jeweils auf die Legitimierung des wahren Propheten. Wenn Mose der Priesterschaft zufolge in jene Wolke eintritt, die die Herrlichkeit JHWHs verbirgt (Ex 19,1f.; 24,15-18), so knüpft die Priesterschrift an die Konzeptionen der Mosegestalt im Deuteronomismus als Mittler bzw. als Prophet an. Im Grundtext von Ez 1f. jedoch wird erstmals ein aktiver Priester in den himmlischen Thronrat berufen. Zuvor wurde in Jer 23,16-22 mit Jeremia bereits eine Gestalt priesterlicher Herkunft vom himmlischen Thronrat her legitimiert (vgl. Jer 1,4-10 [9]: JHWH selber berührt den Mund Jeremias).

# 3 | WENN GOTT NEUE KLEIDER BEREITHÄLT

## 3.1 AUSLEGUNG

In **Sach 3,7** wird nun das hier zu begründende Hohepriestertum geradezu auf der Grundlage des Zutritts des Hohenpriesters zum himmlischen Heiligtum definiert und initiiert: Der Hohepriester ist (anders als der vorexilische Oberpriester) prophetisch inspiriert. Er gilt im Sinne von Hos 12,10-14 und von Dtn 18,15-22 vollgültig als Glied in der Kette der prophetischen Nachfolger von Mose. Daraus ergeben sich weitreichende Konsequenzen:

**1.)** Zunächst wurde der Brauch der Salbung des Königs bei seiner Inthronisation auf den Hohenpriester übertragen. Beim Salböl (Ex 30,22-33) ist das Olivenöl nur das Lösungsmittel für die Duftstoffe. Sie machen die Verleihung des JHWH-Geistes (1.Sam 16,13; Jes 61,1; vgl. Mk 1,9-13) wahrnehmbar. Der Hohepriester konnte nun auch „der gesalbte Priester" genannt werden (Lev 4,3.5.16; 16,32 u.ö.).
**2.)** Der nächste Schritt war die Übertragung des Brauches der Salbung auf alle Priester (Ex 28,41; 40,15).
**3.)** Die von der priesterschriftlichen Schule dominierte Pentateuchredaktion (s.o.) muss demzufolge als prophetische, sich von Mose ableitende Größe gegolten haben. Diese als prophetisch begabt angesehenen Priester legten folglich dem Pentateuch die Priesterschrift als den roten Faden zugrunde und ergänzten ältere Teilsammlungen und Abschnitte. Man hatte folglich kein Problem damit, den ganzen Pentateuch von Mose herzuleiten (Neh 8,1), obwohl man wusste, dass der rote Faden des Pentateuchs aus der eigenen Zeit stammte.
**4.)** Joh 11,50 zufolge hatte der Hohepriester auch in seinem Umgang mit der Gestalt Jesu die Gabe der prophetischen Weissagung (vgl. Lk 1,8ff.).
**5.)** Das sog. „allgemeine Priestertum" (v.a. 1.Petr 2,5ff. zufolge) sollte auch als Gabe des Prophetischen (v.a. in der Bibelauslegung) verstanden werden.

Setzt die Rede des JHWH-Engels in Sach 3,7 zunächst damit ein, die Hoheit des Königs über den Tempel auf den ehemaligen Oberpriester, jetzt Hohenpriester zu übertragen, so zielt V. 7 insgesamt jedoch auf die Prophetwerdung des Hohenpriesters, wie an den Formulierungen am Ende des Verses ersichtlich ist.

Mit der Aufnahme Jeschuas in den himmlischen Thronrat kommt Sach 3,1-7 zu einem vorläufigen Abschluss: Wie in Jes 6,5-7.8ff. schließt die paradoxe Aufnahme eines Menschen in den himmlischen Thronrat auch in Sach 3 mit der „Investitur" und der soteriologischen Deklaration (der zugesprochenen Rettung) eine schöpfungstheologische Dimension des Handelns JHWHs ein. Dem geht in Jes 6,5 die Klage des „vergehenden" (= sterbenden) Propheten, in Sach 3,1f. die Anklage des widergöttlichen Anklägers voraus. Dass mit der Aufnahme in den himmlischen Thronrat sachlich eine sich direkt anschließende JHWH-Offenbarung verbunden ist, zeigt sich in Jes 6,8ff. und ist in Sach 3 mit V. 8-10 gegeben.

**V. 8-10 sind durchgehend JHWH-Rede.**
**V. 8:** *Vom Priesterkollegium als „Zeichen" zum Kommen des JHWH-Knechtes „Spross":* Die einleitende Anrede „Höre doch, Jeschua, Hoherpriester!" drückt das Ergebnis des bisherigen visionären Geschehens aus: JHWH selber redet Jeschua als den Nachfolger des einstigen Oberpriesters als „Hohenpriester" an, wobei dieser neue Titel inhaltlich mit dem Geschehen in V. 1-7 gefüllt ist (der Gebrauch des Titels in V. 1 hatte dies summarisch vorweggenommen).

JHWH hat Sach 3 zufolge mit dem Amt des Hohenpriesters auch die diesem zugeordnete Priesterschaft konstituiert. Das Kollegium der Priester „sitzt" lernwillig vor dem Hohenpriester in derjenigen Weise, wie JHWH selber von respektvoll und dienstbereit „stehenden" himmlischen Wesen umgeben ist (V. 4.7): *Der himmlische Thronrat bildet sich in den um den Hohenpriester versammelten Priesterkollegium ab.* Und doch ruht diese Konstellation nicht in sich selber, sondern der Hohepriester und sein Kollegium sind „Männer des Zeichens", da JHWH seinen Knecht „Spross" bald kommen lassen wird (V. 8). Das Wesen dieses „Zeichens" wird inhaltlich aus V. 8-10 gefüllt.

So hat die Bezeichnung des „Sprosses" als „Knecht JHWHs" nichts mit der Bezeichnung Serubbabels als „Knecht" JHWHs in Hag 2,23 zu tun, da dieser ein Zeitgenosse ist, während der „Spross" in Sach 3,8 als zukünftige Gestalt erwartet wird. Vielmehr liegt bei der Bezeichnung des „Sprosses" als „Knecht" JHWHs wie in V. 7 ein Bezug zu Num 12,7f. vor: Sach 3,8 bestimmt die dem Hohenpriester übertragenen königlichen Pflichten und den ihm gewährten Zutritt zum himmlischen Thronrat als etwas Vorläufiges, das bis zum (baldigen) Kommen der angekündigten Gestalt gilt. Sie wird mit ihrem Erscheinen das Königliche und das Prophetische aus Num 12,7f. vollgültig übernehmen. *Der Hohepriester und sein Kollegium sind „nur" das „Zeichen" für das nahe Kommen des „Sprosses", ja, dieser ist im Priesterkollegium bereits jetzt schon geheimnisvoll gegenwärtig!*

Im Anhang zu den Nachtgesichten Sach 6,9-15 wird dies ergänzend zu Kap. 3 ausgedrückt durch die Anweisung, die Krone, die über (!) den Hohenpriester Jeschua gehalten werden soll, sei im Tempel zu deponieren. Auch hier heißt es bezüglich des „Sprosses" als einer zukünftigen Gestalt: „So spricht JHWH der Heerscharen: Siehe, es ist ein Mann, der heißt „Spross", denn unter ihm wird's sprossen, und er wird bauen den Tempel JHWHs" (V. 12).
Wie in der Geburtsstunde der Erwartung eines idealen Herrschers, in Jes 7,14-16 (und 9,1-6), ist auch der erwartete Messias eine verborgene Größe.

*Wer aber ist der „Spross"?* Der Gebrauch des Wortes in Sach 3,8 und 6,12 knüpft anscheinend an etwas bei den Adressaten Bekanntes an. Fast wird es wie ein Eigenname gebraucht. Der traditionsgeschichtliche Hintergrund dieser messianischen Chiffre ist die Ankündigung eines idealen Herrschers in Jer 23,5f. (LÜ):
[5] Siehe, es kommt die Zeit, spricht der HERR,
    dass ich dem David einen gerechten Spross erwecken will.
Der soll ein König sein, der wohl regieren
    und Recht und Gerechtigkeit im Lande üben wird.
[6] Zu seiner Zeit soll Juda geholfen werden und Israel sicher wohnen.
    Und dies wird sein Name sein, mit dem man ihn nennen wird:
    „Der HERR unsere Gerechtigkeit".

Besonders die Anspielungen auf den Namen des Königs Zedekia durch Belege des Wortfeldes „Gerechtigkeit" kennzeichnen den „Spross" in Jer 23,5f. als ideal gezeichnete Gegenfigur zum letzten judäischen König, Zedekia (597-587 v. Chr.), sodass diese Ankündigung aus dem Jahrzehnt vor 587 v. Chr. stammen muss. Die Rede vom „gerechten Spross" „für David" meint nicht einfach eine Rückkehr zum vorexilischen Königtum, sondern einen qualitativen Neuanfang innerhalb der Davididen, der die messianologische Entwicklung in der Exilszeit voraussetzt und fortführt (s.u. zu Sach 9,9).

> Die **messianologische Entwicklung** ab Jes 7,1-17; 9,1-6 und Jer 23,5f. ist auffallend vielgestaltig. Dennoch lassen sich bei den in Frage kommenden Abschnitten Gemeinsamkeiten erkennen. Die Komposition Mi 4,9 – 5,5 nimmt mindestens Jes 7,14.16 und 9,5 auf, bringt aber demgegenüber neue Bezüge zur Davids-Tradition ein (1.Sam 16,1ff.; 2.Sam 5,2; Ps 72,8; 1.Chr 11,2). – Am 9,11f. (spätexilisch) spricht zwar vordergründig nur vom Wiederaufbau des Tempels und der Wiederherstellung Judas, beides setzt aber sachlich einen Davididen, v.a. als Bauherrn des Tempels voraus! Dabei entsprechen Am 9,11f. der Struktur von Ez 34–37 (34: Messias; 35: Edomthematik; 36f.: Befreiung und Wiederherstellung Israels).
>
> In Jer 30,18 – 31,1 trägt der **Messias** priesterliche Züge (!) und sein Kommen steht in Verbindung mit dem von JHWH gewährten Neuen Bund.
> Die Herrschererwartung im Ezechielbuch zeigt als Novum eine Trennung von Königlichem und Priesterlichem (Ez 44,1-3; 45,21-23; 46,1-10.12), ohne dass der Bezug zu den Davidnachkommen preisgegeben würde. Ez 37,20-28 sieht das Ziel der angekündigten Zukunft in einer sowohl davidisch-messianischen als auch kultisch-zionstheologischen Perspektive (daher ist es sehr unwahrscheinlich, dass die frühnachexilisch von den zurückgekehrten Priestern dominierten Judäer Serubbabel zum König erheben wollten). Schließlich setzen Ez 37,23f. mit der Ankündigung, das Volk werde sich einerseits nicht mehr verunreinigen und nun andererseits den Gesetzesordnungen vollkommen gehorchen, eine anthropologische Neuwerdung voraus (vgl. Ez 16,23; Jer 31,31-34; Ps 51). Setzen also Ezechiel implizit und seine Schule explizit einen neu gewordenen, idealen Menschen voraus, weist Ezechiel selber eine entsprechend transformierte Herrschergestalt, den Messias, auf.
> Die Gemeinsamkeiten der exilischen messianologischen Entwicklung bestehen in der bleibenden Bindung des davidischen Herrschers an den Zion.

Anscheinend hat Jeremia die Bezeichnung „Spross" für den Messias herausgebildet und knüpfte dabei an den noch vorexilischen Königspsalm 132 an (s.o.). Es heißt in V. 17:
„Dort (auf dem Zion) lasse ich sprießen (!) David ein Horn, habe ich bereitet eine Leuchte meinem Gesalbten."
Den Namen Davids nennt Jer 23,5f. nicht, denn er ist in der von Ps 132 abgeleiteten Bezeichnung „Spross" enthalten.

*Welche Bedeutung gewinnt nun die Ankündigung des „Sprosses" in Sach 3?* V. 1-7 führen die Überwindung des Exils in Bezug auf Sünde und kultische Reinheit durch JHWH vor Augen und initiieren die Ritualisierung dieser Überwindung durch den Hohenpriester Jeschua. Neu gegenüber Jer 23,5f. ist dabei in V. 8: Der JHWH-Knecht „Spross" ist in Jeschua und seinem Kollegium bereits geheimnisvoll präsent. Auch die Sach 6,9-15 zufolge im Tempel zu deponierende „Krone" soll ergänzend vor Augen führen: Der Messias ist bereits im Tempel gegenwärtig.

In Ps 80,18 heißt es daher: „Deine Hand schütze den Mann deiner Rechten (vgl. Ps 110,1; Sach 4,14), den Sohn, den du dir großgezogen hast!". Psalm 84 gipfelt in der Bitte (V. 10): „Gott, unser Schild, schaue doch; sieh doch an das Antlitz deines Gesalbten!"

**V. 9:** *Vom Zeichen des Steins zum Großen Versöhnungstag:* Die Gewährung („legen, hinlegen" wie „geben" in V. 7) des Steins vor Jeschua durch JHWH ist als Zeichen zu verstehen, das die Zusagen von V. 7f. bestätigend unterstreichen soll.
Welche innere Logik weist dabei die Rede vom „Stein" und des „Wegnehmens der Sünde an einem einzigen Tag" innerhalb von Sach 3 auf? Ausleger haben versucht, diesen Stein mit dem Grundstein des Tempels oder mit anderen Größen in Verbindung zu bringen. Der Stein ist dagegen als Diadem, das vorexilisch das Haupt des davidischen Königs mit einem leuchtenden Edelstein auf der Stirn geziert hatte (Ps 132,18 und Num 24,17) und hier von JHWH „in Bezug auf das Angesicht" des Hohenpriesters Jeschua „gewährt" wird, zu verstehen.

War in V. 8 mit „Spross" Ps 132,17 aufgenommen worden (vermittelt durch Jer 23,5), so scheint sich der „Stein" in V. 9 auf Ps 132,18 zurückzubeziehen. Dabei ist an dieser Stelle nachzutragen, dass die „Investitur" in Sach 3,3ff. mit der Beschreibung der mit „Gerechtigkeit" und „Heil" bekleideten Priestern in Ps 132,8.16 zu tun hat, als deren Gegensatz die „mit Schande" gekleideten Feinde genannt werden (Ps 132,18): Jeschua wird vom Stande des mit „schmutzigen" Kleidern vor Gott Stehenden (Sach 3,3) zu einem vor Gott (coram deo) wohlgefällig gekleideten Priester erhoben, dem mit der Sündenvergebung „Heil" widerfährt. – Es ist eine Eigenart von Sach 3, die zu erwartenden hebräischen Wörter wie „unrein" (in Bezug auf die Kleider) oder „Diadem" zu vermeiden.

Die Thematik von V. 7, in der gerade mit der Tempelaufsicht ein Merkmal des Königlichen auf den Hohenpriester übertragen worden war, wird hier fortgeführt: Es trägt nun der Hohepriester JHWHs Willen zufolge das einst dem König vorbehaltene Diadem.
Auch das Motiv des Zutritts des Hohenpriesters zum himmlischen Thronrat in V. 7 wird in V. 9 fortgeführt: Die sieben Gravierungen auf diesem Edelstein sind die im Hebräischen sieben Buchstaben umfassende Inschrift „Heilig für Jahu!" („Jahu" ist eine Kurzform von „JHWH"). Der Wortlaut der Inschrift und die hier vorliegende Logik sind der priesterschriftlichen Anweisung bezüglich einer kleinen Goldplatte Ex 28,36-38 (vgl. Sir 45,12 [Septuaginta-Fassung]; Sach 14,20f.) zu entnehmen:
[36] „Und stelle aus reinem Gold ein Stirnblatt (oder: eine Rosette) her
    und graviere (!) darauf mit Siegelgravur ein: ‚Heilig für JHWH'!
[37] Das hänge an eine Schnur aus Purpur,
    sodass es sich am Turban befindet!
An der Vorderseite des Turbans soll es sein.
[38] So sei es auf der Stirn Aarons,
damit Aaron die Schuld (!) der heiligen Dinge wegtrage (!),
    die die Söhne Israel heiligen werden,
      bei allen Gaben ihrer heiligen Dinge.
Und es soll beständig an seiner Stirn sein zum (kultischen) Gefallen für sie vor JHWH."

# 3 | WENN GOTT NEUE KLEIDER BEREITHÄLT

## 3.1 AUSLEGUNG

Ex 28,38 zufolge ist der Zweck des Stirnblatts, das als Inschrift den heiligen Gottesnamen trägt, der von JHWH gestiftete, durch Aaron (= der Hohepriester) vollzogene Sühnekult. Alle vorexilischen Opferarten werden nun als sühnende Opfer verstanden (Lev 1–7). Der Hohepriester trägt durch den von ihm geleiteten Sühnekult die Sünde der judäischen Kultgemeinde (= „Israel") weg (vgl. Joh 1,29). In den Vorschriften für den einmal jährlich im Herbst zu veranstaltenden Großen Versöhnungstag (Jom Hakkippurim) in Lev 16 (Priesterschrift) gipfelt die Sühnetheologie des Zweiten Tempels.

Dieser für das Judentum bis heute überaus wichtige Feiertag hat in Sach 3,9 seine Wurzel: „und ich will weichen lassen die Schuld jenes Landes an einem (einzigen) Tage". Dabei greift V. 9 auf das Motiv des Zutritts zum himmlischen Thronrat in V. 7 zurück, denn der rituelle Höhepunkt des Großen Versöhnungstages besteht im nur an diesem Tag erlaubten Eintritt des Hohenpriesters in das Allerheiligste (Lev 16,11ff.; Sir 50,5ff.), wo JHWH „wohnt", sodass der Hohepriester dort den in Lev 16 vorgeschriebenen heiligenden Ritus am goldenen Sühnemal (Luther: „Gnadenthron") vollziehen konnte. Somit wird die in V. 7 gegebene Zusage des Zutritts zum himmlischen Thronrat am Großen Versöhnungstag sogar liturgisch umgesetzt.

Der Große Versöhnungstag ist in Sach 3 und Lev 16 nicht ein Selbsterlösungsversuch des Menschen, sondern eine von JHWH bestimmte Institution. Damit öffnet JHWH den alttestamentlichen Weg der Erlösung und Heiligung.
Wichtig innerhalb der Gesamtkomposition von Sach 3 ist in V. 9 die Aufnahme des Stichwortes „Schuld" aus V. 4b: Wurde dort die Vergebung der Schuld Jeschuas (als Repräsentant des Volkes) im himmlischen Thronrat erklärt, so will JHWH durch den von ihm gestifteten Großen Versöhnungstag die Schuld „jenes Landes" „weichen lassen". Im Unterschied zur Periode der Exilszeit, deren Gerichtscharakter in V. 2 betont worden war, soll auch künftig die Vergebung der auf dem Land lastenden Schuld durch ein Totalgericht hindurch erfolgen. Dieses findet nun aber *stellvertretend ritualisiert* und auf *einen einzigen Tag verkürzt* statt.

Zum Entstehungszeitpunkt von Sach 3 befand sich das priesterschriftliche Opferverständnis als Sühneweihe (Ex 25; Lev 1–7 u.ö.), insbesondere die Institution des Großen Versöhnungstages (Lev 16; 23,16-32; Num 29,7-11), noch in der Entstehung.
Bereits der Geschichtsrückblick Ez 20 (exilisch) hatte aus allen Geboten das Sabbatgebot herausgegriffen, das der Mensch gar nicht aktiv tun kann. Er kann den Sabbat nur durch Inaktivität halten. Es geht also in Ez 20 nicht um einzelne Sünden, sondern beim wahren Zionskult (V. 40-44) um das Neue Sein, die Neue Existenz des Menschen. Ihr gilt die Sühneweihe (Ez 16,62f. u.ö.), auch wenn diese dem AT zufolge regelmäßig wiederholt werden muss.

**V. 10:** *Folge: Integrität der Schöpfung.* Auch der Schlussvers bildet einen Bestandteil der inneren Logik von Sach 3: Das von der auf ihm lastenden menschlichen Schuld befreite Land (V. 9) wird durch den Vollzug der Sühneweihe am Großen Versöhnungstag zum heilvollen Normalzustand hin wiederhergestellt (V. 10).
Weingewächs (nicht: „-stock"!) und Feigenbaum werden als Bild für Verwurzelung von Israel in seinem Land (Weinbaum, vgl. Jer 2,21, besonders Ps 80,9ff.) bzw. für seine geschichtliche andauernde Präsenz im Lande (Feigenbaum) gebraucht. In der in V. 10 beschriebenen Heilszeit kommt daher das sich in Kontinuität zur vorexilischen Geschichte verstehende Volk zu seinem ge-

schichtlichen Ziel. – Der mögliche Hintergrund von V. 10 ist die akut ab dem Herbst 520 v. Chr. eingetretene wirtschaftliche Not (s.o., S. 27).

In jedem Falle drückt V. 10 die Erwartung der Fülle der Heilszeit aus. Sie ist auch in Sach 1,17; 8,12; Am 9,13-15 u.ö. belegt. Dabei ist V. 10 fest in den Zusammenhang von Sach 3 eingebunden: Zunächst nehmen „einander"/„Männer (des Zeichens)" und „einander"/„Kollege" wichtige Wörter aus V. 8 auf. Die Perspektive setzte in Sach 3,1-7 mit dem himmlischen Thronrat ein, verlagerte sich in V. 8f. zum Hohenpriester und seinem Kollegium, abgeschlossen wird Sach 3 in V. 10 mit einer dem Volk geltenden Perspektive. Dass der Hohepriester zuvor in V. 1-9 als Repräsentant des Volkes erschienen war, bliebe ohne das Volk selber als Empfänger der Heilsgüter unvollständig.

Schloss die Sündenvergebung für Jeschua im Rahmen der „Investitur" einen schöpfungstheologischen Aspekt ein, so trifft dies analog auch für die Sündentilgung für das Land (V. 9) zu. Dass JHWH selber Gericht an Israel halten wird, wie im Alten Testament am Ergehen von Weingewächs und Feigenbaum veranschaulicht wird (Hos 2,14; Jes 5,5-7.10; Jer 8,13), gehört in Sach 3,10 der Vergangenheit an. Der in V. 10 angedeutete ideale Heilszustand des Landes wäre dann nicht einfach die Rückkehr zum alten Zusammenhang vom Tempel und dem von ihm ausgehenden Segen für das Land (Gen 2,10-14; 28,10ff.), sondern *ein auch das Land betreffender schöpferischer Aspekt* käme hier zu Tage (vgl. Ez 47,1-12; auch das Motiv der fruchtbar werdenden Wüste in Jes 40–55; s.o. zu Sach 1,17). *Die Folge der von JHWH gestifteten Sühneweihe ist der Beginn der Neuen Schöpfung!*

Dass jeder sein Weingewächs und seinen Feigenbaum besitzt, worunter man sich gegenseitig einladen kann, setzt wie in Jes 62,8; 65,21f. (vgl. Joël 2,22) auch das Ende jener Zeiten der Fremdherrschaft und der Deportation voraus, in der Fremdmächte und Eindringlinge die Nutznießer der jeweiligen Ernte gewesen waren (vgl. Lev 26,16; Dtn 28,26ff.; Jes 1,7). Dieser soziale Aspekt, einander ohne äußere und innere Not unter Weingewächs und Feigenbaum einladen zu können, ist in Sach 3 erst durch die kultische Sühneweihe eröffnet und hat nichts mit einem rein materiellen Wohlstand zu tun. Gott bleibt auch bei dieser scheinbar weltzugewandten Perspektive das Subjekt des Handelns!

## Fazit

Sacharja schaut in Kap. 3 die Wende vom Exil und den qualitativ neuen Anfang mit dem Tempelbau und seiner Weihe in einer himmlischen Szene. JHWH selber schafft das neue Amt des Hohenpriesters, indem Pflichten und Rechte des Königs auf das Amt des ehemaligen Oberpriesters übertragen werden. Auch wird dem Hohenpriester der Zutritt zum himmlischen Thronrat gewährt – dies war bisher Propheten wie Micha ben Jimla, Jesaja, Jeremia und Ezechiel vorbehalten (V. 6f.; vgl. besonders Num 12,7f.; Ps 132). Zugleich legitimiert JHWH den ersten Amtsinhaber, Jeschua ben Jozadak, der wiederum das Volk, welches das Exil durchlitten hat, vor JHWH vertritt. Die dem Hohenpriester Jeschua gewährte Vergebung und Neuwerdung (V. 3-5) erfährt das Volk in der Stiftung des Großen Versöhnungstages, dessen Folge das Neuwerden der Schöpfung ist (V. 9f.).

Allerdings ist die Übernahme des Königlichen und Prophetischen durch den Hohenpriester nur vorläufig bis zum (baldigen) Kommen des messianischen „Sprosses" (V. 8). Er ist im Tempel bereits in verborgener Weise gegenwärtig (V. 8; 6,9-15) und für die Gemeinde eine erfahrbare Realität (Ps 80,18; 84,10).

Als unverzichtbare messianische Werke erscheinen in Sach 3 und 6,9-15: 1. Der Tempelbau, 2. Der Vollzug einer endzeitlichen Sühneweihe, die 3. das Kommen der Neuen Schöpfung mit sich führt.

### Biblisch-theologische Überlegungen

**1.** Im Deuteronomium sind die Ämter des Königs, des Priesters und des Propheten noch voneinander inhaltlich getrennt (Dtn 17,14 – 18,22). In Sach 3 soll der Hohepriester JHWHs Willen zufolge alle drei Ämter miteinander in seiner Person vereinen – bis zum Kommen des Messias. Das schließt die Existenz einzelner Propheten daneben nicht aus. Dies erklärt, wieso der Hohepriester und andere Priester dem NT zufolge die Gabe der Weissagung haben (Joh 11,50; vgl. Lk 1,8ff.) bzw. haben sollten.

Vor allem aber beansprucht Jesus den kanonischen Evangelien zufolge, wenn er sich in Anspielung an das Prophetisch-Priesterliche und Königliche als „Menschensohn" bezeichnet, sowohl König als auch Priester als auch Prophet zu sein (im weishaftlichen Sinne). Jesus tritt in seinem Prozess (in welchem das Tempelwort Jesu die entscheidende Rolle spielt!) dem menschlichen Hohenpriester als der wahre endzeitliche Hohepriester entgegen. Der vorläufige Charakter des in Sach 3 definierten menschlichen Hohepriestertums ist damit aus neutestamentlicher Sicht (besonders des Hebräerbriefes) erwiesen, das menschliche Hohepriestertum ist Geschichte geworden. Umgekehrt ist das Heilswerk Jesu, das in seinem Sühnetod und dem Anbruch der Neuen Schöpfung durch seine Auferstehung gipfelt, von Sach 3 her verständlich: JHWH hat eine heilswirkende Konstellation gestiftet, die der neutestamentlichen Sicht zufolge erst in Jesus Christus zu ihrem Ziel kommt (vgl. dazu Röm 3,25f.; 5,8; 2.Kor 5,17; Hebr 3,1; 9,11).

**2.** In Lk 1,78 nimmt „das aufgehende Licht" (ähnlich EÜ) bzw. „Aufgang" (Elberfelder) die Septuaginta von Sach 3,8 und 6,12 auf, wo im hebräischen Wortlaut ein „Spross" angekündigt wird. Diese Verse werden bei Lukas auf Grund der messianisch interpretierten Stelle Num 24,17 in der Septuagintafassung zu einer messianischen Chiffre, deren Kenntnis Lukas bei seinen Lesern voraussetzt.

## 3.2 Bibelarbeit

**Kerstin Offermann / Wolfgang Baur**

**Inhaltlicher Schwerpunkt**
Aus dem Text soll vor allem der Aspekt des von Gott geschenkten Neuanfangs herausgehoben werden. Zum Tragen kommen dabei auch die Aspekte der Wertschätzung und Würdigung.

**Materialien und Medien**
→ Bibeltexte (s. Teilnehmerheft o. DVD)
→ Karten mit den Akteuren des Textes und Stichworten zu ihrer Rolle (vgl. Personenkarten im Ordner „7. Materialien für die Abende" auf der DVD)
→ Karten mit Bildern von symbolischer Kleidung (s. ebd.)
→ Karten mit Zusage (s. am Ende) für jeden TN zum Mitgeben

### Zur Gestaltung eines Abends

**Liturgische Eröffnung**

→ Lied: Gott ist gegenwärtig (EG 165 / GL 387)

→ Gebet:
Heiliger Gott, du hast uns zu dir eingeladen. Darum kommen wir zu dir. Wir bringen mit, was an diesem Tag geschehen ist. Manche Begegnung geht uns nach, manche Sorge will uns nicht loslassen. Die Bilder und Gedanken stecken noch fest in uns. Wir kriegen sie nicht aus unseren Kleidern. Schenk uns Abstand und Freiraum, dir neu zu begegnen. Erneuere uns. Erfrische unsere Seele.

**Auf den Text zugehen: Kleider machen Leute (10 min)**
Die TN werden eingeladen, nach Wortspielen und Redewendungen zu suchen, die etwas mit Kleidung zu tun haben. Dabei soll deutlich werden, welch hohe Bedeutung Kleidung für das Selbstbewusstsein des einzelnen Menschen und von Gemeinschaften hat. Beispiele:

→ Kleider machen Leute.
→ Jemand etwas in die Schuhe schieben.
→ Das ziehe ich mir nicht an.
→ das letzte Hemd
→ eine weiße Weste haben
→ Feigenblatt
→ Mantel der Barmherzigkeit
→ Mantel des Schweigens

→ Da geht mir der Hut hoch.
→ in Sack und Asche gehen
→ zwei Paar Stiefel
→ Mir platzt der Kragen.
→ die Hosen voll haben
→ etwas aus dem Ärmel ziehen
→ sich bis aufs Hemd entblößen
→ zugeknöpft sein

Der Bibeltext wird reihum gelesen.
Erste Eindrücke: Welche Rolle spielt Kleidung hier, welche Kleidungsstücke werden genannt?

# 3 | WENN GOTT NEUE KLEIDER BEREITHÄLT

## 3.2 BIBELARBEIT

### Dem Text begegnen (30 min)

**1.** Textbeobachtung in Partner- oder Einzelarbeit
Auf einem Plakat mit zwei Spalten (s. auch Teilnehmerheft) wird festgehalten: (Stichworte werden von den TN genannt und notiert

| **Wer handelt?** **Kleidungsstücke, die eine Rolle spielen** **Gegenstände, die eine Rolle spielen** | **Was folgt daraus?** **Konsequenz für Jeschua /** **Rolle Jeschuas und des Volkes** |
|---|---|
| Satan | angeklagt |
| JHWH | gerettet (zweimal: in der |
| brennendes Holzscheit | Vergangenheit und jetzt wieder) |
| Engel JHWHs | von Schuld befreit, gereinigt |
| Schmutzige Kleider → Festgewänder | |
| Prophet Sacharja / Engel | als Priester eingekleidet |
| weißer Turban | |
| Engel JHWHs | beauftragt + berechtigt |
| JHWH | als Bürge erwählt für den „Spross" |
| JHWH | als Zeuge erwählt für die Befreiung |
| Stein mit 7 Augen | des Volkes von Schuld |
| „Ihr" (Volk) | Gastgeber in Frieden und Sicherheit |
| Früchte der Weinstöcke und Feigenbäume | |

### Austausch im Plenum (10 min)

**2.** Rollenspiel: in die Szene eintauchen mittels Identifikation über Personenkarten
→ Jeweils drei bis fünf Personen bekommen die gleiche Personenkarte. Die Personen besprechen ihre „Rolle" erst in der Gruppe und stellen sich anschließend den anderen vor.
→ Die Personengruppen bekommen die Gelegenheit, miteinander ins Gespräch zu kommen:
→ Möchten Sie eine andere Personengruppe etwas fragen?
→ Möchten Sie etwas zu einer anderen Person bemerken oder sagen?
Anschließend werden die Rollen wieder verlassen. Es schließt sich ein Gruppengespräch an: Was ist mir neu? Was habe ich entdeckt?

### Den Text noch einmal lesen (10 min)

Aspekt der neuen Kleidung hervorheben – was fällt den TN dazu ein?
→ Wofür stehen die Kleidungsstücke hier?
→ Welche unterschiedlichen Arten von Kleidung kennen wir?
→ Wann zieht man sich um?

### Mit dem Text weitergehen (30 min)

Erzählen Sie von einem besonderen Kleidungsstück!
Wann hätten Sie sich gerne mal umgezogen und konnten nicht? Wann waren Sie froh, sich umziehen zu können?

*Symbolische Bedeutung von Kleidung übertragen*
Sprechen Sie über Kleidung in übertragenem Sinn, mit symbolischer Bedeutung!
Bilder von Kleidungsstücken (s. DVD) nacheinander vor den TN ausbreiten und jeweils besprechen: Was bedeutet es, wenn jemand ein solches Kleidungsstück trägt?

| | |
|---|---|
| Schutzpanzer/Rüstung | Taufkleid |
| Uniform | Festkleid und Sohnesring |
| Fußballtrikot | Königsmantel und Krone |
| Mantel des Schweigens | Mantel der Liebe |

Bitten Sie die TN sich eines der Bilder/Symbole auszusuchen, die die TN gerne (noch) mal anziehen würden.
→ Einzelarbeit: Notieren, was man sich von diesem Kleidungsstück erwünscht oder welches man gerade braucht.
→ Evtl. Austausch
→ Impuls/Vertiefung/Gespräch:
  Haben die Kleidungstücke eine tiefere Bedeutung?
  Wie geschieht es, dass wir diese (neuen) Kleidungsstücke oder das, wofür sie stehen, von Gott bekommen?
  Wie zieht man sie an?

*Zusammenfassende Deutung:*
Gott schenkt uns neue Kleider. Diese Kleider stehen für einen neuen Anfang, den Gott mit uns macht. Sie sind sein Geschenk an uns. Er legt sie uns jeden Tag bereit. Sie stehen für seine Begleitung und seinen Schutz. Du trägst Gottes Farben, du gehörst zu ihm. Damit stehen sie auch für die Bedeutung, die dein Leben für ihn hat: es ist nicht gleichgültig, was du tust. Lebe solidarisch mit Gott. Wachse in deine Kleider hinein.

*Zusage:*
Gott hüllt dich in seine Liebe ein wie in einen Mantel. Deine Seele wird er wärmen.
Gott ist um dich wie ein schützender Panzer, der dich in den Übergriffen und Anfeindungen des Alltags bewahrt.
Gott birgt dich vor den Gedanken, die dich umtreiben und schenkt deiner Seele Ruhe.
Gott schenkt dir einen neuen Anfang, du bist sein Kind, gehörst ihm. Keiner kann euch trennen.
Gott krönt dich mit Liebe und Barmherzigkeit. Du bist in seine Augen wertgeachtet und wertvoll.

**Liturgischer Abschluss**
→ Je nach Gruppe: Gebet für die Anliegen der TN oder allgemein Gebet um Erneuerung
→ Zusage als Segen zusprechen und den TN auf kleinen Karten mitgeben

→ Lied: Geh unter der Gnade (EG 543) oder Bewahre uns Gott (EG 171 / GL 453)

## 3.3 Anregungen

**Kerstin Offermann**

### 1. Das Bild im Text sprechen lassen

*Die Elemente des Bildes, Assoziationen und Deutungen zusammentragen:*
Die Bilder des Textes muten wie ein Filmausschnitt an, so als hätte man in einer Serie erst bei der dritten oder vierten Folge zugeschaltet. Die Personen agieren miteinander, haben eine gemeinsame Geschichte. Es sind Handlungsstränge und Konflikte im Raum, die man als Zuschauer/Leserin nicht kennt, aber die Emotionen, die ausgelöst werden, nehmen die Zuschauerinnen/Leser sehr wohl wahr. Sie müssen sich so ohne die Hintergrundinformation in der aktuellen Situation zurechtfinden.
Viele handelnde Personen treten nur kurz auf. Es ist viel „Action" in der Szene.
**Impuls:** Die TN werden gebeten, die vielen handelnden Personen zu nennen und sich in die Szene tiefer hineinzubegeben, indem sie sich mit den Personen identifizierten (vgl. 3.2 Bibelarbeit).

### 2. Liturgisches Element

**Impuls:** Um dem Geschmack des Himmels nachzuspüren, mit „Weinstock und Feigenbaum" die Gegenwart des Himmels zu feiern und zu schmecken und zu sehen, wie freundlich der Herr ist, kann der Abend in einer Feier (oder mit einer gemeinsamen Abendmahlsfeier) ausklingen – mit Traubensaft/Wein und Feigen (Weinstock und Feigenbaum aufnehmend aus V. 10).

### 3. Beim Text bleiben

Wie soll es nach der Katastrophe des Exils weitergehen?
→ Gibt es *einen Neuanfang?* Oder *knüpft das Volk an alten Traditionen* an?
→ Wie soll dieses Volk jetzt wissen, was Gott von ihnen will?
→ Weinstock und Feigenbaum sind Zeichen für beides: sie stehen für eine Verwurzelung im Alten, also für eine geschichtliche Kontinuität, dafür, dass Juda/Israel noch immer Gottes Volk ist, aber sie stehen auch für einen Neubeginn.

Die Israeliten haben im Exil eine andere Lebens- und Glaubensform finden müssen, die sich nicht so sehr auf den Ritus, sondern mehr auf die persönliche Frömmigkeit und die Tora gründete (V. 7!). Diese Erfahrungen bringen sie nun mit. Zugleich hat sie aber auch die Hoffnung auf den Tempelneubau, also auf eine Anknüpfung an die Traditionen vor der Katastrophe, in der Exilszeit getragen.
Altes und Neues gehen eine Liaison ein: es entsteht der Sühnekult, das große Versöhnungsfest, das an Vergangenes anknüpft und zugleich von der Last der Vergangenheit (der Schuld) entbindet.

Als Impuls dazu kann ein Zitat von Frère Roger dienen: „Der Blick zurück auf das, was uns verletzt hat, das müßige Verweilen bei den Misserfolgen lähmt bis in die Fasern der Seele. Wenn wir aber wieder neu anfangen, vollbringt der Heilige Geist ein Wunder: Er befreit, er läutert, er macht uns zu Menschen, die lieben." (aus der Taizé-App vom 27. März 2015, © Ateliers et Presses)

*Sichtbares wird zum Garanten des Unsichtbaren:* der Tempel, der Kult in ihm und die Ausführenden bzw. Repräsentanten dieses Kultes.
→ Der Tempel ist der Ort, an dem Gott sichtbar in der Welt gegenwärtig ist.
→ Im Tausch der schmutzigen Kleider gegen saubere werden die Vergebung und der Neuanfang sichtbar.
→ Der Stein mit den sieben Augen ist ein weiterer sichtbarer Garant für die Gegenwart und Zuwendung Gottes im Kult.
→ Die Priester sind die sichtbaren Garanten des Kommens des Sprosses.
→ Im Kult fallen auch die zeitlichen Dimensionen zusammen: Zukunft und Gegenwart fließen ineinander. Die Zeitenwende ist im Kult bereits geschehen, auch wenn die Realität außerhalb des Tempels anders aussieht.
→ Himmlische und irdische Realität durchdringen sich hier. Die Priester haben durch den Kult freien Zutritt zur himmlischen Realität (V. 7)! Für sie ist also die himmlische Realität genauso gegenwärtig wie die irdische.
→ Dieses Ineinander von himmlischer und irdischer Realität hat Folgen für das Diesseits: Jeschua präsentiert das Volk und nimmt es mit zu Gott. Und auch das ganze Land wird entsühnt. Die Wegnahme der „Schuld des Landes" bedeutet, dass die Schöpfungsordnung wiederhergestellt wird!
→ Gottes Schalom hat heilsame Auswirkungen auf die Schöpfung und den ganzen Kosmos!
**Impuls:** Wo sehen Sie etwas, das Sie gewiss macht, dass Gott da ist?

## 4. Den Text von Jesus her lesen

*Versöhnung und Sündenvergebung* haben durch Jesu Tod am Kreuz eine ganz neue Tiefe und endgültige Verbindlichkeit gewonnen. Durch ihn sind wir alle – und nicht nur stellvertretend einzelne Repräsentanten – neue Menschen, denen die schmutzigen Kleider aus- und saubere Kleider angezogen wurden. Selbst wenn es eine berechtigte Anklage gegen uns gibt, sie ist beseitigt.
Daher braucht die Gemeinde Jesu Christi auch keine Angst mehr vor dem Satan und seinen Anklagen und Plänen zu haben! Der Sacharja-Text zeigt uns, wie nah wir hier bei unseren jüdischen Glaubensschwestern und Brüdern stehen.
**Impuls:** Gerade bei diesem Text ist es interessant, das Gespräch mit den jüdischen Glaubensgeschwistern zu suchen: Wie nah stehen wir uns tatsächlich in Fragen von Versöhnung, Neuschöpfung und Zukunftserwartung?

Die Reich-Gottes-Botschaft von Jesus betont das *Ineinander von himmlischer und irdischer Realität.* (Lk 17,21)
**Impuls:** Wo wird die Nähe von himmlischer und irdischer Welt für uns sichtbar, glaubwürdig und erfahrbar?

## 5. Die Themen des Textes auf heute übertragen

### Der Gottesdienst als Feier des Himmels
**Impuls:** Verstehen Sie die Feier des Gottesdienstes als eine Feier des Himmels, als ein Zusammentreffen, Ineinanderfließen von himmlischer und irdischer Welt? Erleben Sie Gottesdienste so? Gibt es Unterschiede in der Erfahrbarkeit des Himmels in den verschiedenen Gottesdiensten: katholischen, evangelischen, freikirchlichen, jüdischen, orthodoxen. Tauschen Sie sich in der Gruppe darüber aus!
Auf der DVD finden Sie dazu kurze Statements von Menschen aus unterschiedlicher Glaubensrichtung. Lassen Sie sich durch die Erfahrungen und Meinungen andere zum Gespräch über ihre eigenen Erfahrungen und Wünsche inspirieren (s. unter 7. Materialien für die Abende).

Auch die Architektur von Kirchen will die Gegenwart des Himmels darstellen und erfahrbar machen. So spricht ein Kirchenführer der Münsterkirche in Herford vom Domikal-Gewölbe als einem „steingewordenen Gottesdienst" (S. 14; s. DVD, ebd.).
**Impuls:** Für viele Menschen ist das *Kirchengebäude* ein Ort größerer Nähe zum Himmel. Können Sie diese Nähe zu kirchlichen Gebäuden nachvollziehen? Was fühlen Sie, wenn Sie eine Kirche betreten? Spielt in Ihrem Leben ein bestimmtes Kirchengebäude eine wichtige Rolle? Erzählen Sie einander, was Sie an Ihrem Kirchengebäude mögen und schätzen!

In der katholischen Tradition spielen *Kleider und Farben* im Gottesdienst eine große Rolle. Auf *katholisch.de* gibt es unter dem Titel „Von Albe bis Zingulum" eine Bildergalerie zu liturgischen Gewändern mit kurzen Erklärungen, die Sie unter http://www.katholisch.de/de/katholisch/themen/kirche_2/150204_bildergalerie_kleidung_klerus.php ansehen können.
**Impuls:** Sind diese liturgischen Gewänder für Sie bedeutsam? Oder erscheinen Ihnen die bunten Kleider vor allem medienwirksam?

### Wohin mit der Schuld?
**Impuls:** Papst Franziskus antwortet in einem Interview auf die Frage: „Wer ist Jorge Mario Bergoglio?": „Ich bin ein Sünder. Das ist die richtigste Definition. Und es ist keine Redensart, kein literarisches Genus. Ich bin ein Sünder."
Die Gemeinde Jesu Christi versteht sich als Gemeinschaft von Sünderinnen und Sündern. Damit bleibt die Frage nach dem Umgang mit der Sünde und Schuld für uns immer eine aktuelle und brisante Frage.

**Impuls:** „Für den, der Christus nachfolgen will, gehört das Verzeihen zum Unerhörtesten, zum Unerläßlichsten im Evangelium. Und die Herzensgüte kommt nahezu einem Wunder in unserem Leben gleich." (Frère Roger, aus der Taizé-App vom 26. November 2014, © Ateliers et Presses)
Das gilt auch in der Dimension von kollektiver Schuld und Schuldverstrickung, ebenso gegenüber der Schöpfung.

Im Text finden sich neben dem Bild des Kleiderwechsels noch zwei weitere Assoziationsmöglichkeiten für ein Gespräch zu diesem Thema:
Das aus dem Feuer gerettete, aber bereits angekokelte Holzscheit kann zu einem Bild für die Gemeinschaft der Sünder werden.

**Impuls:** Fordern Sie die TN dazu auf, sich selbst als ein solches Holzscheit zu sehen.
→ Haben Sie ggf. tatsächlich angekokelte Holzstücke da, evtl. so viele, wie Teilnehmende, sodass jede und jeder zum Ende ein Scheit als Erinnerung für ihre bzw. seine „unverdiente Rettung in höchster Not" mitnehmen kann.
→ Achten Sie dabei aber darauf, dass hier die Bildebene der unverdienten Rettung in letzter Sekunde für sich wirken und das Heilvolle des Bildes seine Wirkung entfalten kann und nicht mit dem gänzlich anderen Bild eines Fege- oder Höllenfeuers vermischt wird!

**Impuls:** Stellen Sie neben das Bild vom Brandscheit ein Zitat von Paulus: 2.Kor 4,7: „Ich trage diesen Schatz in einem ganz gewöhnlichen, zerbrechlichen Gefäß. Denn es soll deutlich sichtbar sein, dass das Übermaß an Kraft, mit dem ich wirke, von Gott kommt und nicht aus mir selbst." Oder den Satz: „Ich habe in meinem Leben nur drei, vier Leute getroffen, die fehlerlos und perfekt waren, und die waren allesamt unausstehlich!"

Die *Schuld des „Landes"* steht für eine weitere Dimension von Schuldverstrickung und Heilsverheißung: wir haben eine klare Vorstellung davon, dass unser Lebensstil auf Kosten von Natur, Umwelt und von Menschen anderer Kontinente geht. Es gibt eine Heilsverheißung nicht nur für den individuellen Menschen (oder gar nur für seine Seele), sondern auch für das ganze „Land".

**Impuls:** Macht Ihnen das Mut, wenn Sie lesen, dass auch die *Schöpfung* in Gottes Heilsversprechen mit einbezogen wird? Die Schöpfung ist eine Schnittstelle, an der viele Menschen die Nähe von Himmel und Erde erfahren. Was bedeutet die himmlische Hoffnung für ihr persönliches Verhalten im alltäglichen Leben?

**Impuls:** Die Hoffnung, dass Gott Frieden auch mit der Schöpfung schaffen wird, löst uns ja nicht aus der aktuellen Schuldverflechtung. Einfach durch unser Dasein tragen wir zwangsläufig auch zum Raubbau an der Natur bei.
→ Ist die Hoffnung dann unbegründet oder nur ein Trostpflaster?
→ Oder schafft sie den Freiraum, das zu tun, was wir tun können, weil Gott selbst die Welt retten wird und diese Rettung der Welt als ganzer von uns gar nicht erwartet wird – und auch nicht geleistet werden könnte?

**Impuls:** Vgl. die Textzeile von Michael Jackson aus „Man in the Mirror": „If you wanna make the world a better place take a look at yourself and then make a change." (Wenn du die Welt in einen besseren Ort verändern willst, dann sieh dich selbst an und verändere dich.)

Vgl. den Artikel von Klara Butting, „Die Träume einer gerechten Welt und der politische Alltag. Überlegungen zu Sacharja 1,7–6,15 und 13,1-6", in: Das Imperium kehrt zurück, Wittingen 2006, S. 93-103.

## Lieder

| | |
|---|---|
| EG 165 / GL 387 | Gott ist gegenwärtig |
| EG 272 / GL 400 | Ich lobe meinen Gott von ganzem Herzen |
| EG 285 | Das ist ein köstlich Ding |
| EG 351 | Ist Gott für mich, so trete |

# 4 | Wenn Frieden greifbar wird: Sach 9,9f.

## 4.1 Auslegung

**Thomas Pola**

### Der Friedensmessias, die Neue Schöpfung und das wiederhergestellte Israel

Manche Ausleger halten V. 1-10 für eine Einheit. Jedoch grenzen sich V. 9f. durch die einleitende Anrede gegenüber V. 1-8 ab und bei V. 11ff. (eingeleitet durch „und auch") handelt es sich um eine Ergänzung zu V. 9f. (s. Einführung, S. 21).
Sach 9,1-8 und 9f. sehen in der Übernahme der Weltherrschaft durch Alexander den Großen lediglich den Beginn einer neuen Ära, nicht aber zeigt sich Bewunderung für den neuen Machthaber. Schließlich bedeutet er wie vor ihm die Assyrer, Babylonier und Perser nur eine erneut gefährliche Variante eines totalitären religiösen Anspruchs, der die Judäer mit ihrer monotheistischen JHWH-Verehrung auf die Dauer ernsthaft bedroht hat.

**Übersetzung (Thomas Pola)**
⁹ Juble sehr, Tochter Zion,
    jauchze, Tochter Jerusalem!
Siehe, dein König kommt zu dir:
    Gerecht und errettet ist er,
demütig und auf einem Esel reitend,
    und zwar auf einem Fohlen,
    einem Jungen der Eselin.
¹⁰ Und er wird ausrotten die Streitwagen aus Ephraim
    und die Pferde aus Jerusalem.
Und der Kriegsbogen wird ausgerottet.
    Und er verkündet Frieden den Nationen.
Und seine Herrschaft reicht von Meer zu Meer
    und vom Strom bis an die Enden der Erde.

**Sprachliches**
**V. 9:** *gerettet* (vgl. Die Schrift: „*Befreiter*"): Die deutschen Bibeln orientieren sich ohne exegetischen Grund (aber mit erheblichen Folgen bei der Auslegung) mit ihrer aktivischen Übersetzung „Retter, Helfer, siegreich" u.ä. an der Septuaginta (auch dem Targum [aramäische Übertragung] und der Vulgata [lateinische Übersetzung]), die wiederum den Wortlaut an Jes 45,21 angleicht (s.u.). Es ist der hebräische Wortlaut „gerettet" zu lesen.
**V. 10:** *Und er wird ausrotten*: Mit der Septuaginta ist die 3. Person Singular statt der 1. Person Singular zu lesen.

**Aufbau**
Es spricht ein Prophet, also ein Mensch. Der Text beginnt mit einem sog. Aufgesang (bis „Jerusalem"). Darauf folgt der mit „siehe" eingeleitete Hauptteil: Die Form des poetischen Abschnitts ist die des „eschatologischen Zionsliedes", das auch in Zeph 3,14f., Sach 2,14-17 und Jes 12,6

belegt ist (H. Gese). Es besteht 1. aus einer Aufforderung an Zion zu jubeln, und 2. aus der Ankündigung JHWHs, zum Zion zu kommen oder inmitten Israels als König zu herrschen. In Sach 9,9f. liegt dabei eine inhaltlich entscheidende Abwandlung vor: *Während der Form des Zionsliedes zufolge das Kommen JHWHs zum Zion angekündigt wird* (s. Einzelauslegung), legt der Inhalt von V. 9f. nahe, es werde eine königliche Gestalt kommen: Mit dem Messias kommt zugleich JHWH zum Zion.

## Einzelexegese und Traditionsgeschichtliches

**V. 9:** Ist die Rede von einer Tochter, gerät auch deren Mutter in das Blickfeld. Darüber hinaus drückt die Bibel Beziehungen zwischen bestimmten Größen mit Hilfe der grundlegenden Verwandtschaftsbeziehungen aus. Auch wir sprechen z.B. von Ludwig van Beethoven als dem „Sohn" der Stadt Bonn. *„Juble laut, Tochter Zion, jauchze, Tochter Jerusalem!"* spricht bei den angeredeten weiblichen Adressaten die Vorstellung von Zion und Jerusalem als Mutter an. Diese Vorstellung ist nicht zufällig gewählt, sondern hat JHWH als Schöpfer und Bewahrer der Schöpfung im Blick. Städte werden aber in der Bibel immer als mütterliche, nicht als väterliche Größen aufgefasst (z.B. in Mt 23,37).

Die Davidsstadt am Osthang des Zionsberges wird gegenüber dem heiligen Ort der Stadt, dem Tempelplatz auf dem Zionsberg, als untergeordnet angesehen (vgl. 2.Kön 19,21; Mi 4,8). Der Zion besitzt Priorität, der heilige Ort definiert den Wohnort (und nicht umgekehrt). Hinzu kommt nachexilisch in Ps 87 die Vorstellung einer geistigen Zionsgeburt des Einzelnen. Die „Tochter Zion" und die „Tochter Jerusalem" werden auch im eschatologischen Zionslied Zeph 3,14 angeredet, die „Tochter Zions" auch in Sach 2,14. Auch „jauchzen" wird in Zeph 3,14 gebraucht. V.a. ist „jauchzen" ein Motivwort in den Thronbesteigungspsalmen (oder: JHWH-Königspsalmen), deren Thema die im Kult erfahrbare weltweite Königsherrschaft JHWHs vom Zion aus ist (Ps 47,2; 95,1f.; 98,4.6; vgl. 100,1).

Zu Zion und Jerusalem, als „Mutter" angeredet, „wird kommen" (vgl. Gen 49,10) „dein König". Anscheinend wagt man in Juda nach dem Sieg Alexanders des Großen über Syrien, also unmittelbar nach Abzug der Perser, wieder so deutlich eine messianische Erwartung zu äußern, dass man gar das Wort „König" in den Mund nimmt. Mit Alexanders Weltherrschaft sah man anscheinend eine neue Ära angebrochen, ohne aber in Alexander selbst eine Heilsfigur zu sehen. Auch erwartet V. 9 nicht die Rückkehr der vorexilischen Monarchie: „gerecht und errettet ist er", genauer: „der gerecht Gemachte und der Errettete". Wird hier aus der messianischen Ankündigung Jer 23,5f. (s.o. 3.1 Auslegung zu Sach 3,8; S. 73f.) der Ausdruck „ein gerechter Spross" aufgenommen? „Gerechtigkeit" im theologischen Sinn bezieht sich auf die Weltordnung. Selbstverständlich fügt sich der wahre Herrscher in Juda (und im Alten Orient) ganz in die Schöpfungsordnung ein:

[1] Gott, gib dem König deine Rechtssprüche
   und deine Gerechtigkeit (!) dem Königssohn,
[2] dass er dein Volk richte in Gerechtigkeit (!)
   und deine Elenden nach Recht.

³ Es mögen dem Volk Heil tragen die Berge
  und die Hügel Gerechtigkeit (!).
⁴ Er schaffe Recht den Elenden des Volkes;
  bringe Hilfe den Kindern des Armen,
  und den Unterdrücker zertrete er.
  *(Ps 72,1-4; Elberfelder Bibel)*

In Jes 45,21 ist JHWH der „gerechte und rettende Gott" – in Sach 9,9 ist es JHWH, der mit dem messianischen, gerechten und erretteten *König* zum Zion kommt.

Die Rückkehr JHWHs zum Zion ist eines der wichtigsten Themen des späten Alten Testaments. Nicht nur ist dieses Motiv grundlegend für Deuterojesaja (Jes 40,1-11; 52,7-10), sondern auch für die Schule Ezechiels (43,1-12) und Tritojesaja (60). Mit dem eschatologischen Zionshymnus (s.o.) hat dieses Motiv seine eigene Form herausgebildet (Jes 12,6; Zeph 3,14f.; Sach 2,14).

Die Bezeichnung dieses Zionskönigs als eines „Erretteten" weist darauf hin, dass dieser König anscheinend eine lebensbedrohende Krise, ein schweres Gericht durchschritten hat, wovon JHWH ihn errettet und in diesem Sinne zugleich „gerecht gemacht" hat. Die Septuaginta gleicht V. 9 mit der Wiedergabe von „ein Erretteter" durch das aktivische „Retter" (s.o. zu Sprachliches) nicht nur an Jes 45,21 an, sondern sieht in Judas Makkabäus (gest. 161/160 v. Chr.) aktualisierend den militärischen Retter von Juda und Jerusalem vor den Seleukiden (Sach 14,14 Septuaginta: „Und Judas wird in Jerusalem in Stellung gehen und das Vermögen aller Völker ringsum zusammenbringen: Gold und Silber und Kleidung in Menge, zahlreich"). Verständlicherweise wurde dies im NT nicht aufgenommen.

Der König als „Erretteter" wird durch das sich anschließende Adjektiv „demütig" bestätigt. Das hebräische Wort bedeutet nicht „wirtschaftlich arm", sondern bezeichnet infolge von Jesaja (3,14f.; 10,2; 14,32) denjenigen, der das Gericht JHWHs angenommen hat („gebeugt, elend, leidend sein"). Das sind Eigenschaften, die weder zu Alexander dem Großen noch dem vorexilischen judäischen König passen. Am deutlichsten wird dieser Unterschied durch die Nennung des Reittieres: Ist für den Makedonen das Kriegsross charakteristisch, so für den aus dem Gericht geretteten, gebeugten Zionskönig von Sach 9,9 der Esel.

Hat zwar die *Septuaginta* die letzte Zeile von V. 9 im Sinne des hebr. Wortlauts als Parallelismus verstanden („reitend auf einem Lasttier [= Esel], und zwar [auf] einem jungen Füllen"), fasst dagegen Mt 21,2.7 die in Sach 9,9 genannten Tiere in der Einzugsperikope einzeln auf: „… und gleich werdet ihr eine Eselin angebunden finden und ein Füllen bei ihr; bindet sie los und führt sie zu mir! … und [sie] brachten die Eselin und das Füllen und legten ihre Kleider darauf, und er setzte sich darauf" (V. 2.7).

Nicht nur ist der Esel in Juda traditionell das königliche Reittier (1.Kön 13,33.38.44), er gilt auch als besonders kluges Tier. Neben der Schlange in der Urgeschichte ist der Esel das einzige Tier im AT, das zu sprechen vermag (in einer Ausnahmesituation: Num 22,23ff.).

**V. 10:** Das Handeln des Königs umfasst sowohl das Nordreich Ephraim als auch das Südreich Juda, wofür hier seine Hauptstadt Jerusalem steht: Obwohl das Nordreich seit seiner Überwältigung durch die Assyrer und der Verschleppung mit nachfolgender dezentraler Ansiedlung in der Fremde eines Teils seiner Bevölkerung in den Jahren 724-722 v. Chr. längst im Dunkel der Geschichte verschwunden ist (2.Kön 17,1-6), ist der exilischen Prophetie die Wiederherstellung aller zwölf Stämme in einer einzigen Monarchie (wie besonders unter David und Salomo) durch eine davidische messianische Gestalt auffallend wichtig (Jer 30f.; Ez 37,1-14.15-28 u.ö.). *Die Wiederherstellung Israels ist auch in Sach 9,9f. ein unverzichtbares messianisches Werk.*

Die von diesem König ausgehende, Nord- und Südreich umfassende Waffenvernichtung bedeutet die Weiterführung eines aus den Zionspsalmen 46 (V. 10) und 76 (V. 4) vorgegebenen Motivs: Ist dort JHWH das Subjekt der Waffenvernichtung (auch in Mi 5,9), so in Sach 9,9f. der friedliche, auf einem Esel reitende Zionskönig. Seine Herrschaft bedarf anscheinend keiner äußerlichen Machtmittel (Sach 4,6: „... nicht durch Macht und nicht durch Kraft, sondern durch meinen Geist [soll es geschehen], spricht JHWH der Heerscharen")! *Haben sich in Sach 9,9f. die Neue Schöpfung und der Neue Mensch (s.o. zu Sach 1,17 und 3,10) bereits weltweit durchgesetzt?* Es heißt in 9,10: „Und er verkündet Frieden (hebr. Schalom) den Nationen". Das lässt an die jesajanische Ankündigung des messianischen „Friedefürsten" (Jes 9,5f.) denken, aber auch im NT an das erste Wort des Auferstandenen in Joh 20,19.21.26: „Friede sei mit euch!", das mehr sein will als eine alltägliche Begrüßungsformel, derer es keiner Erwähnung bedurft hätte.

*„Und seine Herrschaft reicht von Meer zu Meer und vom Strom bis an die Enden der Erde":* Der universale Charakter dieser Herrschaft wird durch „von Meer zu Meer" ausgedrückt und durch „vom Strom bis an die Enden der Erde" (Ps 72,8) verstärkt. Erneut wird der programmatische Königspsalm 72 zitiert und in den neuen messianischen Zusammenhang von Sach 9,9f. gebracht. Mit „dem Strom" ist hier entweder der Euphrat gemeint oder tiefgründiger die Jerusalemer Tempelquelle, deren „Öffnung" durch JHWH die endzeitliche Prophetie erwartet (s.u. 5.1 Auslegung zu Sach 13,1: S. 103).

## Fazit

In Sach 9,9f. wird der erwartete ideale Herrscher als Gegenbild zum kriegerischen, zu Pferd reitend dargestellten Alexander gezeichnet: Der Friedensmessias reitet bescheiden auf dem als klug geltenden Reittier des Königs, dem Esel (oder Maultier). Nicht ist er siegreich wie Alexander, sondern von JHWH gerecht gemacht und aus lebensbedrohender Not gerettet nimmt er das Gericht JHWHs „demütig" bzw. „gebeugt" an. Äußere Herrschaftsmittel wie Alexander braucht er nicht, denn die Schöpfung und der Mensch wurden von JHWH neu geschaffen. Es bedarf keiner Waffen mehr, sie werden bleibend abgeschafft, „ausgerottet". Mit Alexander hat dieser Friedenskönig allerdings den territorialen Anspruch gemeinsam: die gesamte (bekannte) Welt. Was der Königspsalm 72 eher theoretisch formuliert hatte, soll unter dem Friedenskönig wirklich werden: Er verkündet den Nationen den Frieden der Neuen Schöpfung. Vorstellbar ist dies nur apokalyptisch als Gegenstand des Glaubens wie in den Thronbesteigungshymnen: Ps 47, 93 und 95–99, als ein für Wirklichhalten in der äußerlich unsichtbaren Wirklichkeit JHWHs.

*Was aber erwartet Sach 9,9f. Neues hinsichtlich des Messias? Zu seinen unverzichtbaren Werken* (s.o. das Fazit zu Sach 3) gehört auch die *Wiederherstellung Israels* mit allen zwölf Stämmen in einer einzigen Monarchie, aber auch die Verkündigung und damit friedliche Durchsetzung des von JHWH bewirkten endzeitlichen Schalom unter den Völkern. In Sach 9,9f. ist das Kommen des Messias engstens mit dem Motiv der Rückkehr JHWHs zum Zion verknüpft. Als eschatologisches Zionslied, das sonst das Kommen JHWHs zum Zion ankündigt, drückt es das Kommen des Messias mit dem Kommen JHWHs aus, anachronistisch formuliert: als wahrer Gott und als wahrer Mensch.

## Biblisch-theologische und homiletische Überlegungen

**1.** Der klassische Adventstext Sach 9,9f. ist mit seinen Verweisen auf das durchgestandene Gericht und die Errettung des Königs zugleich als Hinführung zu *Palmsonntag und Karwoche* geeignet.
(Der DVD können Sie eine mittelalterliche Darstellung des von Sacharja angekündigten Palmsonntagsgeschehens entnehmen, s. Ordner 7.)

**2.** Das implizite *Neuwerden der Schöpfung von JHWH* her schließt aus, der Mensch könne von sich aus durch die „Diktatur des Proletariats", einseitige Abrüstung, die Tötung aller „Heiden" oder andere äußere Mittel ein universales Friedensreich im Diesseits schaffen. Das Neue Testament zeigt vielmehr, dass der Friede zwischen Gott und Mensch und damit auch der innermenschliche Friede von Jesus Christus ausgehen (Joh 20,19.21.26 u.m.):

„Jesus Christus herrscht als König,
alles wird ihm untertänig,
alles legt ihm Gott zu Fuß.
Aller Zunge soll bekennen,
Jesus sei der Herr zu nennen,
dem man Ehre geben muss." (EG 123,1)

**3.** Die *Wiederherstellung Israels* vollzieht sich in den kanonischen Evangelien in der Sammlung und Unterrichtung des Zwölferkreises durch Jesus, einer angesichts der unterschiedlichen Namenslisten der beteiligten Jünger ideale Größe. Hinzu kommen zur messianischen Wiederherstellung Israels in den Evangelien das Wirken des irdischen Jesus und die Erscheinungen des Auferstandenen sowohl in Galiläa als auch in Juda. Sie drücken den königlichen Herrschaftsanspruch Jesu über Nord- und Südreich aus. Homiletisch ergibt sich daraus: Die Kirche ist kein Menschenwerk, sondern sie wurde durch den irdischen Jesus gegründet. Daher ist sie sogar Gegenstand des Glaubens. – In welchem Verhältnis sich dabei der Zwölferkreis und damit die Kirche zu „Israel" bzw. dem Judentum verhalten, wird in Röm 9–11 erörtert.

**4.** Der *irdische Jesus hat auf äußere Mittel zur Durchsetzung des Gottesreiches grundsätzlich verzichtet* bis hin zu seiner Passion, weil der Gottesherrschaft in der Neuen Schöpfung nur der gewaltlose Weg gemäß ist: „Mein Reich ist nicht von dieser Welt. Wäre mein Reich von dieser Welt, meine Diener würden darum kämpfen, dass ich den Juden nicht überantwortet würde; nun aber ist mein Reich nicht von dieser Welt" (Joh 18,36).

**5.** Die *Einzugsperikope Mk 11,1-11* par. ist weitaus mehr als die szenische Darstellung der Erfüllung von Sach 9,9f.: Es handelt sich um eine über die Taufe Jesu (Mk 1,9-13 par.) hinausgehende Inthronisationsdarstellung! Den Hintergrund bildet das judäische Inthronisationsritual (1.Kön 1; Ps 2; 110). Zu diesem Ritual gehört nach der Salbung an der Gihonquelle im Kidrontal der Ritt des einzusetzenden Königs auf dem königlichen Esel bzw. Maultier zum Tempel (1.Kön 1,33ff.; Ps 110,7), wo er auf dem Thron in der „Sabbathalle", südlich des Allerheiligsten, also zur Rechten JHWHs, Platz nimmt (Ps 110,1f.; 2.Kön 16,18). Bei Mk 11 ist der letzte Vers (V. 11) entscheidend: Jesus geht unmittelbar nach dem Einzug, der die Akklamation (Anerkennung) des Volkes (vgl. 1.Kön 1,39f.) deutlich heraus stellt, in den Tempel. Mk 11 arbeitet also das Motiv des Kommens des von Gott kommenden Messias mit dem vorexilischen judäischen Ritus der Königsinthronisation zusammen. Dabei verstärkt er den von Sach 9,9 vorgegebenen leidenden Charakter des Königs in Mk 11,9f. durch weitere Zitate, v.a. von Ps 118: „Hosianna! Gelobt sei, der da kommt im Namen des Herrn!" (V. 26), der Segnung des in den Tempel einziehenden Erretteten (!) durch die Priester.

Viele Ausleger stoßen sich an der in Mk 15,6-15 (Barabbas-Szene) angeblich gegenüber der Einzugsperikope unmotiviert umgekippten Haltung des Volks. Die Einzugsperikope mit ihrer Darstellung der Inthronisation Jesu unter Akklamation des Volkes nimmt aber das Ziel der Passion, die Auferstehung Jesu, vorweg. Markus hat den siegreichen Einzug Jesu der eigentlichen Passionsdarstellung bewusst vorangestellt, um diese im österlichen Licht erscheinen zu lassen.

## 4.2 Bibelarbeit

**Katharina Wiefel-Jenner**

**Zum Text**

Der Text ist aus dem Evangelium für den Palmsonntag bekannt (Mt 21,1-9; Lk 19,29-38). Fast selbstverständlich identifizieren wir Jesus mit dem König aus Sacharja 9. Durch die Verbindung von Sach 9 mit Ps 118,26 in der Einzugsgeschichte gehört auch das Benedictus (Hosianna, gelobt sei der da kommt im Namen des Herrn) zum Klangraum des Textes.
Es ist Zukunftsgestalt, muss aber auch im Kontext der Zeit gesehen werden, in der der Jubelruf über ihn aufgeschrieben wurde: Der auf dem Esel reitende König Israels ist als Kontrastprogramm zu dem auf dem Pferd reitenden Alexander d. Gr. zu sehen (s. 4.1 Auslegung). Da die Verheißung des Friedensreiches auch zur Zeit der Niederschrift und Kanonisierung von Sacharja noch nicht eingelöst war und die Vision von endzeitlichen Zuständen anklingt, stellt der König auch den endzeitlichen Friedensherrscher dar. So zeigt sich in diesem Bibelwochentext, was im Gottesdienst / im Sakrament auch als Ineinander von Vergangenheit, Gegenwart und Zukunft erfahren werden kann.

**Inhaltlicher Schwerpunkt**

Der besungene König ist zukünftiger und gegenwärtiger Friedensbringer.
Als Gegenfigur zu den Weltherrschern, bei denen Frieden als der Zustand verstanden wird, nachdem sie fremde Völker unterworfen haben, setzt der König von Sach 9 nicht auf militärische Überlegenheit, sondern auf die Beziehung und Abhängigkeit von Gott.

## 4 | WENN FRIEDEN GREIFBAR WIRD

### 4.2 BIBELARBEIT

Aus der Orientierung an der Haltung an diesem Friedenskönig und dem Jubel über sein Kommen entsteht im Heute schon ein Funken des Friedens, der durch den König erst einkehrt (vgl. EG 170,3 / GL 451,3).

Da der biblische Abschnitt ein poetischer, hymnischer Text ist, soll das gemeinsame Singen den Abend gliedern.

**Materialien und Medien**
→ ein Liedblatt, auf dem die ausgewählten Strophen bereits abgedruckt sind, oder das Gesangbuch
→ der für das chorische Lesen aufbereitete Text im Teilnehmerheft (s. auch DVD)
→ ein Bild von einem Esel und von einem Pferd – auch als Silhouette oder Stilisierung möglich (s. TN-Heft)
→ Karten (z.B. Moderationskarten) in zwei verschiedenen Farben
→ dicke Stifte

## Zur Gestaltung des Abends

**Liturgische Eröffnung**
→ Lied: Komm in unsere stolze Welt (EG 428,1)

→ Gebet: Lasst uns darum beten, dass wir uns für den Frieden Christi öffnen:

> O Herr, mach mich zu einem Werkzeug deines Friedens,
> dass ich Liebe übe, wo man sich hasst,
>     dass ich verzeihe, wo man sich beleidigt,
> dass ich verbinde, da wo Streit ist,
>     dass ich die Wahrheit sage, wo Irrtum herrscht,
> dass ich den Glauben bringe, wo Zweifel drückt,
>     dass ich Hoffnung wecke, wo Verzweiflung quält,
> dass ich ein Licht anzünde, wo Finsternis regiert,
>     dass ich Freude bringe, wo Kummer wohnt.
> Ach Herr, lass mich trachten, nicht, dass ich getröstet werde,
> sondern dass ich tröste,
>     nicht, dass ich verstanden werde, sondern dass ich verstehe,
> nicht, dass ich geliebt werde, sondern dass ich liebe.
>     Denn wer hingibt, der empfängt,
> wer sich selbst vergisst, der findet,
>     wer verzeiht, dem wird verziehen,
> und wer da stirbt, der erwacht zum ewigen Leben.
> Amen.
>
> (aus der Normandie um 1913, früher Franz von Assisi zugeschrieben; dies und Weiteres unter www.friedensgebete.de)

→ Lied: Komm in unser dunkles Herz (EG 428,5)

→ Gebet:
Gott, wunderbar und ewig,
du kommst zu uns durch dein Wort.
Öffne uns Augen und Herz,
damit wir verstehen,
damit wir hören,
damit wir begreifen,
wie du zu uns kommst.
Dein Friede erfülle uns.
Amen.

**Auf den Text zugehen (15 min)**
*Rhythmisches Sprechen*
in vier Gruppen (s. TN-Heft)

Viermal lautes Vorlesen in Gruppen, die Gruppen wechseln nacheinander, sodass jede Gruppe ein Mal den ganzen Text gelesen hat.

Kurzes Gespräch:
→ Wer wird angesprochen/aufgefordert?
→ Wer fordert zur Freude / zum Lob auf?
→ Wer wird besungen/gelobt?
→ Warum wird er besungen/gelobt?

Die Identifikation des Königs mit Jesus wird für die Teilnehmerinnen und Teilnehmer selbstverständlich sein. Die Deutung, dass die jüdische Erwartung aus dem 4.-2. Jh. v. Chr. in der Person Jesu zur Erfüllung gekommen ist, erscheint aus christlicher Perspektive legitim. Durch das chorische Lesen wird auch erfahrbar, dass die Gemeinde einbezogen ist. Es geht nicht nur um eine Tatsachenbeschreibung von historischem Geschehen (sowohl innerhalb der alttestamentlichen Überlieferung als auch auf Jesus bezogen). Ein spiritueller Zugang sucht die Möglichkeit, dem Friedens-König durch Lob und Anbetung zu begegnen.

→ Lied: Tochter Zion, freue dich (EG 13 / GL 228)

**Dem Text begegnen (35 min)**
Ein Bild von einem Esel und von einem Pferd (ersatzweise Silhouette/Stilisierung eines Esels bzw. Pferds) werden mit Abstand zueinander auf dem Boden ausgelegt oder an einer Pinnwand befestigt (s. auch die Grafik im TN-Heft)

→ Die TN erhalten Karten in zwei Farben und werden aufgefordert, in einer ersten Runde die Eigenschaften von Esel (eine Farbe) und Pferd (die andere Farbe) zu notieren und neben das Bild zu legen.

## 4 | WENN FRIEDEN GREIFBAR WIRD

### 4.2 BIBELARBEIT

→ In einer zweiten Runde schreibt der Leiter / die Leiterin des Abends auf Zuruf der Teilnehmer auf Karten in der „Eselsfarbe" die Eigenschaften, die im Text dem König auf dem Esel zugeordnet werden, und legt sie zum Esel.

→ Die Teilnehmer schreiben in einer dritten Runde auf Karten in der „Pferdfarbe" die vermuteten Eigenschaften von Königen, die auf Pferden in die Schlacht ziehen, und legen sie zum Pferdebild.

→ Die Teilnehmer vergleichen die beiden unterschiedlichen Königsbilder und werden aufgefordert, zu überlegen, wen sie als Herrscher wählen würden und warum.

→ Dabei hat die Leitung die Aufgabe, kritisch nachzufragen. Es geht um eine realistische „Wahl" für einen „König/Regierenden" unter heutigen Lebensumständen.

L stellt die beiden Dimensionen des Textes vor:

*Eine Stellungnahme zur Gegenwart*
Dieser Teil des Sacharjabuches ist vermutlich eine Zusammenstellung von überlieferten Texten aus der Diadochenzeit (die Zeit der Nachfolger Alexanders des Gr., 4./3. Jh. v. Chr.; s. Pola, Einführung, S. 21+30). Der auf dem Esel reitende König erinnert an David. Der Esel ist ein Arbeitstier, das nicht für den Krieg geeignet ist. Auf dem Pferd wird Alexander d. Gr. dargestellt, dessen Streitmacht bis nach Indien vorgedrungen ist. (Hier kann von Alexanders Liebe zu seinem Pferd Bukephalos erzählt werden, vgl. http://www.welt.de/incoming/article111471286/Alexander-der-Grosse-und-sein-Angsthase.html.)

*Eine Zukunftsvision*
Der Text ist auch Verheißungstext. In dem demütigen und von Gott abhängigen König zeigt sich Gott als Friedensstifter. Es geht aber nicht nur um den inneren Frieden, sondern auch und gerade um den äußeren Weltfrieden. Am Ende wird Gottes Friedensreich – ausgehend von Zion – errichtet. Der Weg dahin verlangt die kritische Umwertung der militärischen Ideale und ist ein Weg der Demut, des Gewaltverzichts, der Gerechtigkeit. Er bezieht die Völker und die Schöpfung mit ein.

→ Lied: Frieden gabst du schon (EG 170,3 / GL 451,3)

**Mit dem Text weitergehen (20 min)**
Das Bild vom Pferd und die dazugehörigen Blätter werden weggenommen.
Die Eigenschaften des Esels und des Königs werden auf Zuruf der Teilnehmer von der Leitung neu zugeordnet zur Lebenswirklichkeit heute:

**So wünsche ich mir ...**
meine Gemeinde / die Kirche     die Politiker     mein eigenes Leben

**Gespräch in Murmelgruppen darüber**
→ wie realistisch und wie schwierig es ist, die Eigenschaften des Königs zu übernehmen.
→ was Hoffnung gibt, dass die Eigenschaften des Königs sich am Ende durchsetzen.

Wiederholen des chorischen Lesens in vier Gruppen (nur einmal).

**Abschließende Runde:**
Die Teilnehmer werden gebeten. jede/jeder den Satz zu vervollständigen:
→ Bevor der König zu mir kommt, möchte ich noch unbedingt ...
Oder
→ Ich hoffe (glaube, möchte, weiß ...), dass der Friedensbringer kommt, denn ... (und dann, weil ..., damit ...)

**Liturgischer Abschluss**
→ Lied: Gib Frieden, Herr, wir bitten (EG 430,2+3) oder Herr gib uns deinen Frieden (EG 436)

→ Gebet:
Ich liege und schlafe ganz mit Frieden,
denn du allein, Gott, hilfst mir, dass ich sicher wohne. (Psalm 4,6)
Wir bitten dich,
breite deinen Frieden aus über den Menschen,
die leiden,
die Schmerzen haben,
die sich vor dem morgigen Tag fürchten.
Breite deinen Frieden aus über den Menschen,
die es uns schwermachen, friedlich zu bleiben,
für die wir verantwortlich sind,
für alle, die uns lieb sind.

→ Vaterunser
→ Segen

## 4.3 Anregungen

**Kerstin Offermann**

### 1. Das Bild im Text sprechen lassen

*Die Elemente des Bildes, Assoziationen und Deutungen zusammentragen:*
Das Bild des heutigen Textes ist sehr vertraut und verbunden mit den kirchlichen Festen Advent/Weihnachten und Ostern. Damit ist ein Einstieg über das Bild entweder mit einer explizierten Verankerung des Textes in der christlich-kirchlichen Tradition verbunden oder man bietet in einer Art Entfremdung nur Teile des Bildes an: den Esel, Zion, Streitwagen und Bogen (heute entsprechend: Panzer und Bomber).
Das Bild setzt Energien frei, lädt zum Identifizieren ein, ist nachhaltiger als Worte oder Appelle, es prägt sich ein und weckt Hoffnung.

### 2. Liturgisches Element

**Impuls:** Die TN lassen sich in den Frieden mit einbeziehen, indem sie den Friedensgruß austauschen.

### 3. Beim Text bleiben

Mit dem heutigen Text verlassen wir Protosacharja. Daher ist es am Beginn wahrscheinlich sinnvoll, kurz etwas zu Proto- und Deuterosacharja sowie zu den anderen Nachtgesichten aus Sach 1–8 zu sagen (vgl. dazu Pola, Einführung sowie 1.3 Anregungen). Deuterosacharja nimmt die Zusagen aus Sach 1–8 auf und aktualisiert sie: Die Zusage gilt noch immer. Jahwe hat das Elend des Volkes mit eigenen Augen angesehen (9,8), d.h. er wird sich nun tatsächlich erbarmen. Dazu muss er aber erst die Feinde überwinden. Deuterosacharja sieht sich einer anderen historischen Situation gegenüber: nun geht es um die Auseinandersetzung mit *Alexander dem Großen*.
**Impuls:** Es gibt in der ZDF-Mediathek unter http://www.zdf.de/ZDFmediathek/beitrag/video/2266524/Alexander-der-Grosse—Teil-1#/beitrag/video/2266524/Alexander-der-Grosse—Teil-1 und http://www.zdf.de/ZDFmediathek/beitrag/video/2270568/Alexander-der-Grosse—Teil-2#/beitrag/video/2270568/Alexander-der-Grosse—Teil-2 eine sehr gute zweiteilige Dokumentation über Alexander den Großen. Schauen Sie diese Dokumentation mit den TN gemeinsam, evtl. an einem zusätzlichen offenen Gemeindeabend.

Der heutige Text malt ein *Gegenbild zu Alexander*.
**Impuls:** finden Sie aus dem Text die Gegenbegriffe: Esel – Pferd; demütig – selbstherrlich; gerecht – willkürlich; Macht – Ohnmacht. Gott wertet den Weg der Ohnmacht anders, als wir es tun. In der Ohnmacht scheint eine Stärke zu liegen, die nicht offensichtlich ist, aber dafür stärker, als es Macht sein kann.

Dieser Gedanke korrespondiert mit der Ankündigung aus Sach 4,6b: „Nicht durch menschliche Macht und Gewalt wird es dir gelingen, sondern durch meinen Geist! Das sage ich, der Herr, der Herrscher der Welt."
**Impuls:** Legen Sie den TN den heutigen Text mit Sach 4,6b zusammen vor und bitten Sie die TN, den inneren Zusammenhang der beiden Texte zu kommentieren.

Frieden wird in diesem Text als *Werk des Friedenskönigs* angesehen. Das setzt aber voraus, dass alle Waffen, die Israel bedrohen, vorher vernichtet werden (Sach 9,10). Die Vernichtung bestimmter Waffensysteme und die Verzichtserklärungen gegenüber deren Verwendung werden auch heute als ein politischer Weg zu mehr Frieden und Sicherheit angesehen. Aber ist eine solche Waffenvernichtung nicht nur dann sinnvoll, wenn auch die Menschen selbst verändert und zu Frieden bereit sind?

> **Der Gruß der Juden**
> Es gibt ein Wort, das gewissermaßen alles zusammenfasst, was Gott uns mit Jesus von Nazareth sagt, und das ist der alte hebräische Ausdruck Schalom. Sowohl zur Zeit des Alten Testaments wie im modernen Israel ist das einer der gebräuchlichsten Grüße zwischen Juden. Schalom ist ein außerordentlich reiches und tiefes Wort. In all den Jahrhunderten der Folter und Bedrängnis, all die Jahre hindurch, in denen wir als Christen die Juden mitverfolgt und gequält haben, sagten sie einander zum Gruß und Abschied das Wort Schalom. Mütter, die man von ihren Kindern trennte und zu medizinischen Experimenten in die Konzentrationslager schickte, flüsterten als letztes Wort ihren Kleinen „Schalom" zu. Familien, die in Haifa oder Tel Aviv nach dem Krieg wieder zueinanderfanden, schauten einander an und brachen dann das Schweigen mit „Schalom". [...] Gewöhnlich übersetzen wir dieses Wort mit „Frieden", aber das sagt bei weitem nicht genug. [...] Schalom ist ein positiver Zustand des Friedens, der Freude, menschlicher Gemeinschaft, gesellschaftlicher Harmonie, lebendiger Gerechtigkeit. Er bedeutet Fülle, Gesundheit, Mitmenschlichkeit.
> Harvey Cox, Der Christ als Rebell oder Streitreden wider die Trägheit, Wuppertal 1968.

→ Zu Tochter Zion und Jerusalem vgl. die klare Darstellung von Deborah Storek: „Zion – Ort der Sehnsucht"; S. DVD.

## 4. Den Text von Jesus her lesen

Jesus inszeniert sich beim Einzug in Jerusalem selbst als der Friedenskönig von Sach 9 und er entspricht auch in seiner Lebensweise dem demütigen und friedfertigen König.
Der Text ist für uns liturgisch mit Jesus verknüpft. Daher liegt es nahe, den Text auf Jesus zu beziehen. Schon in der Weihnachtsbotschaft der Engel wird Jesu Sendung mit Frieden für die Welt verknüpft (Lk 2,14). Er preist die Friedfertigen und die Friedensstifter selig (Mt 5,9) und ruft seine Anhänger damit dazu auf, selbst zu Friedensstiftern zu werden und sich den Frieden zuzusprechen (Lk 10,5). Gleichsam spricht er ihnen den Frieden zu, gerade bei den nachösterlichen Begegnungen (Joh 20,26).

**Impuls:** Lassen Sie die TN selbst diese Aspekte der Verbindung zwischen Jesu Sendung und Frieden für die Welt zusammentragen. Betrachten Sie mit den TN die verschiedenen Dimensionen von Verheißung, Zuspruch, Gruß, Stiftung. Frieden hat hier eine Menge mit Segen gemeinsam: Er wird zugesprochen und geschieht, ohne verfügbar zu sein. Wir sprechen ihn uns gegenseitig zu und geben ihm somit Raum, sich zu entfalten.

### 5. Die Themen des Textes auf heute übertragen

Der Text fordert die Bewohner Jerusalems auf *zu jubeln*, obwohl der Grund für den Jubel noch in der Zukunft liegt.
**Impuls:** Geht das: Jubeln, wenn einem eher nach Klage zumute ist? Die ntl. Geschichte von Paulus und Silas, die im Gefängnis Gott loben und daraufhin befreit werden (Apg 16,25), würde sich als ntl. Ergänzung zur Veranschaulichung anbieten. Durch den gegenwärtigen Jubel wird das zukünftige Friedensgeschehen schon heute wirksam und gewiss.
Vergleiche dazu den Block-Beitrag: „Runter vom Ross, rauf auf den Esel!"
(http://pastorenstueckchen.de/2015/03/runter-vom-ross-rauf-auf-den-esel-palmsonntag-2015/)

Auch durch die Aufforderung „*Seht!*" bringt die Vision eigentlich Zukünftiges schon in die Gegenwart hinein. Der Text ist ja kein Appell, selbst für Frieden zu sorgen, sondern malt das Bild eines Friedensstifters vor Augen. Die Aufforderung, dieses Bild wahrzunehmen, verschafft dem Frieden Aufmerksamkeit. Er würde sonst übersehen werden. Durch das Sehen entsteht Wahrnehmen (*für-wahr-nehmen*), dadurch auch Erkennen, Begreifen, Glauben und Daran-Festhalten. „Glaube wird erst da nötig, wo die unsichtbaren Dinge wichtiger genommen werden als die unsichtbaren." Das Bild prägt sich tief ein und schafft durch seine Anwesenheit in der Seele des Einzelnen und im kollektiven Gedächtnis von Kirche und Gesellschaft eine Hoffnung, die das eigene Leben in einen anderen Rahmen stellt.

Durch diese Vision verändert sich auch die Sicht auf das alltägliche Sehen und Handeln. Es wird in Gottes Sicht der Dinge und in Gottes Handeln eingeordnet. „In der Vision wird eine Alternative zu der gegenwärtigen Unordnung erfahrbar, die in der Kraft des Geistes auf uns zukommt … Indem die gerechte Alternative nicht als Programm formuliert wird, sondern als Erwartungshorizont, der dem scheinbar unbedeutenden menschlichen Tun Bedeutung gibt, besteht die Hoffnung, dass Menschen sich aus ihrer Erstarrung lösen und in Bewegung setzen." So Klara Butting in ihrem lesenswerten Artikel: „Die Träume einer gerechten Welt und der politische Alltag. Überlegungen zu Sacharja 1,7–6,15 und 13,1-6" in: Das Imperium kehrt zurück, Wittingen, 2006, S. 93-103, 102.
**Impuls:** Lesen Sie mit den TN die Liste der Friedensnobelpreisträger (zu finden unter http://de.wikipedia.org/wiki/Liste_der_Friedensnobelpreistr%C3%A4ger). Für welches Engagement werden die Preisträger geehrt? Was erscheint also als sinnvoller Weg zum Frieden? Was hat sie motiviert? Welches Bild von Frieden haben diese Menschen in sich?

### Lieder

| | | | |
|---|---|---|---|
| EG 13 / GL 228 | Tochter Zion, freue dich | EG 248 | Treuer Wächter Israel' |
| EG 258 | Zieht in Frieden eure Pfade | EG 378 | Es mag sein, dass alles fällt |
| EG 421 / GL 475 | Verleih uns Frieden gnädiglich | EG 435 | Dona nobis pacem |

# 5 | Wenn Siege wehtun: Sach 12,9 – 13,1

## 5.1 Auslegung

**Thomas Pola**

### Weltgericht, Martyrium und Neue Schöpfung

**Übersetzung (Thomas Pola)**

⁹ Und es wird geschehen an jenem Tag,
    da trachte ich danach, alle Nationen zu vernichten,
    die gegen Jerusalem herankommen.
¹⁰ Aber über das Haus David
    und über die Bewohnerschaft Jerusalems
    gieße ich den Geist der Ergriffenheit und des Flehens aus,
und sie werden auf den blicken,
    den man (im Kampf) getötet hatte,
und werden über ihn wehklagen,
    wie man über den einzigen Sohn wehklagt,
und werden (bitter) über ihn klagen,
    wie man (bitter) über den Erstgeborenen klagt.
¹¹ An jenem Tag wird die Wehklage in Jerusalem groß sein
    wie die Wehklage von Hadad-Rimmon
    in der Ebene von Megiddo.
¹² Und wehklagen wird das Land, Sippe um Sippe für sich,
die Sippe des Hauses David für sich      und ihre Frauen für sich,
die Sippe des Hauses Natan für sich      und ihre Frauen für sich,
¹³ die Sippe des Hauses Levi für sich      und ihre Frauen für sich,
die Sippe der Schimiter für sich      und ihre Frauen für sich,
¹⁴ alle übrigen Sippen, Sippe um Sippe für sich      und ihre Frauen für sich.
¹ An jenem Tag wird eine Quelle geöffnet sein
    für das Haus David
    und die Bewohner von Jerusalem
    gegen Sünde und gegen Unreinheit.

**Aufbau**

Die Komposition umfasst zwar Sach 12,9 – 13,9 (das Thema von 13,1 wird in 13,2-6 mit neuer Einleitung weiter entfaltet), wird hier aber wegen der jeweiligen neutestamentlichen Rezeption in 12,9 – 13,1 und 13,7-9 aufgeteilt.

12,9 – 13,1 werden durch die Einleitungen „an jenem Tag" o.ä. in 12,9.11 und 13,1 in drei Unterabschnitte geteilt. In allen drei Abschnitten wird „das Haus Davids" genannt, in V. 10 und 1 einschließend „das Haus Davids und die Bewohner(schaft) Jerusalems". Daraus ergibt sich der Aufbau:

**V. 9f.:**     Das endzeitliche Völkergericht
**V. 11-14:** Die Klage um den im Kampf Gefallenen
**V. 1:**       Die Erlösung von Sünde und Unreinheit

# 5 | WENN SIEGE WEHTUN

## 5.1 AUSLEGUNG

Die *Abgrenzung über eine Kapitelgrenze hinweg* könnte auf manche Teilnehmer der Bibelwoche eigenartig wirken. Jedoch ist die Kapiteleinteilung, entstanden zwischen 1200 und 1550 n. Chr., auf der Grundlage der Vulgata vorgenommen worden. Diese weist aber gegenüber dem Hebräischen eine andere Rhetorik auf. Sekundär wurde diese Einteilung dann durch das Judentum auf den hebräischen Wortlaut übertragen, sodass in manchen Zusammenhang eine neue Kapitelzahl ohne Beachtung der hebräischen Gliederungssignale im Wortlaut gesetzt worden ist, z.B. in Jes 53,1. Die Verseinteilung ist im AT dagegen älter als die Versnummerierung.

### Einzelexegese und Traditionsgeschichtliches

**V. 9f.** sind nur im Zusammenhang von Tritojesaja (Jes 56–66) zu verstehen. In Sach 12–14 ist das endzeitliche Geschick von Jerusalem in einer sich dreifach steigernden Reihe von Paralleldarstellungen wiedergegeben. Die Steigerung betrifft den Grad der Zerstörung der Stadt durch „alle Nationen" bis zum Eingreifen JHWHs. Während JHWH in 12,1-8 gegen „alle Völker ringsum" siegt und es dabei zu Verlusten auf judäischer Seite kommt, heißt es dagegen in 14,2f.:

„Denn ich werde alle Völker sammeln zum Kampf gegen Jerusalem.
Und die Stadt wird erobert, die Häuser werden geplündert
    und die Frauen geschändet werden.
Und die Hälfte der Stadt wird gefangen weggeführt werden,
aber das übrige Volk wird nicht aus der Stadt ausgerottet werden.
Und JHWH wird ausziehen und kämpfen gegen jene Völker,
wie er zu kämpfen pflegt am Tage der Schlacht."

Anders als im (demgegenüber älteren) Abschnitt 12,1-8 gelingt den Völkern die Überwältigung Jerusalems (so auch in 13,8.9a; s. 6.1 Auslegung). Erst nach dem Gericht über Jerusalem setzt JHWHs Gericht über die Völker ein. Der hier auszulegende Abschnitt 12,9 – 13,1 weist beiderlei auf: Er setzt zwar wie 12,1-8 mit dem Sieg JHWHs ein (V. 9), im Zentrum von V. 9f. steht aber die Klage um den Gefallenen. Der Verlust besteht hier also nicht (wie in 14,1-5) in einer großen Anzahl von Opfern, sondern in einer *Qualität*: im Tod des im Kampf gefallenen (messianischen, s.u.) Davididen. *Seine Identität wird post mortem an der Art der Klage und der Identität der Klagenden vor Augen geführt.* Am Kampf selber hat der Abschnitt kein Interesse, der Fokus liegt allein auf dem Gefallenen (und zielt dann auf 13,1).

Dass hier pauschal „alle Völker" als Gegner des messianischen Davididen und Jerusalems genannt werden, besitzt keinen konkreten historischen Hintergrund, sondern beruht auf zwei Gründen: Zum einen war schon für den vorexilischen Königspsalm 2,1-9 die enge Bindung zwischen JHWH und seinem gesalbten Zionskönig durch die Völker und Nationen in grundsätzlicher Weise angefochten (V. 1-3). Zum anderen hatten die Judäer seit den Assyrern, Babyloniern, Persern und Alexander dem Großen die Erfahrung einer *religiös totalitär auftretenden Weltmacht* machen müssen. Aus judäischer Perspektive tritt daher als Feind Jerusalems und seines Messias die jeweilige Weltmacht mit ihrer religiös begründeten, von ihren Göttern gebotenen Herrschaftsauffassung auf, sodass es auch in Sach 12,9 zur Alternative „alle Völker"/ „Messias und Jerusalem" kommt.

Die Frage nach den (möglicherweise „unschuldigen") Individuen bei den Völkern ist insofern unangebracht, weil der Apokalyptik von Sach 12–14 zufolge die gesamte Weltgeschichte auf die Durchsetzung der sichtbaren Herrschaft JHWHs hinausläuft (14,9), der sich ein letztes Mal und vergeblich vereint alles Widergöttliche entgegenstellt. Es geht also um Prinzipien, nicht um einzelne Menschen. – Im Neuen Testament treten die Dämonen an die Stelle der Fremdvölker des späten Alten Testaments. Ihnen gilt kompromisslos der Kampf Jesu. Daher kommt das von Christus geschenkte Heil nun zu den Individuen der Völker (Mt 28,16ff.; Apg).

Sach 12–14 ist von der vorexilisch belegten Tradition des sog. „Zionsmythos" geprägt (obwohl es in dieser Tradition nichts Mythologisches gibt): Es stürmen die Feinde gegen den Zion heran, aber JHWH lässt ihren Angriff durch eine Theophanie scheitern, er rettet die Stadt (Ps 76,4-7; 48,5-7). Diese Version muss Nebukadnezar II. bei seinen Verhören Zedekias und der obersten Beamten in Ribla zu Ohren gekommen sein und zwang ihn, als Beweis seiner (bzw. des Gottes Marduks) Macht über JHWH den Jerusalemer Tempel zu zerstören.

Bei Jesaja (8. Jh. v. Chr.) findet sich, zentral für seine Gerichtsbotschaft, die Umkehrung des „Zionsmythos": JHWH bewirkt eine Wehrlosigkeit (Koma) der Jerusalemer Bevölkerung (Jes 6,9f.; 29,9f.) und nicht wie in Ps 76,6 der Feinde, damit diese die ohnmächtige Stadt ungehindert zerstören können. Diese jesajanische Umkehrung des „Zionsmythos" beziehen Sach 12,9f. und 14,1-5 nun auf den endzeitlichen Kampf zwischen den Völkern und JHWH. In Sach 12,9f. kommt gar der Messias um, weil JHWH es so wollte (s.u. 6.1 Auslegung).

Inhaltlich dem entgegengesetzt ist die späte Variante des Zionsmythos in Gestalt der friedlichen Völkerwallfahrt zum Zion in Jes 40–66 und dessen theologischem Umfeld (Jes 2,2-5 = Mi 4,1-5). *„Ich gieße den Geist der Ergriffenheit und des Flehens aus":* Im Altertum galt der Grundsatz: „Gleiches kann nur durch Gleiches erkannt werden". Daher ist es für einen Menschen kaum möglich, zu einer Gottheit zu beten, es sei denn, die betreffende Gottheit ermöglicht dies dem Beter. Von daher gesehen, gelten die alttestamentlichen Psalmen im Rückblick allesamt als prophetisch inspiriert (1.Chr 25,1-5).

**V. 10:** *„und sie werden auf den blicken, den man durchbohrt hatte":* so mit Joh 19,37 und Offb 1,7 zu lesen (statt hebräisch „und sie werden auf mich blicken, den sie durchbohrt haben"). Die johanneische Schule hat eine vom hebräischen und griechischen Wortlaut unabhängige vorgegebene christliche Version von Sach 12,10 aufgenommen.
Der Ausdruck „Geist der Gnade" entspricht dem parallel gebrauchten Begriff des „Flehens". Dieser „Geist" wird über die Davididen und die Bewohner Jerusalems ausgegossen: Sie werden auf den im Kampf gefallenen Messias blicken, den man (= der Feind) im Kampf getötet (wörtl.: „durchbohrt") hatte. Da der einzige Sohn die gesamte Zukunft der Familie verkörpert (vgl. Gen 22), ist die Klage über den einzigen Sohn bzw. über den Erstgeborenen von größter Intensität.

**V. 11:** Diese Klage wird nun verglichen mit der über König Joschija (639-609 v. Chr.). Er wurde 2.Kön 23,29 zufolge im Jahre 609 v. Chr. von Pharao Necho in der Nähe der Festung Megiddo getötet. Die Judäer hatten sich dort den Ägyptern in den Weg gestellt, die wiederum versuchten, den assyrischen Reststaat im nordmesopotamischen Harran gegen die babylonisch-medische Koalition zu retten. Wegen seiner (im Schatten der eingetretenen außenpolitischen Schwäche

Assurs möglich gewordenen) Kultreform, die den Jerusalemer Tempel als das Zentralheiligtum der JHWH-Gläubigen aufgewertet hatte, wird der bei Megiddo gefallene Joschija als Märtyrer betrachtet. 2.Chr 35,25 (ungefähr gleichzeitig mit Sach 12–14 entstanden) zufolge fanden im 3. Jh. v. Chr. noch immer rituelle Klagefeiern für Joschija bei Megiddo statt (vgl. Jer 22,10). Allerdings wird in Sach 12,11 Joschija namentlich nicht genannt, sondern „die Wehklage von Hadad-Rimmon in der Ebene von Megiddo".

Hadad ist der Hauptgott der Aramäer von Damaskus, wo er in einem bedeutenden Tempel verehrt wurde (2.Kön 5,18). Die Verehrung des Hadad-Rimmon muss eine spezielle lokale Ausprägung der phönizisch geprägten Einwohner bei Megiddo (Ri 1,27) gewesen sein.
„So wie unter der phönizischen Bevölkerung der Gegend von Megiddo der Tod der sterbenden Vegetationsgottheit in kultischer Klage und in Auferstehungshoffnung beweint wurde, so wird die Klage über die im Endkampf gefallenen Märtyrer in Jerusalem vollzogen, die dem in Megiddo gefallenen gerechten König Josia gleichen. Der Märtyrer (= von Sach 12,10-14, Th.P.) wird als Josias redivivus verstanden, und in der Apokalyptik ist fortan der Megiddoberg Harmagedon (= Offb 16,16; Th.P.) der Antitypus zum göttlichen Zionsberg, der Berg der dämonischen Mächte, die nur durch den Märtyrerkampf überwunden werden" (H. Gese).

**V. 12-14:** Die Klage der verheirateten Frauen (= der Mütter) der jeweiligen Sippen „für sich" hebt die besondere Beziehung der Mütter zum Geheimnis des Lebens und damit auch zu dem des Todes hervor. Man müsste erwarten, dass nur diejenige Sippe über ihn klagt, der der Gefallene angehört. Aus den vier genannten Sippen ist daher die eine einzelne Sippe (z.B. die Davids!) übersteigende Identität des Gefallenen zu erschließen. Hier gibt es nun zwei vom Wortlaut her mögliche Auslegungen, eine kollektive und eine (von 13,7-9 ausgehende) individuelle:

**1.** *Der „Durchbohrte" ist der im Endkampf gefallene Judäer schlechthin:* Darauf deuten die kollektive Bezeichnung der „Bewohnerschaft Jerusalems" in V. 10 und die Nennung der vier repräsentativen Sippen in V. 12f., wobei dann in V. 14 zusammengefasst noch „alle übrigen Sippen, Sippe um Sippe für sich und ihre Frauen für sich" genannt werden, was zur individuellen Deutung nicht passt. Die kollektive Deutung ist daher sicher älter gegenüber der individuellen.

**2.** *Der „Durchbohrte" ist der im Endkampf gefallene Messias:* Darauf deuten die Nennung des „Hauses David" in V. 10 und 12, die Anführung des Propheten Natans, der die Jerusalemer Partei bei der Davids-Nachfolge Salomos vertritt (s. 1.Kön 1), vielleicht auch die Anführung der Leviten (= eine Priesterklasse, steht hier vielleicht für alle Priester), die über keinen Erbbesitz verfügen (vgl. Jos 14,4). Mit Schimi in V. 13 wird ein Vertreter der Sauliden zur Zeit Davids genannt (2.Sam 16,5ff.; 19,17ff.), ein Benjaminit. David hat allen vier Sippen angehört (er fungierte auch als Priester, vgl. 2.Sam 6,14). Hier wird also eine David/Salomo entsprechende, die genannten Sippen in sich vereinigende königlich-priesterliche Gestalt gezeichnet, also ein der Beisetzung Joschijas ebenbürtiges „Staatsbegräbnis" (Willi-Plein) des Messias. Es gibt also im AT durchaus die Ankündigung eines leidenden, sterbenden Messias! Dies gilt auch für Jes 52,13 – 53,12 und wird in Sach 13,7-9 noch deutlicher vor Augen geführt.

**13,1:** Nach dem Gericht JHWHs über die Völker (V. 9) und der Klage über den getöteten Messias (V. 10-14) könnte das Motiv einer im Anschluss daran von JHWH geöffneten heilswirkenden

Quelle „für das Haus David" und die Bewohner (Mehrzahl!) Jerusalems überraschend wirken, ist aber als positiver Abschluss zu verstehen. *Es ist der Gegensatz von Tod (12,9-14) und Leben (13,1).* Der (anscheinend von JHWH gewollte) Märtyrertod des Messias hat zur Folge, dass JHWH diese Quelle „gegen Sünde und gegen Unreinheit" dauerhaft öffnet. Hier wird das religions- und traditionsgeschichtlich vorgegebene Motiv der sog. *„Tempelquelle",* im AT auf den Zion bezogen, aufgenommen.

**Zion** bedeutet „der Trockene", weil es auf dem Berg Zion keine Quelle gibt. Die nächstgelegene Quelle, die aus dem Zion quillt und die die Stadt ernährt, ist die Gihon-Quelle, außerhalb der Davidsstadt im Kidrontal gelegen. Dass man im Tempel eine vom Altar ausgehende Quelle vermisst hat, zeigt der Wasserritus beim Laubhüttenfest: Man „schöpft" Wasser aus der Gihon-Quelle, bringt es hoch zum Altar und gießt es feierlich über den zum Laubhüttenfest mit Zweigen geschmückten Altar aus (Jes 12,3; vgl. Joh 7,37-39). Gen 2,10-14 führt unter Anknüpfung an kanaanäische Vorgaben (vgl. Ps 65,10) mit dem Paradiesesberg, von dem die vier Weltströme (Nil, „Gihon", Tigris und Euphrat) ausgehen, den Zusammenhang von Weltberg und Paradiesesstrom vor Augen. Da auch der Zion in der überlieferten Jerusalemer Theologie und Prophetie als der Weltberg gilt (Ps 48,3; Jes 40,4f. oder Sach 14,4), erwartet die exilisch-nachexilische Prophetie die endzeitliche Öffnung einer solchen Tempelquelle (Joël 4,18): In Ez 47,1-12 führt das aus dem Altar kommende Rinnsal, das schließlich als Strom das Tote Meer „gesund" macht, die Neue Schöpfung herbei (vgl. Offb 22,1-5).

In Sach 13,1 kommt dieser von JHWH geöffneten endzeitlichen Quelle nun eine *heilbringende Wirkung* „gegen Sünde und gegen Unreinheit" zu (ihr entspricht in der Paralleldarstellung in Kap. 14,8 der zweigeteilte, ganzjährig ins Mittelmeer und zum Toten Meer vom Zion aus fließende Strom). Hier kommt ein priesterlicher Aspekt zum Zuge, der möglicherweise die ganze Darstellung von 12,9 – 13,1 bestimmt. Apokalyptik und das Priesterliche sind im AT und seinem sozialgeschichtlichen Hintergrund keine Alternative, sondern die alttestamentliche Apokalyptik ist grundsätzlich von gottesdienstlich-kultischer Wirklichkeitsauffassung geprägt.

## Fazit

Die Gegensätze zwischen dem in Sach 9,9f. erwarteten Friedensmessias und der von ihm ausgehenden Waffenvernichtung einerseits und den in Kap. 12,9 – 14,21 anzutreffenden Ankündigungen andererseits könnten nicht größer sein: Die Jerusalemer Situation in der frühen Diadochenzeit nötigte, zu den Waffen zu greifen und zum Märtyrertum bereit zu sein. Ging der Friedensmessias von Sach 9 aus der lebensgefährlichen Krise als (von JHWH) geretteter Sieger hervor, so werden in 12,9 die Völker (= die JHWH-widrigen Mächte) zwar von JHWH „vertilgt", aber der Akzent liegt auf der durch den Geist JHWHs ermöglichten Klage aller Sippen und Stände um den getöteten Messias. Infolge aber dieser Niederlage erst bricht die Neue Schöpfung, die Ära der Vergebung und Reinheit durch den von JHWH geöffneten Quell an. In Sach 12,9 – 13,1 ist der (von JHWH gewollte und durch die breiter angekündigte Klage retardierend ernst genommene) *Tod des Messias die Voraussetzung für den Anbruch des Neuen Äons*. Heil gibt es nur durch das Gericht, durch das tiefste Niedrigwerden, durch den Tod hindurch (Phil 2,7f.).

**Biblisch-theologische Überlegungen**

Die christliche Deutung von Sach 12,10 auf Jesus Christus wurde durch die Wiedergabe von „einziger Sohn" durch „Geliebten" in der Septuaginta und durch die Nennung des „Erstgeborene(n)" herausgefordert.

**1.** Der sog. Lanzenstich Joh 19,33f. wird (zusammen mit Ex 12,46) als Erfüllung des Zitats von Sach 12,10 in Joh 19,36f. bezeichnet. *Das dem hebräischen Wortlaut angepasste Sacharja-Zitat will jedoch den gesamten Kontext in Sach 12,9 – 14,21 als Hintergrund des Geschehens von Joh 19,25-36 assoziieren* und nicht nur den Lanzenstich hervorheben. Johannes betont in V. 35 ausdrücklich die Bedeutung des Lanzenstichs: „Und der es gesehen hat, hat es bezeugt, und sein Zeugnis ist wahr; und er weiß, dass er sagt, was wahr ist, damit auch ihr (selber) glauben werdet".

Bei Johannes (vgl. Mk 15,40f. par.) bleiben vier namentlich genannte Frauen bei Jesus am Kreuz „stehen" – dies nimmt die vier über den getöteten Messias klagenden Sippen aus Sach 12,12f. auf, wobei die Frauen dort jeweils durch „und ihre Frauen für sich" hervorgehoben werden. Man sollte allerdings die vier namentlich genannten Frauen nicht einzeln auf die bei Sach aufgeführten Sippen beziehen. Erst in Joh 19,26 wird auch der sog. Lieblingsjünger genannt – repräsentiert er die in Sach 12,14 zu findenden „übrigen Sippen"? Das weitere Geschehen nach dem Tode Jesu (Joh 19,30) nennt ab V. 32 eigenartigerweise die römischen Soldaten als Subjekte. Sie brechen den beiden mit Jesus Gekreuzigten die Beine, um unmittelbar die Erstickung der Verbrecher herbeizuführen.

Die Einleitung von V. 33: „Als sie aber zu Jesus kamen", verdient besondere Beachtung: Die römischen Soldaten verkörpern hier die Weltmacht, also „alle Völker" als gottwidrige Mächte, dagegen ist der Leib Jesu im Johannesevangelium der wahre Tempel (Joh 2,21). *Das „Kommen"* (vgl. Sach 12,9) *der Soldaten zu Jesus bildet also den Angriff der Völker gegen den Zion ab* (Sach 12,1-8.9; v.a. 14,1-5; zum Zionsmythos s.o., S. 101), also den eschatologischen, apokalyptischen Endkampf! Obwohl Jesus bereits tot ist (Joh 19,30), ist ihr durchbohrender, von Gott gewollter Todesstoß mit der Lanze (Sach 13,7) paradoxerweise in Heil bringendem Sinne erfolgreich: Aus dem Leibe Jesu, dem wahren Tempel, aus Jesu „Seite" (vgl. Ez 47,1f.) kommen Joh 19,34 zufolge Blut („gegen Sünde") und Wasser („gegen Unreinheit") heraus (Sach 13,1; vgl. 14,8). *Auch in Joh 19 ist der Tod des Messias die Voraussetzung für den Anbruch der Neuen Schöpfung, der Vergebung und der aus der Sühneweihe resultierenden Heiligung!* Nimmt man darüber hinaus die oben genannte skizzierte Traditionsgeschichte des Motivs der Tempelquelle hinzu mit ihrem bibelkundlich ersten Beleg in Gen 2,10-14 (wobei der „Garten" in 2,4b–3,24 ebenfalls als Heiligtum vorgestellt ist), *so will Joh 19 mit dem Lanzenstich die Wiederkehr des „Paradieses" herausstellen*. Dort, wo man es am wenigsten suchen würde, bei Jesus am Galgen der finsteren und unreinen „Schädelstätte", ist Johannes zufolge der von Gott ursprünglich gewollte „sehr gute" Zustand der Schöpfung wiederhergestellt!

Der Tod Jesu besitzt Johannes zufolge in diesem Sinne also Heilsbedeutung, wobei der Evangelist allerdings einen schriftkundigen Leser voraussetzt, der den Zusammenhang des Zitats von Sach 12,10 verstanden hat.

Hermeneutisch folgt daraus: Das NT sieht alttestamentliche Ankündigungen auch dann als erfüllt an, wenn die Erfüllung „anders" erfolgt, als es sich die entsprechenden alttestamentlichen Abschnitte vorgestellt haben. Es sind sogar mehrere unterschiedliche Erfüllungsdarstellungen möglich (Mt 24,30 und Offb 1,7). Die in der Einleitung herausgestellte Position des Glaubens, die das äußerlich nicht Wahrnehmbare für verbindlicher hält als das optisch Sichtbare, setzt das NT bei seinen Lesenden als selbstverständlich voraus.

Da das *Johannesevangelium* den Tod Jesu als Inthronisation und Sühneweihe versteht, wird auch die Sach 3 innewohnende Logik die Sacharjarezeption in Joh 19 beeinflusst haben (die von JHWH gesetzte Sühneweihe führt demnach die Neue Schöpfung herbei; s.u. S. 115f.). – Auch wenn Jes 52,13 – 53,12 in Joh 19,16ff. nicht zitiert wird, so ist nicht ausgeschlossen, dass der Lanzenstich auch im Lichte von Jes 53,5a gesehen worden ist („Doch er war durchbohrt um unserer Vergehen willen, zerschlagen um unserer Sünden willen").

**2.** Die Anspielung auf Sach 12,10 wird in Offb 1,7 innerhalb von V. 1-8 (wie in Mt 24,30) mit anderen Anspielungen verknüpft:

„Siehe, er (= Jesus Christus) kommt mit den Wolken (Dan 7,13),
und jedes Auge wird ihn sehen (vgl. Jes 40,5; 52,8.10
    mit Sach 12,10 kombiniert),
auch die, welche ihn durchbohrt haben (Sach 12,10),
und wehklagen werden seinetwegen (Sach 12,11-14)
    alle Stämme der Erde. Ja, Amen."

Alle Menschen werden Jesus Christus (wie in Mt 24,30) bei seiner Wiederkunft sehen, durch welchen sich Gott offenbart hatte. Die Klage von Sach 12,11-14 geht nun nicht mehr von allen Sippen Jerusalems aus, sondern von allen Menschen. Das liturgisch antwortende „Ja, Amen" weist auf eine hier dargestellte Liturgie hin, bei der Offb 1,7 anscheinend eine Schriftlesung bedeutet, wobei Gott als in seinem Wort gegenwärtig gedacht ist. Darauf folgt als Höhepunkt von Offb 1,1-8 im letzten Vers dann ein direktes Wort Gottes. Christlicher Gottesdienst ist erfahrbare Begegnung mit Gott, dem Vater Jesu Christi.

## 5.2 Bibelarbeit

**Kerstin Offermann**

### Inhaltlicher Schwerpunkt
Trauer ist angesichts von Kriegen angemessen, aber für die unmittelbar Betroffenen oft nicht möglich. Wo Trauer möglich wird, hat sie die Kraft, Menschen zu verändern und eine Zukunft zu eröffnen. Ein solcher Ort, an dem Trauer und Zukunft möglich werden, ist das Kreuz Jesu Christi.

### Raumgestaltung
Stuhlkreis in der Mitte, das noch zugeschlagene Gedenkbuch oder Fotos gefallener Soldaten in Bilderrahmen, noch von einem schwarzen Tuch verdeckt.

### Materialien und Medien
→ Gedenkbuch oder Gedenkbilder von gefallenen Soldaten der Weltkriege – falls so etwas in der Gemeinde vorhanden ist.
→ Bibeltexte (DVD, TN-Heft)
→ Bilder von Momenten der Trauer (s. Link-Liste der DVD)

### Zur Gestaltung des Abends

**Liturgische Eröffnung**
→ Lied
Wir kommen her, um dich zu suchen (Feiert Jesus 1, 121)
Wenn wir in höchsten Nöten sein (EG 366)
Befiehl du deine Wege (EG 361/ GL 418)
Wenn die Last der Welt dir zu schaffen macht (Christoph Zehendner)

→ Gebet
Atme in mir, du Heiliger Geist, dass ich Heiliges denke.
Treibe mich, du Heiliger Geist, dass ich Heiliges tue.
Locke mich, du Heiliger Geist, dass ich Heiliges liebe.
Stärke mich, du Heiliger Geist, dass ich Heiliges bewahre.
Hüte mich, du Heiliger Geist, dass ich das Heilige niemals verliere.
*(dem hl. Augustinus zugeschrieben)*

**Auf den Text zugehen (20 min)**
→ Gedenkbuch öffnen oder die Bilder gefallener Soldaten aus dem Ersten und/oder Zweiten Weltkrieg aufdecken
→ Spontane Reaktionen / Gesprächsrunde: Erinnerungen aus der eigenen Familie? Trauer – Schweigen – Rituale – Erzählungen

### Dem Text begegnen (40 min)
→ Text lesen – mit der Methode des Bibelteilens (Text laut vorlesen – in der Stille dabei verweilen – einzelne Worte des Textes, die einen angesprochen haben, laut in die Runde sagen – noch einmal den Text als ganzen lesen – in der Stille auf Gott horchen)
→ Text markieren: die TN kennzeichnen im Text folgende Stellen:
! bedeutet: wichtig.
? bedeutet: Dazu habe ich eine Frage.
* bedeutet: Das betrifft mich persönlich.

Im anschließenden Gespräch könnten u.a. folgende Themen auftauchen:
→ Was ist der Geist des Flehens? (identisch mit „Geist der Gnade"; Fähigkeit, zu erkennen, dass der Getötete der Messias ist und dass Gott seine Hand im Spiel hat)
→ Warum ist dazu Geistausgießung nötig? (Gott kann nur durch Göttliches erkannt werden.)
→ Was ist die Quelle der Heilung und der Gnade, die Gott öffnet? (im Bild die Tempelquelle, die sogar das Tote Meer „heilt"; im übertragenen Sinn die Gabe Gottes, die „dürre" Menschen zum Leben bewegt)
→ Wer ist der Durchbohrte? (der Messias, mit dem Gott die Geschichte ändern wollte)
→ Es sind die Sieger (vgl. Sach 12,1-8), die hier trauern!

### Mit dem Text weitergehen (30 min)
*Situationen der Trauer und des Gedenkens heute*
Verändert die Trauer bzw. das Gedenken etwas?
Als Gesprächsimpuls Bilder:
→ Kniefall von Willy Brandt
→ Gedenkpark in Potsdam
→ Englischer Gedenktag mit Mohnblüten
→ Kreuzesdarstellung, Frauen unter dem Kreuz bzw. Pieta

Gedenken und Erschrecken über die (eigene) Schuld verändern uns. Das Kreuz ist ein Ort des Gedenkens und ein Sammelpunkt für die Trauer und für die Kraft der Veränderung. Das Kreuz ist die Quelle des Heils und der Hoffnung. Hier ist ein Ort, an dem man trauern und weinen kann, ohne im Schmerz zu vergehen oder alleine zu bleiben. Das Kreuz ist ein Ort der Heilung und des Trostes. Hier sind wir verbunden mit denen, die gelitten haben und gestorben sind. Wir sind nicht für immer von ihnen getrennt. Denn seit Ostern ist das Kreuz der Ort der Hoffnung, dass sich Frieden und Leben durchsetzen werden.

### Liturgischer Abschluss
→ Kyrie-Liturgie: Namen von Menschen oder Orten, derer gedacht werden soll, nennen und darauf mit einem Kyrie-Ruf (gesprochen oder gesungen) antworten.
→ Vaterunser
→ Lied: Komm, Herr, segne uns (EG 170 / GL 451)

→ Segen
Der Tag sei dir günstig
und die Nacht dir gnädig.
Die gute Hand eines Freundes
soll dich immer halten.
Und möge Gott dir das Herz erfüllen
mit Frohsinn und Freude.
*(aus Irland, nach http://www.treklang.de/Segen.htm)*

## 5.3 Anregungen

**Kerstin Offermann**

### 1. Das Bild im Text sprechen lassen

*Die Elemente des Bildes, Assoziationen und Deutungen zusammentragen:*
Das in diesem Text entstehende Bild erinnert an ein Historiengemälde. Es ist viel Leid und Geschrei auf dem Bild zu sehen, viel Pathos. Der Zuschauer fühlt sich in die Emotionen hineingezogen.

### 2. Liturgisches Element

**Impuls:** Die TN stimmen in die Klage ein. Sie klagen Gott das Leid von Krieg, Gewalt und Tod in der Welt, nennen die Namen Verstorbener und bitten für die Angehörigen – bei jeder Klage wird ein Teelicht angezündet und dabei ein Name oder ein Sichtwort genannt oder gedacht.

### 3. Beim Text bleiben

Der Text ist von einem emotionalen Tonfall geprägt. Es geht um *Trauer und Klage* angesichts eines Getöteten. Es gibt keinen zuverlässigen innertextlichen Anhaltspunkt für die Identität des Niedergestochenen. Und auch die Frage nach dem Täter ist bewusst vom Text offengelassen. Diese Offenheit des Textes, die „Leerstelle", fordert die Lesenden dazu auf, sich eine eigene Meinung dazu zu bilden und sich selbst und seine Welt in diese Stelle einzutragen.

Die Trauer, von der die Rede ist, könnte *Trauer über das eigene Verhalten* sein. Im Zusammenhang mit Sach 12–14 könnte es auch ein Ausdruck der Trauer darüber sein, durch die eigene Tat die Erfüllung der Verheißung verhindert zu haben. Aber die Menschen kommen nicht aus eigenem Antrieb darauf, Reue zu empfinden. Dazu braucht es den Geist Gottes. Wie es auch für das Gebet den Geist Gottes braucht. Auch hier bewahrheitet sich Sach 4,6b: menschliche Macht, Gewalt und Stärke bewirken nichts, sondern nur der Geist Gottes. Der aber öffnet den Menschen die Quelle, den Zugang zum ersehnten und verheißenen Heil.

## 4. Den Text von Jesus her lesen

Der Sacharjatext wird in Zusammenhang mit Jesu Tod und dem Lanzenstich im NT zitiert: Das NT trägt also in die Leerstelle des Textes Jesus ein: Jesus ist der Durchbohrte. Ebenso in Zusammenhang mit dem Verständnis des Leidens und Todes Jesu von Jes 53 her ist er der von Gott Durchbohrte.
Es geht hier also um Kreuzestheologie.
**Impuls:** Singen bzw. lesen Sie mit den TN Passionslieder, in denen es um das Betrachten des Gekreuzigten geht: z.B. O Haupt voll Blut und Wunden (EG 85 / GL 289) – oder in einem neueren Kirchenlied: Jesus, wir sehen auf dich.
Wie verwandelt es uns selbst, wenn wir den Gekreuzigten anschauen und bei ihm unter dem Kreuz aushalten?

### Ausblick

| | | |
|---|---|---|
| Zuletzt | Zuletzt | Zuletzt |
| wirst du auferstehen | wirst du erkennen, | wird nur dies Eine bleiben: |
| aus der Klage. | daß deine Grenzen | das dankbare Gewahren, |
| Verwehen | Brücken waren | daß alles gut war, |
| wird dein banges Fragen | auf dem Weg | wie es war. |
| wie ein Nichts. | zu ihm, | |
| | daß du niemals | |
| | tiefer umarmt warst | |
| | als im Leid. | |

Antje Sabine Naegeli: Die Nacht ist voller Sterne © Verlag Herder GmbH 2010, Freiburg im Breisgau.

## 5. Die Themen des Textes auf heute übertragen

Gott gießt den *Geist der Gebetes*, der Reue und des Klagens über seinem Volk aus. Das Gebet des Geistes wird auch in Röm 8,26 als „Seufzen" bezeichnet. So wie es für Paulus auch klar ist, dass geistliche Dinge nur vom Geist erkannt werden können (1.Kor 2,15).
→ Wer also angemessen mit Gott reden will, sollte es „im Geist und in der Wahrheit" tun. Beten und Heiliger Geist gehören offenbar eng zusammen. Und beide sind für viele unserer Mitmenschen zu etwas sehr Fremdem geworden.
→ Für Christinnen und Christen sind Gebetserfahrungen allerdings oft Geisterfahrungen: beten zu können und gewiss zu sein, dass das Gebet gehört wird, Gottes Antwort auf persönliche Fragen zu bekommen, getröstet zu werden, geheilt zu werden.
**Impuls:** Tauschen Sie sich über Ihre Gebetserfahrungen aus. Wie ist das, wenn das Gebet ungehört im Raum zu hängen scheint? Wie findet man in eine Gebetshaltung? Gibt es Gebetserhörung? Welche Rolle spielen Gefühle für Sie beim Gebet? „An deinem Ohr kann ich sagen, was die Seele quält." Erleben Sie das Gebet als Erleichterung?

Der Text begreift *Trauer* als eine Wirkung des Geistes Gottes. In wichtigen Untersuchungen hat die Autorin Sabine Bode gezeigt, dass viele Kriegskinder in Deutschland nach dem Zweiten

Weltkrieg zu Trauer nicht fähig waren. Sie fanden das Furchtbare, das sie erlebt hatten, „normal". Furcht, Angst, Schrecken wurden so gebändigt, um weiterleben zu können. Aber dadurch mussten sie auch die anderen Gefühle bändigen. Sie waren daher oft darin gehindert, Gefühle zuzulassen und zu zeigen. Wenn sich die Gefühle dann mit zunehmendem Alter nicht mehr zurückhalten lassen, brechen die alten Erfahrungen wieder auf. Trauer kann dann helfen, das Trauma zu verarbeiten und neu leben zu lernen.

**Impuls:** Vielleicht kann die Bibelwoche Anstoß sein, seine Trauer in Worte zu fassen. Geben Sie den TN dafür Raum und Zeit, wenn es sich ereignen sollte.

**Impuls:** Hören Sie gemeinsam von Sting: „Dancing with the Dead" z.B. unter https://www.youtube.com/watch?v=rS8mq7eCJnY oder unter https://www.youtube.com/watch?v=MS_bN5ECJTI und lesen Sie die deutsche Übersetzung dazu; z.B. zu finden unter http://www.golyr.de/sting/songtext-they-dance-alone-619671.html.

Das Lied erzählt von den Ehefrauen, Töchtern und Schwestern der unter der Pinochet-Diktatur getöteten Ehemänner, Söhne und Brüder. Sie tanzen mit den Toten einen Trauertanz, auch als Ausdruck ihres Widerstandes gegen Pinochet. Besprechen Sie mit den TN, inwieweit es helfen kann, in einer solchen Weise der eigenen Trauer Ausdruck zu verleihen. (Siehe dazu auch 5.2 Bibelarbeit.)

Auch wenn es Frieden geben wird im Anschluss an die kriegerische Auseinandersetzung oder den Mord, bleiben doch die Schuld und der Tod von Menschen.

**Impuls:** Wie lebt man weiter mit der *Schuld*, mit der Erfahrung von Unmenschlichkeit, zu der man womöglich selbst fähig war, mit den Grenzerfahrungen? Die Bibel schreckt nicht davor zurück, diese menschlichen Abgründe anzusehen und Gott in sie hinein zu verweben. Gerade in der Passionsgeschichte ist Gottes Nähe auch für die Menschen an den Abgründen des Lebens klar zu entdecken. Er schenkt den Geist der Reue und die Quelle zu Versöhnung und die Kraft, weiterzuleben und einen Neuanfang zu wagen.

Eine *Quelle* ist auch für uns heute ein unmittelbar einleuchtendes Symbol für (neues) Leben, Erfrischung, Lebendigkeit. Bilder von Quellen sprechen zu den TN und regen sie zu Assoziationen an. Urlaub, Sehnsucht, Ausruhen, Erfrischung, Durst nach mehr ... Die Quelle ist auch in der Bibel ein Symbol für den Neubeginn und das Leben in Fülle (Ps 36,10; Spr 14,27; Jes 41,18; Joh 4,14; Offb 7,17 u. 21,6) – und in der negativen Folge der Abkehr von Gott als der Quelle des Lebens (Jer 2,13 u. 17,13).

**Impuls:** Indem Sie mit den TN diese Bibelstellen meditieren, entsteht über die eigenen Assoziationen der TN hinaus ein Bild von der Größe und Schönheit der Verheißung Gottes auch an das Leben der TN.

**Lieder**
GL 283   Aus der Tiefe rufe ich zu dir (Regionalteile im EG: BT 629, NB/Ol 597, R/RWL 655)
EG 299   Aus tiefer Not schrei ich zu dir
EG 366   Wenn wir in höchsten Nöten sein
EG 378   Es mag sein, dass alles fällt
EG 387   Mache dich, mein Geist, bereit

# 6 | Wenn der Hirte stirbt: Sach 13,7-9

## 6.1 Auslegung

**Thomas Pola**

### Der gute Hirte lässt sein Leben für die Schafe

**Übersetzung unter Einbeziehung der antiken Textzeugen (Thomas Pola)**

⁷ Dolch, wach auf, gegen meinen Hirten
   und gegen den Mann meiner Sippengenossenschaft!
   – Ausspruch JHWHs der Heerscharen –.
Schlage den Hirten, dass die Schafe sich zerstreuen!
   Und ich werde meine Hand gegen die Geringen wenden!
⁸ Und es wird im ganzen Land geschehen – Ausspruch JHWHs –,
   zwei Teile davon werden [ausgerottet,] sterben,
   aber ein Drittel bleibt darin übrig.
⁹ Und ich bringe den dritten Teil ins Feuer,
   ich läutere sie, wie man Silber läutert,
   und prüfe sie, wie man Gold prüft.
Der wird meinen Namen anrufen,
   und ich, ich werde ihm antworten.
Und ich werde sagen: Er ist mein Volk.
   Und er, er wird sagen: JHWH ist mein Gott.

### Sprachliches

V. 7: Die Übersetzung „Dolch" ist angemessener als „Schwert", da es sich sachlich um ein Kurzschwert handelt, das man verbergen kann (vgl. Ri 3,16).

### Die Stellung von Sach 13,7-9 in Sach 12–14

Der Abschnitt ist ein Teil der Komposition 12,9 – 13,9, die zwischen den parallelen Stücken 12,1-8 (JHWH rettet die Stadt) und 14,1-5 (Untergang der Stadt vor dem Eingreifen JHWHs) steht (s.o. zur Stellung und zur Einzelexegese 5.1 Auslegung). Die Perikope nimmt aus 12,10 das Motiv des Märtyrertodes des Messias auf, nimmt aber auch das Motiv der Verwüstung der Stadt aus 14,1-5 vorweg. 13,7-9 bildet zusammen mit 12,9 – 13,1 den Rahmen um 13,2-8 innerhalb der Komposition 12,9 – 13,9.

### Aufbau

Der poetische Abschnitt, der keine eigene Einleitung (wie „Und es wird geschehen an jenem Tag") aufweist und sich daher anscheinend den Abschnitten ab 12,9 unterordnet, ist durchgehend JHWH-Rede:

**7:** Der von JHWH befohlene Tod des Messias:
Folge I: Zerstreuung des Volkes
**8:** Folge II: Das Scheidungsgericht über das Land:
zwei Drittel kommen um

**9a:** Das Läuterungsgericht über das restliche Drittel
**9b:** Folge III: Der Neue Bund für das Neue Israel

Der Abschnitt setzt ein mit der Zerstreuung (und des Untergangs von zwei Dritteln) des Volkes, endet aber mit der Sammlung des Neuen Gottesvolkes. Man hat dennoch bei diesem Abschnitt Unstimmigkeiten bemängelt, denen auch auf textkritischem Wege nicht abzuhelfen wäre. Jedoch weist der Abschnitt eine klare innere Logik auf, die im Folgenden mit Hilfe der Traditionsgeschichte und der Einzelexegese aufgezeigt wird.

### Das Verhältnis von Sach 13,7-9 zu Ez 5,1-4 und zu Jes 7,20

JHWH selber befiehlt einem Dolch, seinen „Hirten" zu töten. Dahinter steht eine traditionsgeschichtliche Entwicklung von Jes 7,20 über Ez 5,1-4 zu Sach 13,7-9, deren Kenntnis anscheinend beim Leser vorausgesetzt wird, um Sach 13,7-9 verstehen zu können.

Das auf den Propheten des 8. Jh.s zurückzuführende Wort Jes 7,20 lautet:
„An jenem Tag wird der Herr durch das Schermesser,
das auf der anderen Seite des Stromes (= Euphrat) gedungen wurde,
durch den König von Assur,
das Haupt scheren und das Haar der ‚Beine',
ja, auch den Bart wird es wegnehmen".

Das zwangsweise Scheren der Haare, des Bartes (2.Sam 10,4f.) oder gar der Schamhaare (= „Beine") gilt als größte Erniedrigung. Jesaja verwendet das Bild für das Gericht an Jerusalem durch die Assyrer.

Ez 5,1f. (aus der Zeit der Belagerung Jerusalems 588/587 v. Chr. stammend) bildet das Jesajawort auf das bereits laufende Gericht über die Stadt durch die Babylonier weiter:
[1] „Und du, Menschensohn, nimm dir einen scharfen Dolch, ...
und fahre damit über deinen Kopf und über deinen Bart;
und nimm dir Waagschalen und teile sie (= die Haare)!
[2] Ein Drittel sollst du ... mit Feuer verbrennen,
wenn die Tage der Belagerung (= Jerusalems) erfüllt sind;
und ein Drittel sollst du ... mit dem Dolch schlagen;
und ein Drittel sollst du in den Wind streuen! ..."

Ez 5,1f. wird durch einen nach dem Fall der Stadt im Herbst 587 v. Chr. entstandenen, von Ezechiel herrührenden zweiten Auftrag in V. 3.4a ergänzt:
[3] „Und du sollst davon etwas nehmen, wenig an Zahl,
und in deinen Mantelzipfel einbinden.
[4] Und von diesen sollst du noch einmal nehmen
und sie mitten ins Feuer werfen
und sie mit Feuer (= zur Läuterung) verbrennen!"
Die Ankündigung des Totalgerichts in V. 1f. wird hier durch die Vorstellung eines Restgedankens aktualisiert: Ezechiel wird beauftragt, alle geschorenen Haare symbolisch zu vernichten, bis auf wenige, die er aufbewahren soll. Diese stehen für die Bergung der Überlebenden der Katas-

trophe von 587 v. Chr. Jedoch kommt in V. 4 (wie in 20,33ff.) der Aspekt eines Läuterungsgerichts über die ins Zweistromland Verbannten vor ihrer Rückkehr nach Jerusalem in einem Neuen Exodus hinzu.

Neu sind bei Ezechiel gegenüber Jesaja der scharfe Dolch sowie die Drittelung und Vernichtung der abgeschnittenen Haare, die den totalen Charakter des Gerichts deutlich herausstellen. Auch ist neu, dass der Prophet diese Zeichenhandlung an sich selber vollziehen soll.

*Sach 13,7-9* nimmt das Bild vom Dolch auf, aber dieser richtet sich nicht wie bei Jesaja und Ezechiel gegen die Stadt, sondern gegen den „Hirten" JHWHs, dessen Herde infolgedessen „zerstreut" wird (und dadurch untergeht). Dagegen wird die ezechielische Drittelung der Haare in Sach 13,7-9 auf das Gericht über das Land Juda übertragen. Das durch Feuer herbeigeführte Reinigungsgericht von Ez 5,3-4a (auch in 6,8-10) wird in Sach 13,9 als Scheidungsgericht aufgenommen. Dabei versteht sich Sach 13,7-9 gegenüber Ez 5,1-4a eschatologisch: *Während Ezechiel das erste Gericht über Jerusalem ankündigt (das 587 v. Chr. eingetroffen ist), stellt Sach 13,7-9 das letzte, endzeitliche Gericht über die Stadt und das Land vor Augen.*

### Einzelexegese und Traditionsgeschichtliches

**V. 7:** *„Dolch, wach auf, gegen meinen Hirten und gegen den Mann meiner Sippengenossenschaft!"*
Im ganzen Alten Orient kann der König als „Hirte" bezeichnet werden. Nicht zufällig werden sowohl Saul (1.Sam 11,5) als auch David (1.Sam 16,11) buchstäblich als Hirten vor Augen geführt. Der „Mann meiner Sippengenossenschaft" ist eine vornehme, ehrenvolle Bezeichnung. Damit ist der Messias aus der Dynastie der Daviden als der wahre Herrscher gemeint. Zugleich ist dies in der Endgestalt der „durchbohrte", im Kampf getötete Messias von Sach 12,10.

*Schlage den Hirten, dass die Schafe sich zerstreuen! Und ich werde meine Hand gegen die Geringen wenden!* Der letzte Satz ist ein synonymer Parallelismus zur Ankündigung der Zerstreuung der Schafe. Hier ist also noch nicht vom Heil, sondern vom Endgericht die Rede, das den Messias betrifft, damit sich sein Volk zerstreuen soll! Die Zerstreuung bedeutet Schutz- und Orientierungslosigkeit, sodass die Einzelnen gefährdet sind: Der Untergang des Ganzen steht bevor.

**V. 8-9a:** Die Folge ist also klar – zwei Drittel im Lande werden infolge eines Scheidungsgerichtes „sterben". Anders als in Ez 5,2 wird das letzte Drittel nicht auch noch vernichtet, sondern entsprechend V. 4a als Exulanten im Zweistromland übrig bleiben, um wie Edelmetall durch Feuer, das eine Scheidung herbeiführt, geläutert zu werden (ein in der Prophetie geläufiges Bild, vgl. Jes 1,25; Ps 66,10 u.ö.). Das AT versteht das Gericht JHWHs grundsätzlich als etwas Positives. Bekennt man sich doch ganz auf die Seite JHWHs und wartet darauf, dass er alles auf der Welt Ver-rückte endlich zurechtrückt, notfalls mit Gewalt!

**V. 9b:** Der gottgewollte Tod des Messias zog das Scheidungs- und Läuterungsgericht nach sich. *Das Ergebnis dieses furchtbaren Gerichtes ist das endgültige Heil!* Weiterhin will der Vers an die sog. *Bundesformel* „Ihr sollt mein Volk sein und ich werde euer Gott sein" erinnern (s. z.B. Ez 11,20; Sach 2,15). Hierbei wird Hos 2,23 aufgenommen und V. 25 regelrecht zitiert.

Die Apokalyptik (s.o. S. 32f.) liebt es, das inhaltliche Neue durch Zitate auszudrücken, die sie in einen neuen Zusammenhang stellt. In der Vergangenheit liegt die Zukunft! Aus den ekstatischen Propheten, deren Ende Sach 13,2-8 vor Augen führt, sind inspirierte Schriftgelehrte geworden, deren Anspruch aber dem der Schriftpropheten vollgültig entspricht.

Was Hos 2,18-25 (23-25) angekündigt hatte, wird Sach 13,9b zufolge erst nach dem gewaltsamen, von JHWH gewollten endzeitlichen Tod des Messias und Gerichtes über dem Land und dem Scheidungs- und Läuterungsgericht über das restliche Drittel erfüllt werden: JHWH gewährt den *Neuen Bund*.

> **Der Neue Bund:** Das Adjektiv „neu" kommt bei diesem exilisch-nachexilischem Motiv nur in Jer 31,31-34 vor. Da dieses jedoch auch das Motiv der Neuschaffung des Menschen erfordert (um ein erneutes Scheitern des Bundes auszuschließen), liegt das Motiv vom Neuen Bund auch da in der exilisch-nachexilischen Prophetie vor, wo von einer Neuwerdung des Menschen in Verbindung mit der Bundesformel die Rede ist, so z.B. in Ez 36,16-32. In Ez 37,26 heißt es sogar ausdrücklich: „Und ich will mit ihnen einen Bund des Friedens schließen, der soll ein *ewiger* Bund mit ihnen sein ...". Der „ewige" Charakter (auch in Ez 16,60; Jes 24,5; 55,3; Jer 32,40) ist auf der Neuschaffung des (nun JHWH vollkommen gehorsamen) Menschen gegründet.
>
> Wird der „Neue Bund" angekündigt, so fällt der Blick damit auf einen zurückliegenden alten Bund (Jer 31,31f): Dem programmatischen Namen „nicht-mein-Volk" in Hos 1,9 entspricht inhaltlich „dieses Volk da" (statt „mein Volk") in Jes 6,9f. oder Jer 1,19.21. Das Volk hat den Sinaibund (Ex 24; 34 u.ö.) gebrochen. Damit existiert dieser alte Bund auch aus der Sicht JHWHs nicht mehr, das Volk sinkt herab auf die Ebene aller Völker (Am 9,7). – Die Rede von einem „niemals gekündigten Bund" in der systematischen Theologie und in der Judaistik erscheint von diesem alttestamentlichen Befund her problematisch.

*„Der wird meinen Namen anrufen, und ich, ich werde ihm antworten":* Diese Zeile drückt in Form der Bundesformel die Ankündigung des Neuen Bunds inhaltlich *in einem gottesdienstlichen Geschehen* aus. Die Wendung „den Namen JHWHs anrufen" bezeichnet den Gottesdienst, also alles vom Gebet des Einzelnen bis zum Kult des Volkes an einem hohen Festtag im Tempel. Da jedes Gebet (auch in der christlichen Religion) mit der Anrufung der Gottheit beginnt, die im AT ja ihren Namen „JHWH" kundgetan hat, bezeichnet die Wendung „den Namen JHWHs anrufen" das theologische Herzstück des Gottesdienstes: die personale Verbindung zwischen dem Beter und seinem Gott (bzw. Jesus Christus). Auch Jes 58,9 und 65,24 beziehen die Anrufung JHWHs auf das endzeitliche Heil.

Die Ankündigung *Joël 3* (ebenfalls apokalyptisch) weist Gemeinsamkeiten mit Sach 12,9 – 13,9 auf. Dort folgt auf die umfassende Geistausgießung das Weltgericht in Form des „Tages JHWHs" (vgl. Sach 14,1ff.). Daraufhin heißt es in Joël 3,5: „Wer den Namen JHWHs anrufen wird, der soll errettet werden". Auch bei Joël gibt es das Heil nur durch das Gericht hindurch. – In Apg 2,17-21 wird das ganze Kapitel Joël 3 zitiert, um das Pfingstgeschehen als dessen Erfüllung zu deuten. Auch hier ist vorausgesetzt: Das Weltgericht hat sich im Sterben Jesu Christi am Kreuz ereignet – die Heilszeit ist bereits angebrochen.

*„Und ich werde sagen: Er ist mein Volk. Und er, er wird sagen: JHWH ist mein Gott":* Vom traditionsgeschichtlichen Zusammenhang und der sachlichen Logik zufolge ist der Neue Bund um seiner ewigen Stabilität willen *nur innerhalb der Neuen Schöpfung* denkbar, obwohl dies in Sach 13,7-9 nicht ausdrücklich gesagt ist.

Man hat die angeblichen Unstimmigkeiten in Sach 13,7-9 auch anhand des unvorbereiteten Subjekts „er" in V. 9 konstatiert. Wer ist dieser geheimnisvolle „er"? Seine Identität kann nur dem Kontext entnommen werden: „Er" scheint positiv wie reines Edelmetall aus dem Scheidungsgericht in V. 9a hervorgegangen zu sein und hat V. 9b zufolge Anteil am Neuen Bund (und der Neuen Schöpfung). Dass dieser Einzelne aber Teil des Neuen Gottesvolkes ist, stellt die letzte Zeile von V. 9 klar: „Er (!) ist mein Volk ...".

## Sach 12,9 – 13,1 und 13,7-9 innerhalb des theologischen Anliegens von Sach 12–14

Das Thema von Sach 12–14 ist der eschatologische Kampf, das endzeitliche Gericht und der daraus hervorgehende Neue Äon. Diesen Kampf und die Vernichtung der gottwidrigen Völker stellen 12,1-8 und 9 dar (daher gibt es laut 13,2-6 auch weder Fremdkult noch ekstatische Prophetie mehr). In 12,10 – 13,1 führt eine vom Geist JHWHs ermöglichte Totenklage um den gefallenen Davididen zu einer endzeitlichen Sündenvergebung innerhalb der Neuen Schöpfung. Als Erklärung dazu versteht sich 13,7-9: JHWH befiehlt nun geradezu den Märtyrertod des „Hirte" genannten Messias, sodass sich dessen „Herde" zerstreut und zwei Drittel umkommen. Aus einem Scheidungs- und Reinigungsgericht folgt dann wie reines Edelmetall das Neue Gottesvolk, dem JHWH den Neuen Bund gewährt (in einer Neuen Schöpfung).

Sach 14,1-16 versteht sich als Paralleldarstellung zu 12,9 – 13,9: Es kommt nun beim eschatologischen Kampf in Jerusalem zur Deportation der Hälfte der Einwohner. Erst dann greift JHWH mit einer Theophanie zum endzeitlichen Kampf ein. Die Schöpfung verwandelt sich (die tatsächliche Geographie wird endlich der idealen angeglichen). Wie in 13,1 wird 14,8 zufolge eine zweigeteilte Quelle aufbrechen. Vor allem kommt nun das Thema der Apokalyptik, das Ziel der gesamten endzeitlichen Wehen zur Sprache: *„Und JHWH wird König sein über die ganze Erde. Zu der Zeit wird JHWH der einzige sein und sein Name der einzige"* (V. 9). Das Kultische kommt dabei in 13,9b zur Sprache, aber auch durch die (auch) reinigende Wirkung der Tempelquelle von 13,1. Vor allem ist das Ziel 14,20f. zufolge eine alles durchwirkende *Heiligkeit* (vgl. Ez 43,12; Sach 8,3).

## Fazit

Die Entstehung des Neuen Gottesvolkes, des Neuen Israel, ist die Aussageabsicht von Sach 13,7-9. JHWH will dafür den Tod des Messias, die Zerstreuung seines Volkes (V. 7), das Gericht im ganzen Land Juda (V. 8). Auch das restliche Drittel muss noch einem Scheidungs- und Läuterungsgericht unterzogen werden (V. 9a). Aber dann ist schöpfungstheologisch die Voraussetzung für den Neuen Bund da. So stellt der Abschnitt also den „Geburtsschmerz für das Neue Israel"

(H. Gese) heraus. Die gegenseitige exklusive Bindung zwischen JHWH und seinem Neuen Israel verdeutlicht sich im Gottesdienst, in der Anrufung des *Namens* JHWHs.

Hatte Sach 12,9 – 13,1 noch nicht gewagt, das furchtbare Geschehen des Todes des Messias direkt auf JHWH zurückzuführen, so trägt dies 13,7-9 aufs Deutlichste nach. Hatte 13,1 die Folge des Märtyrertodes des Messias in einer verwandelten Schöpfung als Ziel, so ergänzt 13,9b die Entstehung des Neuen Israel innerhalb der Neuen Schöpfung als Folge des Märtyrertodes des Messias samt Zerstreuung des Volks und des nachfolgenden Gerichtes.

### Biblisch-theologische und homiletische Überlegungen

**1.)** Das Zitat von 13,7 leitet die Passionsdarstellungen von Markus (14,27) und Matthäus (26,31) ein, um die Zerstreuung der Jünger bei der Gefangennahme Jesu in den Kontext des Gerichtsgeschehens von Sach 13,7-9 zu stellen. Zugleich soll aber auch das aus dem Gericht resultierende Heil als Ziel des Passionsgeschehens aus Sach 13,9b verstanden werden.

**2.)** Die neutestamentlichen Passionsdarstellungen sind der Meinung, das von der alttestamentlichen Apokalyptik angekündigte endzeitliche Weltgericht sei stellvertretend in Jesus Christus am Kreuz ergangen. Entsprechend muss der von der Apokalyptik infolge des gottgewollten Todes des Messias, des Scheidungs- und Läuterungsgerichtes zur Hervorbringung des Neuen Israel und des Weltgerichtes angekündigte Neue Bund innerhalb einer neu gewordenen Schöpfung Wirklichkeit geworden sein.

**3.)** Nicht als Zitat, aber als Anspielung auf Sach 13,7 ist Joh 10,11 zu verstehen: „Ich bin der gute Hirte; der gute Hirte lässt sein Leben für die Schafe".

**4.)** Über Sach 13,9b wird die *Bundesformel* (und damit das Gemeindetheologische und Gottesdienstliche) neutestamentlich in 2.Kor 6,18 und Offb 21,3.7 aufgenommen.

**5.)** Das Neue Testament ist der Meinung, dass der „Neue Bund" von Jesus Christus gestiftet und für die Gläubigen Wirklichkeit geworden ist. Ein engerer Bezug zu Sach 13,9 findet sich zunächst im Zusammenhang der Abendmahlsliturgie in Lk 22,20 und 1.Kor 11,25 (vgl. 2.Kor 3,6). Der Bezug zwischen dem Martyrium des Messias und dem Neuen Bund ist hier als von Sach 12–14 vorgegeben angesehen worden. Sodann widmet sich der Hebräerbrief in Kap. 8f. ausführlich dem Gegensatz von altem und Neuen Bund (vgl. auch Hebr 12,24).

**6.)** Während Sach 12–14 und alle anderen apokalyptischen Zeugnisse des Alten Testaments, insbesondere Dan 7, davon ausgehen, dass der Neue Äon den alten schlagartig ablösen wird, lehrt das Neue Testament dagegen eine traditions- und religionsgeschichtlich nicht ableitbare Durchdringung der Äonen: Während der alte Äon am Vergehen ist, hat der Neue Äon durch die von Jesus Christus vollzogene Aufrichtung der Gottesherrschaft bereits begonnen. Das ist Gegenstand des Glaubens, aber es gibt davon auch Spuren in der sichtbaren Welt. Allerdings hat keiner, der an Jesus Christus glaubt, im Diesseits schon einen Anspruch auf eine sichtbare völlige Neuwerdung. Bestimmt weiß sich der Gläubige aber von der Verkündigung Jesajas an bis zur Apokalyptik Sacharjas und des Neuen Testaments von der unsichtbaren Wirklichkeit Gottes. Daher legen wir Siegeskränze auf die frischen Gräber unserer Angehörigen und pflanzen auf ihnen Blumen als Zeichen des Sieges Jesu Christi, des Lebens über den Tod.

## 6.2 Bibelarbeit

**Katharina Wiefel-Jenner**

**Zum Text**
Sach 13,7-9 steht im Zusammenhang mit 11,4-17. Der Hirte ist eine messianische Figur, dessen Leiden und Tod gottgewollt sind. Sein Tod verweist auf das Ergehen des Volkes, weil der Hirte der Repräsentant des Volkes ist. Am Schicksal des Volkes – nur ein Drittel wird bleiben – zeigt sich, dass Gottes Zusage an Israel Bestand hat, aber transformiert wird. So reflektiert der Bibelabschnitt das eigene Ergehen angesichts der historischen Ereignisse, hält dabei an Gott fest und besteht darauf, dass die Zusage Gottes trotz der eigenen Erfahrungen unverbrüchlich bleibt. Dieser Gedanken- und Vertrauensgang zu Gott steht hinter der apokalyptischen Form des Textes. Apokalyptik versteht sich nicht als Ausdruck von Zukunftsvisionen, sondern als Verarbeitung der Gegenwartserfahrung. Der Bruch zwischen der Verheißung, die als groß vorgestellt wird, weil Gott groß ist, und der beschämenden und quälenden Gegenwart wird geschlossen. Damit bleiben die apokalyptischen Gegenwartseinsichten offen für die glaubende Aneignung in der Zukunft und für die fortwährende gläubige Bindung an Gott.

Angesichts dieser Offenheit für die Zukunft ist auch ein Lesen aus der Perspektive des Glaubens an Jesus Christus möglich. Die erste Gemeinde hat dies getan (s. unter 6.1: Biblisch-theologische und homiletische Überlegungen). Vorsicht ist allerdings geboten: Die Läuterung des Restes darf dann nicht auf das historische Israel und das Judentum bezogen werden und der geläuterte Rest auf die Kirche. Wird die Passage mit dem Blick auf Christus gelesen, dann wird die Gemeinde gleichermaßen dem Läuterungsprozess unterzogen.

Zielpunkt ist für beide Perspektiven die Bestätigung des Bundes, den Gott mit seinem Volk schließt (Bundesformel V. 9).

**Inhaltlicher Schwerpunkt**
Einer bedrückenden Realität wird die Größe und Treue Gottes gegenübergestellt. Die apokalyptischen Aussagen dienen der Selbstvergewisserung: Selbst wenn Gott Bedrängnisse zulässt, ist seine Verheißung letztlich vertrauenswürdig.

**Raumgestaltung**
Für die Texterschließung Stuhlkreis mit Platz für drei oder fünf Stühle in der Mitte (Fishbowl).

**Materialien und Medien**
→ DIN-A4-Blätter, auf denen jeweils die entscheidenden Worte des Textes stehen.
→ Blatt mit den Gesängen aus Taizé: Confitemini Domino (s. http://www.taize.fr/de_article10313.html?letter=C), Nada te turbe (EG 574)

## 6 | WENN DER HIRTE STIRBT

### 6.2 BIBELARBEIT

## Zur Gestaltung des Abends

**Liturgische Eröffnung**

→ Lied: Gott ist gegenwärtig (EG 165 / GL 387; jew. Strophen 1+6-8)

→ Gebet:
Herr und Gott, wir danken dir für dein Wort.
Es ist größer, als wir zu verstehen vermögen.
Es betrifft uns und unser Leben.
Es fordert uns heraus und stellt uns Fragen.
Lass uns deinem Wort folgen,
durch Jesus Christus. Amen.

**Auf den Text zugehen (15 min)**
Ziel: Die Teilnehmer sollen die Bewegung des Textes vom Untergang zum Neuanfang nachvollziehen:

→ Die Leitung liest den Abschnitt langsam vor, fordert anschließend die Teilnehmer auf, die erinnerten Worte aus dem Text zu nennen. Die Worte werden auf DIN-A4-Blätter geschrieben und in wahlloser, gemischter Reihenfolge auf den Boden/Tisch gelegt. Vorkommen sollten:
*HERR, der Herrscher der Welt; Schwert, Hirte, töten, Herde, auseinander laufen, nicht verschonen, die Schwachen, ganzes Land, zwei Drittel, umkommen, ein Drittel, Rest, durchs Feuer, die Überlebenden, reinigen, rufen, erhören, sagen, mein Volk, unser Gott*
→ Jemand liest den Text ein weiteres Mal vor. Die Teilnehmer werden gebeten, die Blätter in der Reihenfolge der Worte entsprechend dem Text zu sortieren.

**Gespräch über das, was auffällt.**
→ Bewegung im Text: vom „Schwert gegen den Hirten" zum „Ihr seid mein Volk" und „erhören".
→ Damit der Unterschied zwischen Beginn und Ende des Abschnitts sichtbar wird, wird zwischen die sortierten Blätter mit den Worten ein Abstand hergestellt, sodass V. 7+8 auf der einen Seite und V. 9 auf der anderen Seite liegen.

→ Lied: Confitemini Domino

**Dem Text begegnen Dauer (35-40 min)**
Erläuterung zum apokalyptischen Charakter des Textes: Apokalypsen sind keine Endzeitfahrpläne, sondern Trosttexte für Bedrängte.
Kurze Hinweise, dass der Text auf unterschiedliche Perioden der Geschichte Israels bezogen werden kann:
→ Untergang des Nordreichs Israel (722 v. Chr.)
→ Zerstörung Jerusalems und Exil (587 v. Chr.)
→ Zeit des Verbots des Gottesdienstes durch Antiochus IV. Epiphanes und Verwendung des Jerusalemer Tempels als Zeus-Heiligtum (167 v. Chr.)
→ Makkabäer-Aufstand (167-164 v. Chr.)
→ Zerstörung des Tempels durch die Römer (70 n. Chr.)
→ Jüdischer Aufstand und Beginn der Diaspora (135 n. Chr.)

Die Blätter vom Anfang müssen nun beiseitegelegt werden. (Die Blätter mit den Worten zu V. 9b werden extra gelegt.)

Einladung zu einem **Streitgespräch** zwischen zwei Parteien.
Fishbowl- Methode: Möchte jemand aus den Gruppen etwas zur Diskussion beitragen, kann er/sie auf dem freien Stuhl in der Mitte Platz nehmen und sich beteiligen.

Straft Gott das Volk, wenn die Regierung versagt? Wie kann das Volk überleben?
→ Hauptargument für Gruppe 1: Das Volk könnte die Führenden an Gottes Willen erinnern und seine Umsetzung einfordern.
→ Hauptargument für Gruppe 2: Das Volk muss trotz des Versagens der Regierung oder gerade deswegen statt der Führenden nach Gottes Willen leben.

L liest die Leitung V. 9 vor.
→ Kurze Erläuterung, dass Gott mit dem geläuterten Rest seinen Bund erneuert.
→ Die Voraussetzung dafür ist, dass der Rest durch Gott befähigt (geläutert) wurde, mit ihm in Beziehung zu bleiben und den Bund zu halten.

Zum Abschluss des Streitgesprächs:
→ Abstimmung darüber, welche Gruppe überzeugender argumentiert hat.
→ Blitzlichtrunde dazu, welches Argument das entscheidende war.

→ Lied: Nada te turbe

**Mit dem Text weitergehen (15 min)**
**Impuls:**
In V. 9 bekräftigt Gott den Bund mit dem geläuterten „Rest", weil dieser Gottes Namen, d.h. Gott in Lob und Gebet, anruft. Dies geschieht für Sacharja hauptsächlich im Tempel und strahlt von hier aus in die Welt und in die ganze Schöpfung aus. Der kleine, geläuterte Rest ist Träger des in die Welt hineinwirkenden Gotteslobs.

**Murmelgruppe:**
Wenn der Gottesdienst des kleinen „Restes" so bedeutsam ist, was bedeutet das für unser gottesdienstliches Feiern, Loben und Gott Antworten?

**Schlussrunde:**
Die Blätter mit den Worten zu V. 9b („zu mir rufen, hören, sagen, mein Volk, unser Gott") werden noch einmal in die Mitte gelegt. Alle lesen gemeinsam V. 9.

**Liturgischer Abschluss**
→ Lied: Gott liebt diese Welt (EG 409 / GL 464)

→ Gebet:
Gott, barmherzig und ewig.
Du prüfst uns,
du liebst uns.
Dir vertrauen wir in Not und in Freude.
Segne deine Gemeinde und alle, die deinen Namen anrufen.
Dich loben wir durch Jesus Christus, unseren Herrn und Bruder.

→ Vaterunser
→ Segen

## 6.3 Anregungen

**Kerstin Offermann**

### 1. Das Bild im Text sprechen lassen

*Die Elemente des Bildes, Assoziationen und Deutungen zusammentragen:*
Im Bild herrscht Verwirrung und es löst Verwirrung aus über die verirrten Schafe, über das Verhältnis von zwei Dritteln zu einem Drittel, wobei das eine Drittel gewichtiger erscheint als der eigentlich größere Teil. Auch das Bild des Brennens im Feuer ist verwirrend.
**Impuls:** Geben Sie dieser Verwirrung und Irritation Raum und suchen Sie mit den TN danach, wie diese Bilder durch ein Herantasten an die Gedanken des Textes verständlicher und erträglicher werden können.

### 2. Liturgisches Element

**Impuls:** Dem Hirten des Textes setzen die TN den guten Hirten entgegen, der die Schafe nicht verlässt, sondern schützt und hütet. Beten Sie gemeinsam Psalm 23.

### 3. Beim Text bleiben

Der Text entstammt dem Textzusammenhang von Sach 12–14 und damit dem dritten Entstehungsabschnitt des Sacharjabuchs. Wie schon Sach 9–11 beziehen sich auch diese Kapitel auf Sach 1–8. Ihre Antwort auf die Frage danach, warum die Verheißungen immer noch nicht erfüllt sind, ist eine Gerichtsbotschaft gegen das Volk Israel: dass sich die Verheißungen Gottes noch nicht erfüllt haben, liegt an Israels Schuld, vor allem an der Schuld der Führungsschicht, der Hirten.
Daher ist *Gericht* hier ein wichtiges Thema. Jahwe tritt gewaltig und gewalttätig auf. Auch im Zusammenhang geht Jahwe mit den Hirten ins Gericht, die die Herde nicht gehütet haben, die untreu und falsch und unzuverlässig waren und damit auch die Herde in ihrer Existenz bedrohen. Sie tragen also die Schuld an der Verzögerung des Heils und an dem neuerlichen Unglück, was dem Volk widerfährt.

Nun ist aber das Irritierende an dem vorliegenden Text, dass der Hirte als „mein Hirte", als „Mann, der mir nahe steht" bezeichnet wird. Damit bleibt unklar, wer dieser Hirte ist – und ob er tatsächlich so falsch und untreu war wie die anderen Hirten Israels. Unklar bleibt auch, wer das Schwert führen soll, dem Jahwe befiehlt, den Hirten zu schlagen. Interessanterweise ist es wiederum diese Leerstelle, die mit einer Identifikation des Hirten mit dem Gottesknecht aus Jes 53 und mit Jesus geführt hat (s.u.).

Jedenfalls sind die Schafe mitbetroffen. Nun, da der Hirte geschlagen ist, haben sie keine Leitung mehr und sind dem Gericht gegen ihren Hirten ebenso ausgesetzt. Es könnte sein, da Hirte auch ein Königstitel ist, dass hier auf eine führungslose Situation für Israel angespielt wird: Ohne politischen Führer (= Hirte/König) haben sie keinen Schutz und keine Macht mehr. Die Notzeit, in der sich das Volk bereits befindet, wird also als Handeln Jahwes gedeutet. Sein Ziel ist es, die Nähe zum Volk wiederherzustellen. Dafür sind aber Gericht und Reinigung notwendig. Es wird ein beschwerlicher Weg für Jerusalem werden. Aber das Ende des Elends ist abzusehen. Um den Text angemessen zu lesen, ist es wichtig zu beachten, wer ihn in welcher Situation liest.

**Impuls:** Versuchen Sie den Text aus den verschiedenen Perspektiven und zeitlichen Dimensionen heraus zu lesen. Wie liest er sich für die Hirten / für den Hirten, wie für die Schafe? Wie liest er sich als Ansage eines zukünftigen Geschehens, wie wenn nur noch eine Handvoll Menschen übrig ist? Ist der Satz für die TN nachvollziehbar: „Was ihr gerade erlebt, trennt euch nicht von eurem Gott, sondern es wird euch wieder zu ihm zurückbringen."?

Wenn das Gericht schon geschehen ist, bedeutet es, dass die, die den Text lesen, die Gerechten sind, die, die übrig bleiben, aber jetzt noch geläutert werden. So ist der Text ein Aufruf: Halte durch! Bleib treu!

Die Läuterung, wie Silber und Gold ist auch sonst im AT ein Gerichtsbild (Jes 1,24; Ez 22; Jes 48; Ps 17; Hos 2,23.25). In den Sacherklärungen der Guten Nachricht Bibel zu Sach 13,9 gibt es eine gute Übersicht und Erklärung.

Das Ziel des Gerichtes, dem Gott sein Volk unterzieht, ist die Bundeserneuerung: Juda/Israel und sein Gott sollen wieder unverbrüchlich und treu, nah und vertraut miteinander sein. Das Ziel des Gerichtes ist es, die Beziehung wieder ins Lot zu bringen, und das, was aus den Fugen geraten ist, zurechtzubringen. Gott alleine kann und wird und will das Recht wiederherstellen und den gebrochenen Bund erneuern.

## 4. Den Text von Jesus her lesen

Vom NT her liest sich der Text als eine Passionsansage nach Mt 26,31 / Mk 14,27: Der gute Hirte Jesus lässt sein Leben für die Schafe. Allerdings ist es hier von entscheidender Bedeutung, die zeitlichen Dimensionen zu beachten: Wenn Jesus der Hirte ist, trifft dann das Gericht Jahwes in der Gemeinde nicht auch die Kleinen und Unschuldigen (Mt 18,6+10-14)? Der Unterschied zum atl. Text besteht im Verständnis des Gerichtes:
→ Das Gericht ist am Kreuz geschehen. Der Hirte hat es stellvertretend für die Schafe getragen. Für den, der zu Jesus gehört, gibt es kein Gericht mehr.
→ Aber es gibt weitere Verfolgungen und Anfechtungen. Matthäus versteht daher mit Sach 13 die Anfechtungen und Verfolgungen seiner Zeit genauso: Wir leiden mit ihm und werden

verfolgt wie er, aber wir sind die Gerechten und wir werden aus der gegenwärtigen Verfolgungssituation als die Gerechten hervorgehen. Also gibt dieser Text in der Leidenssituation Beistand und Trost! Haltet durch! Das Ende ist in Sicht.

## 5. Die Themen des Textes auf heute übertragen

So schwer auszuhalten und so schmerzhaft dieser Text ist, er beschreibt doch auch unsere Realität: Es trifft immer die Kleinen und Schwachen, wenn die Großen und Mächtigen versagen und ungerecht, machtgierig und korrupt sind. Die Bibel färbt die Realität nicht schön, sondern beschreibt sie, wie sie ist: Die politischen Katastrophen baden vor allem die Kleinen und Schwachen aus, die am wenigsten etwas zu der Katastrophe beigetragen haben. Ganz nach dem Motto: „Die Kleinen hängt man, die Großen lässt man laufen."
**Impuls:** Beispiele dafür gibt es politisch und gesellschaftlich zuhauf. Besprechen Sie mit den TN ein solches tagesaktuelles Beispiel. Helfen Sie den TN ihrer Wut, ihrer Ohnmacht und dem Gefühl von Ungerechtigkeit Ausdruck zu verleihen. Nehmen Sie die menschlichen Schicksale und die Gefühle mit in eine Gebetslitanei, in der sie Gott um Beistand und um Gerechtigkeit anrufen. Im Text verheißt Gott: „Ich werde ihr Rufen hören!" Solidarität ist eine menschliche Hilfestellung, zu der wir fähig sind, auch wenn sie uns manchmal schon an den Rand unserer Kraft bringen kann. Der Text gibt aber darüber hinaus die Hoffnungsperspektive, dass es nach der begrenzten Leidenszeit zu einer Wende kommen wird und zu einer heilvollen Zeit der Nähe zwischen Gott und Menschen. Bringen Sie diese Perspektive unbedingt mit ein!

Angesichts des ohnmächtigen Leidens von Menschen ist die Rede von dem Gericht Gottes vielleicht nicht tröstlich, wenn der Vollzug des Gerichtes ja wiederum Leiden mit sich bringen wird, aber notwendig, damit das Unrecht nicht ewig so weitergeht. Menschen gelingt es nur sehr ansatzweise, für Gerechtigkeit zu sorgen, weil ihr Horizont eben ziemlich kurz ist.
**Impuls:** Lesen Sie dazu folgendes Zitat:

> **Das ist unsere Sehnsucht nach Gerechtigkeit und Gericht. Vielleicht liegt darin die Sehnsucht nach Gott begründet. Nicht, dass er unsere Feinde richtet, sondern uns. Nicht erst im Himmel, sondern schon jetzt – jemand, der uns verteidigen kann und die Gewalt hat zu richten. Damit wir es nicht selbst machen müssen. Weil wir es gar nicht können. Es ist ausgeschlossen, wir tun es zwar andauernd, aber wir sind nicht gerecht und unsere Argumente sind schwach.**
>
> Esther Maria Magnis, Gott braucht dich nicht: Eine Bekehrung, © 2012 Rowohlt Verlag, Reinbek bei Hamburg, S. 171.

**Impuls:** Leiden wird manchmal als Läuterungsprozess beschrieben: Es macht weiser, stärker, es bildet den Charakter und macht den Menschen besser. Oder mit Friedrich Nietzsche: Was dich nicht umbringt, macht dich stärker. Denken Sie, dass an solchen Sätzen etwas dran ist, oder würden Sie dem eher widersprechen?

### Lieder

| | |
|---|---|
| EG 249 | Verzage nicht, du Häuflein klein |
| EG 255 | O dass doch bald ein Feuer brennte |
| EG 295 / GL 543 | Wohl denen, die da wandeln |
| EG 361 / GL 418 | Befiehl du deine Wege |

# 7 | Wenn man gemeinsam schweigen lernt: Sach 2,10-17

## 7.1 Auslegung

**Thomas Pola**

**„Gott ist in der Mitte. Alles in uns schweige …"**

**Übersetzung unter Heranziehung der antiken Textzeugen (Thomas Pola)**
[10] „Wehe, wehe! Flieht aus dem Land des Nordens!"
– Ausspruch JHWHS –.
„Denn wie die vier Winde des Himmels
 habe ich euch zerstreut"
 – Ausspruch JHWHS –.
[11] „Wehe! Nach Zion, rette dich, die du in Babylonien wohnst!"
[12] Denn so hat JHWH der Heerscharen gesprochen,
nachdem die Herrlichkeit mich (= Sacharja) gesandt hatte,
 zu den Nationen, die (bei) euch Beute gemacht haben,
– denn wer euch antastet, tastet meinen Augapfel an –:
[13] „Ja, siehe ich werde (bald) meine Hand gegen sie schwingen,
 und sie sollen ihren (eigenen) Knechten zur Beute werden."
Und ihr werdet erkennen:
 JHWH der Heerscharen hat mich (= Sacharja) gesandt.
[14] „Juble und freue dich, Tochter Zion!
Denn siehe, ich komme (bald)
 und ich werde in deiner Mitte wohnen"
 – Ausspruch JHWHs –.
[15] Und viele Nationen werden sich JHWH anschließen
 an jenem Tag.
„Und sie werden mein Volk sein,
 und ich werde in deiner (= Zions) Mitte wohnen,"
und du wirst erkennen:
 JHWH der Heerscharen hat mich zu dir gesandt.
[16] Und JHWH wird Juda als sein Erbteil besitzen
 im heiligen Lande
und wird Jerusalem erneut erwählen.
[17] Psst, alles Fleisch, vor JHWH!
 Denn er hat sich (bereits) aufgemacht
 aus seiner heiligen (himmlischen) Wohnstätte.

**Die Stellung von Sach 2,10-17 in Sach 1–6**
Der Visionszyklus Sach 1,7 – 6,8 enthält Wortsammlungen in 2,10-17 und 4,6-10. Sie machen sich selber als Einschübe kenntlich. Der Abschnitt 4,6-10 setzt zwar die Grundsteinlegung, aber noch nicht die Weihe des Tempels voraus und dürfte daher auf Sacharja selber zurückgehen. Das gilt auch für 2,10-16 mit der darin enthaltenen Einwohnungsankündigung JHWHs. Auch

ergibt die „Formel des Sendungserweises" in den Versen 13b und 15b nur einen Sinn zu Lebzeiten des Propheten. Später hätte man ihrer nicht bedurft (s.u.).

Dass 2,10-16 hinter die erste Vision mit ihrer Heilsankündigung gestellt wurden, liegt an ihrem bestätigenden Charakter bezüglich der erneuten Erwählung Jerusalems (1,17), was bereits in 2,5-9 vertieft worden war. Auch reflektieren 2,10-13 noch einmal die Exilswende bezüglich der noch immer in Babylonien wohnenden judäischen Deportierten. Vor allem knüpft die Ankündigung des Gerichts über Babylonien an die zweite Vision („Hörner") in 2,1-4 an. Ob dagegen auch 2,17 von Sacharja stammt, ist eher zu bezweifeln, es handelt sich analog zu Hab 2,20 und Zeph 1,7 um eine liturgische Anweisung für den Wortgottesdienst. Sie grenzt in der Endgestalt die Wortsammlung in Sach 2,10-16 von der Vision Kap. 3 ab.

**Aufbau**

**A) V. 10-13: Dualistischer Weltausgang**
       V. 10f.:    Weherufe: Gericht über die Weltmacht Babylonien I
       V. 12f.:    Botenformel
                    Gericht über die Weltmacht Babylonien II
                    Formel des Sendungserweises

**B) V. 14-16: Universalistischer Weltausgang**
       V. 14:      Eschatologisches Zionslied
       V. 15:      Neuer Bund und JHWHs Einwohnung inmitten
                    der sich JHWH anschließenden Völker
                      Formel des Sendungserweises
       V. 16:      Zion bleibt das Zentrum der Welt
                      JHWH erwählt Jerusalem erneut

**C) V. 17: Abschließende liturgische Anweisung:**
                      Schweigen angesichts der bevorstehenden Theophanie

**Einzelexegese und Traditionsgeschichtliches**

Der Weheruf schließt **V. 10f.** zusammen und kommt religionsgeschichtlich aus der Totenklage. Bei den Schriftpropheten wird er innerhalb der Gerichtsprophetie verwendet: Es wird durch den Weheruf die angekündigte Situation schwerer Trauer schon in der Verkündigungssituation wirklich (Jes 1,4.24; Am 5,18 u.ö.). Der Weheruf leitet also auch in Sach 2,10 eine Gerichtsankündigung ein, die sich aber gegen Babylon richtet. Sie bedeutet in V. 10-13 *indirekt Heil für die Judäer.*

*Flieht aus dem Land des Nordens:* Obwohl das Zweistromland östlich des Westjordanlandes liegt, war aus judäischer Perspektive entscheidend, dass man auf dem Weg ins Zweistromland wegen der ca. 1.000 km langen Wüste zwischen dem Ostjordanland und dem westlichen Mesopotamien zunächst nach Nordsyrien ziehen musste, um dann den Weg über Damaskus und Palmyra an den Euphrat nehmen zu können – und umgekehrt (s. Karte im Ordner 7. Materialien für die

7 Abende der DVD). Daher gilt das Zweistromland als „das Land des Nordens" (Sach 6,8, v.a. bei Jeremia). *Es ergeht also wegen des bevorstehenden Gerichts über Babylonien die „Aufforderung zur Flucht"* (R. Bach) *aus dem Zweistromland an die deportierten Judäer.* Damit wird in gewisser Weise der Brief Jeremias (Kap. 29) aus der frühexilischen Zeit zurückgenommen, der im Auftrag JHWHs zum Bleiben für 70 Jahre und zum konstruktiven Engagement für die „heidnische" Stadt geraten hatte! Auch weisen Indizien darauf, dass mit der größeren Rückkehrwelle Ende 520 v. Chr. längst nicht alle Judäer aufgebrochen waren. Ein großer Teil der Familien hatte sich mit einem gewissen Wohlstand etabliert, gar in Verwaltung bzw. Militär Karriere gemacht. (s. S. 27)

*Denn wie die vier Winde des Himmels habe ich euch zerstreut:* JHWH selber hat den Judäern das Schicksal der Zerstreuung in alle Welt verordnet. Tatsächlich gab es seit dem 8. Jh. v. Chr. bereits judäische Kolonien in Ägypten, zunächst nur aus Söldnern bestehend (wie entsprechende Listen zeigen), die ihre Heimat gewiss aus Not verlassen haben, dann aber ganze Familien umfassend. Die Vierzahl erinnert an die der Hörner in Sach 2,1-4 (s. 2.1 Auslegung, S. 54f.).

**V. 11:** *Wehe! Nach Zion, rette dich, die du in Babylonien wohnst:* Für die V. 10 einleitende Befehlsform „flieht aus dem Land des Nordens" werden hier sowohl das Ziel genannt („nach Zion …") als auch die Größe, die fliehen soll: die in Babylonien und dessen Hauptstadt wohnenden Judäer. Diese waren 597 und 587 v. Chr. seinerzeit zentral angesiedelt worden, man hatte sie also bewusst beieinander gelassen und ihnen die Bildung einer Selbstverwaltung verordnet (s.o. S. 26).
Fasst man dagegen „Zion" als Anrede auf (so die meisten deutschen Bibelübersetzungen), parallel zur ebenso formulierten zweiten Hälfte, dann wäre „Zion" wie in Jes 14,32 und 28,16 als übertragene Größe zu verstehen: Der ideale Zion wäre aufgefordert, sich zum geographischen zu retten.

**V. 12:** Die Botenformel leitet die Untereinheit V. 12f. ein. „Herrlichkeit" umschreibt hier JHWH, der besonders bei Ezechiel (1,28; 43,2f. u.ö.; vgl. Jes 6,3) und der Priesterschrift in Gestalt einer Licht-Erscheinung dargestellt wird: „Und die Herrlichkeit JHWHs war anzusehen wie ein verzehrendes Feuer auf dem Gipfel des Berges vor den Israeliten" (Ex 24,16f. u.ö.).

*… zu den Nationen, die (bei) euch Beute gemacht haben:* Die (Assyrer und) Babylonier hatten Juda durch hohe Tributforderungen „beraubt". Auch wurde der salomonische Tempel vor seiner Zerstörung im Herbst 587 v. Chr. systematisch geplündert (2.Kön 25,9.13-17).

*… denn wer euch antastet, tastet meinen Augapfel an:* Seine Augen zu schützen, ist ein dem Menschen angeborener Reflex. Dieses Bild drückt die personale Verbundenheit JHWHs mit Jerusalem aus, das er erwählt hat (1,17; 2,16). Im Rückblick erscheint das – von Jeremia und Ezechiel seinerzeit aus gesehen unvermeidliche – Gerichtshandeln der Babylonier als unerträglich vermessen. Sie haben Gott selber angerührt – wie wird Gott darauf reagieren?

**V. 13:** *Ja, siehe ich werde (bald) meine Hand gegen sie schwingen:* Erst hier setzt die mit der Botenformel eingeleitete JHWH-Rede ein. – Da die Babylonier 587 v. Chr. nicht alle Judäer vernichtet haben, sollen auch sie nicht vollständig vertilgt werden. Ihre Vermessenheit jedoch hat ihre Erniedrigung unter ihre eigenen Knechte zur Folge:

# 7 | WENN MAN GEMEINSAM SCHWEIGEN LERNT

## 7.1 AUSLEGUNG

*... und sie sollen ihren (eigenen) Knechten zur Beute werden:* Gott reagiert überraschenderweise durch die sog. Spiegelstrafe (so auch in Sach 7,13). Die „Nationen" haben „Beute" gemacht, daher sollen die „Nationen" selber zur „Beute" werden. Ihnen geschieht selber, was sie einst den Judäern angetan haben. Der Täter handelt auf einer selbstgesuchten schöpfungswidrigen Ebene, die ihm daher auf Grund der Schöpfungsordnung selbst zum Verhängnis werden muss. Tat und Folge für den Täter stehen in der Bibel und im Judentum immer auf derselben inhaltlichen Ebene.

*Willkürliche* Strafen, bei denen zwischen Strafe und Vergehen kein sachlicher Bezug besteht (Geld- oder Haftstrafen für Delikte verschiedenster Art wie in der heutigen Rechtsprechung), gab es in Israel und Juda nicht. Der Staat müsste z.B. heute einem jugendlichen Täter, der in gravierender Weise mutwillig fremdes Eigentum beschädigt hat, am gleichen Tage sein eigenes Zimmer verwüsten und dabei seine Habseligkeiten zerstören (statt ihn willkürlich zu einer Geld- oder Haftstrafe zu verurteilen). Mit der Verurteilung zur Leistung von Sozialstunden ist unsere Rechtsprechung daher schon eher auf einem Wege, der der biblischen Spiegelstrafe nahekommt.

*Und ihr werdet erkennen: JHWH der Heerscharen hat mich* (= Sacharja) *gesandt:* Die Formel des Sendungserweises (außer in V. 15 noch in 4,9 und 6,15) markiert hier den Schluss des ersten Hauptabschnittes (oben „A" genannt; so auch in 6,15). Anders als die klassische Erkenntnisformel im Ezechielbuch, die als Ziel der Geschichte die Erkenntnis JHWHs durch Israel ausdrückt, *will die Formel des Sendungserweises in den bereits Wortverkündigung enthaltenden Nachtgesichten einen eingetretenen Zweifel an der legitimen JHWH-Sendung Sacharjas unter Hinweis auf eine künftige Erfüllung des Geweissagten zerstreuen.* Insofern besitzt sie möglicherweise in Jer 26,12.15 ein Vorbild, obwohl im Unterschied zu Jeremia hier reine Heilsbotschaft vorliegt. Diese bedarf grundsätzlich einer externen Bestätigung, will sie die berechtigten Bedenken hinsichtlich ihrer Glaubwürdigkeit abwenden (Dtn 18,21f.).

Die Botschaft Haggais und teilweise die Sacharjas sind durch die Tatsache der Vollendung des Tempelbaus und den damit verbundenen Anschauungen bestätigt worden. Aber nicht einmal die Endgestalt der Nachtgesichte bringt außer durch die Eingangsvision eine ausdrückliche Legitimation Sacharjas durch Einfügung eines Berufungsberichtes oder wenigstens einer biographischen Notiz (vgl. Am 7,10ff.) zum Ausdruck. Die Vollmacht Sacharjas als Prophet war offenbar zunächst, d.h. mindestens in den Jahren bis zur Tempelweihe, über jeden Zweifel erhaben. Was hat dann seine Autorität als Prophet in Frage gestellt? Der jeweilige Kontext der Formel des Sendungserweises spricht für sich: *Es handelt sich jeweils um Ankündigungen, die bis zum Ende des sechsten Jahrhunderts nicht eingetroffen sind:*

**1.** Sach 6,15: Mit der Vollendung des Tempels werde zugleich eine nicht spezifizierte Wiederherstellung des Volkes eintreten, d.h. die Aktivität des „Sprosses" werde die gesamte Exilsgemeinde, von Ägypten über Griechenland bis Mesopotamien und Persien, zur Rückkehr ins Land bewegen.

**2.** Die in der hier behandelten Stelle 2,12f. angekündigte Spiegelstrafe für alle, die beim verknechteten JHWH-Volk „Beute" gemacht haben, setzt eine Verwandlung der äußerlich sichtbaren Welt voraus, derzufolge das babylonische Reich zerfällt.

**3.** In V. 15 wird der „Tochter Zions" verheißen, die Legitimität der Sendung Sacharjas angesichts der eschatologischen Fülle der sich zu JHWH wendenden und in seinen Bund eintretenden Proselyten zu erkennen, in deren Mitte JHWH Wohnung nehmen werde (s.u.).

**4.** Der Zusammenhang von Sach 4,9 schließlich rechnet mit dem glücklichen Abschluss des Tempelbaus durch Serubbabel, der seinerzeit den Grundstein gelegt hatte, obwohl in Esr 6 von einer Beteiligung Serubbabels an der Tempelweihe keine Rede (mehr) ist.
Sollte man es gewagt haben, gerade angesichts einer ausbleibenden Erfüllung fiktiv die Stimme Sacharjas zu ergänzen? Es liegt daher näher, dass Sacharja selber durch Einfügung der Formel des Sendungserweises in die Wortverkündigung innerhalb der Nachtgesichte und in 6,9-15 eingegriffen hat.

**V. 14:** Mit diesem Vers beginnt der zweite, bis V. 16 reichende Hauptteil (oben „B" genannt) des Abschnitts. Die JHWH-Rede (ohne Einleitung) besteht aus einem sog. Aufgesang („Juble und freue dich, Tochter Zion!") und einem mit „denn" eingeleiteten sog. Korpus (Hauptteil): Es handelt sich um einen Hymnus, genauer: um ein *„eschatologisches Zionslied"* wie in 9,9f. und Zeph 3,14f. (H. Gese; s.o. S. 86f.). Mit der „Tochter Zion" (wie in 9,9; Zeph 3,14) ist Jerusalem gemeint, wobei der Zionsberg als mütterliche Größe erscheint. Der Anlass zu kultischem Jubel und Freude Zions ist das baldige Kommen JHWHs zum Zion, ein zentrales Thema ab der Exilszeit (Jes 40,1-11; 52,7-10; Ez 43,1-12; vgl. Mk 11,1-11; Offb 3,11!).

*Und (ich) werde in deiner Mitte wohnen:* Hier ist dieses Thema gar verbunden mit der Ankündigung der dauerhaften Einwohnung JHWHs auf dem Zion. Mit diesem vorexilischen Motiv hat die exilische Theologie ringen müssen.
Schon vorexilisch konnte JHWH in Jerusalem „der auf dem Zion (dauerhaft) wohnt" genannt werden (Jes 8,18; Joël 4,21; Ps 74,2). Mit der Zerstörung des Tempels musste um die Gültigkeit dieses Motivs gerungen werden. Im Exil haben daher Ezechiel und seine Schule die dauerhafte Einwohnung JHWHs inmitten seines Volkes einschließlich des Begriffs „Wohnung" in ihren Heilsankündigungen hervorgehoben (Ez 37,26-28; 43,7.9). Die Priesterschrift hat diese Ankündigung in ein Ideal der Vergangenheit umgesetzt, das nicht als Geschichtsschreibung, sondern als eine andere Art von Prophetie, also als Zukunftsprogramm gedacht ist (vgl. Ex 24,16 u.ö.). Sacharja nimmt nun in den Versen 14 und 15 die ezechielische Linie auf (vgl. auch Hag 2,5) und erwartet die dauerhafte Einwohnung JHWHs inmitten seines Bundesvolkes (V. 15) für die bald anbrechende Zukunft mit der bevorstehenden Tempelweihe (diese ist dann 515 v. Chr. erfolgt)!

**V. 15:** *Und viele Nationen werden sich JHWH anschließen:* Anders als in Teil „A" (V. 10-13) ist Teil „B" universalistisch geprägt (vgl. 8,23!). Nicht nur wird JHWH dauerhaft inmitten seines eigenen Volkes wohnen, sondern es werden die „Heidenvölker" im Sinne von Jes 40–55 und 2,2ff. endzeitlich als Proselyten die JHWH-Religion annehmen und daher ihre „Götzenverehrung" aufgeben. Der Zion wird sichtbar zum Zentrum der Welt. Setzt nicht auch das logisch einen Neuen Menschen, eine Neue Schöpfung voraus?

Dass sich zum Judentum konvertierte Nichtjudäer bzw. Nichtisraeliten der JHWH-Religion als „Proselyten" anschließen können, zeigt sich erstmals in der exilischen Priesterschrift: Am Bund, den JHWH Abraham gewährt, haben auch „die um Geld gekauften Knechte" Abrahams Anteil, die also gewiss nicht mit ihm verwandt sind (Gen 17,12f.23.27). In Jes 46,9 heißt es bezüglich des Knechtes JHWHs: „Es ist zu wenig, dass du mein Knecht bist, die Stämme Jakobs aufzurichten und die Zerstreuten Israels wiederzubringen, sondern ich habe dich zum Licht der Heiden gemacht, dass du werdest die von mir ausgehende Rettung bis an die Enden der Erde". Schließlich ist mit Sach 2,10-16 und 14,16-19 gar die Endgestalt des Sacharjabuches vom universalistischen Proselyten-Motiv eingeschlossen!

*Und sie* (die Proselyten!) *werden mein Volk sein:* Nun gilt die sonst für das erwählte Israel bzw. Juda reservierte *Bundesformel* (8,3; vgl. 13,9) für die zur JHWH-Religion hinzugekommenen Proselyten (s. zum „Neuen Bund" die Auslegung von Sach 13,9; S. 113–115). Es wird also aus der Sicht Sacharjas bald, mit der Tempelweihe, ein Neues Israel aus dem alten samt den Proselyten entstehen! Die sich anschließende Formel des Sendungserweises (s.o. zu V. 13) lässt jedoch ahnen, dass dies zu Lebzeiten des Propheten nicht eingetreten ist – jedenfalls nicht äußerlich sichtbar.

**V. 16:** *Und JHWH wird Juda als sein Erbteil besitzen im heiligen Lande und wird Jerusalem erneut erwählen:* Gegenüber V. 15 wird nun sichergestellt: Jerusalem und Juda bleiben das Zentrum der Welt. JHWH wird Jerusalem nach dem Exil erneut bzw. wieder erwählen. Damit ist wie in 1,17 das Thema des Messias angesprochen (s.o. zu 1,17). Die besondere Rolle Judas wird auch durch den literargeschichtlich erstmals gebrauchten Begriff des „Heiligen Landes" (8,3; 2.Makk 1,7) hervorgehoben.

**V. 17** („C"): *Psst, alles Fleisch, vor JHWH! Denn er hat sich (bereits) aufgemacht aus seiner heiligen (himmlischen) Wohnstätte:* Auch wenn dieser Vers eine in den Wortlaut eingedrungene liturgische Formel ist (s.o.), muss man fragen: Warum ist dies (abgesehen von entsprechenden Phänomenen im Psalter) außer in Hab 2,20 und Zeph 1,7 nicht öfters in Pentateuch und Propheten zu finden? Weil V. 17 in seinem jetzigen Zusammenhang einen speziellen, auf V. 10-16 antwortenden Sinn ergibt: Die Gemeinde schweigt angesichts der Theophanie. Auch unser „stilles Gebet" im Gottesdienst ist ein Ausdruck des Wartens auf das Kommen Gottes bzw. Jesu Christi. Der in V. 14 angekündigte Einzug JHWHs inmitten seiner Gemeinde mitsamt den Proselyten aus aller Welt ist erfahrbare Wirklichkeit. „Gott ist in der Mitte. Alles in uns schweige …" (EG 165,1; GL 387,1).

## Fazit

Der Abschnitt ist von Spannungen durchzogen, die seine Botschaft verdeutlichen: Die erste Spannung besteht zwischen dem Gericht über die Babylonier einerseits und der universalistischen Ankündigung andererseits. V. 10-13 („A") ruft zur Flucht der in Babylonien verbliebenen Judäer zum Zion auf, weil JHWH die Babylonier einem Gericht unterziehen wird, das aber als Spiegelstrafe und dem Zusammenbruch der Herrschaft der Babylonier vergleichsweise milde ausfällt. Denn der zweite Teil, V. 14-16 („B"), kündigt das baldige Kommen JHWHs zum Zion und seine dauerhafte Einwohnung inmitten Jerusalems an, wobei sich „viele" (alle?) Nationen (damit auch aus den unbedeutend gewordenen Babyloniern) an JHWH „anschließen" werden. Den Neuen Bund schließt JHWH gar mit den „vielen Nationen", es bleibt aber das von JHWH erneut erwählte Jerusalem das Zentrum der Welt.

Die zweite Spannung betrifft die Erfahrung der Erfüllung dieser Ankündigungen: Die in beiden Abschnitten vom Propheten selber eingefügte Formel des Sendungserweises (V. 13 und 15) verrät, dass der Prophet mit einer Erfüllung des von ihm Angekündigten zu seinen Lebzeiten nicht mehr rechnete. Die mit der Tempelweihe im Jahre 515 v. Chr. einhergehenden Erwartungen, es werde sich endlich das von Jes 40–55 Angekündigte und von Haggai und Sacharja Aktualisierte nun erfüllen, sind offenbar enttäuscht worden. Aber auch Sacharja beharrt durch die Einfügung der Formel des Sendungserweises auf der bleibenden Bedeutung seiner Ankündigungen.

Demgegenüber bezeugt V. 17 („C"): Im Kult, im Gottesdienst, wird bereits in äußerlich unsichtbarer Weise erfahrbar, was draußen in der Welt noch nicht zu sehen ist und was die Thronbesteigungspsalmen 47, 93 und 95–99 auf ihre Weise für die kultische Wirklichkeitserfahrung bezeugen: Die weltweit sichtbare Herrschaft JHWHs vom Zion aus über die ihn anbetenden Völker. Dass Gott also inmitten seiner Gemeinde gegenwärtig ist, der Neue Bund auch für die Hinzugekommenen aus der Fremde Wirklichkeit ist, bezeugt V. 17 – im christlichen Gottesdienst ist dies besonders im Heiligen Abendmahl der Fall.

## Biblisch-theologische und homiletische Überlegungen

**1.** V. 17: Waren die Ankündigungen der Apokalyptik für die Beter im Jerusalemer Kult bereits erfahrbare Gegenwart (vgl. Ps 47, 93, 95–99), so gilt dies für uns und unsere Gottesdienstteilnehmer auch, besonders im Heiligen Abendmahl: Wir sind an einem Tisch mit Jesus Christus, als ob wir schon in den Neuen Leib in der kommenden Welt verwandelt wären. Entscheidend ist es, die Unterscheidung von sichtbarer und der uns im Glauben bestimmenden nicht sichtbarer Wirklichkeit Gottes und Jesu Christi zu vermitteln! Der Vers lädt dazu ein, liturgische Stille als Warten auf Gottes Kommen, als Offenheit für seine Gegenwart im Gottesdienst zu praktizieren.

**2.** Auch die Verkündigung sollte die einander ergänzenden *Spannungen* innerhalb der Perikope hervorheben. Z.B.: Einerseits gilt die universalistische Botschaft, andererseits bleibt die Erwählung Jerusalems und der Juden. Ist das Anrühren Israels ein Anrühren des Augapfel Gottes, so bewahrt der Universalismus gerade nicht davor, von Gott deswegen in ein eigenes Gericht geführt zu werden.

**3.** Die *Septuaginta* liest eine als Universalismus verstehbare Heilsbotschaft von V. 14-16 bereits in V. 10 hinein: „Denn *aus* den vier Winden des Himmels werde ich euch *einsammeln*, sagt der Herr". Entsprechend heißt es in Mk 13,27: „Und dann wird er die Engel senden und wird seine Auserwählten *versammeln* von den vier Winden, vom Ende der Erde bis zum Ende des Himmels". Vgl. dazu auch Mt 22,10: „Und die Knechte gingen auf die Straßen hinaus und *brachten zusammen*, wen sie fanden, Böse und Gute; und die Tische wurden alle voll". Inhaltlich ist hier auch Lk 13,29 zu nennen: „Und es werden kommen von Osten und von Westen, von Norden und von Süden, die zu Tisch sitzen werden im Reich Gottes".

**3.** Es gibt kein Wort für (willkürliche) *Strafe* im Alten Testament. Das Prinzip der Spiegelstrafe verlagert den Ausgangspunkt der Strafe allein auf den Täter. Was wir verdienen, liegt allein an uns. „Wer an ihn glaubt, wird nicht gerichtet; wer aber nicht glaubt, ist schon gerichtet, weil er nicht geglaubt hat an den Namen des eingeborenen Sohnes Gottes" (Joh 3,18). Auch die „Sünde wider den Heiligen Geist" (Mt 12,31) besteht darin, wissentlich (!) das Evangelium samt der Botschaft der Vergebung abzulehnen – das kann im Sinne der Spiegelstrafe dann auch nicht vergeben werden. Gott respektiert anscheinend im Bösen und im Guten, was wir wollen.

**4.** Die Ankündigung der *dauerhaften Einwohnung JHWHs inmitten seines Volkes* ab der Exilszeit (hier: in Sach 2,14f.) hat das Neue Testament verschiedentlich aufgenommen:
Lk 17,21: „Man wird auch nicht sagen: Siehe, hier ist es! oder: Da ist es! Denn siehe, das Reich Gottes ist (in der Gestalt Jesu Christi) mitten unter euch."

**5.** Joh 1,14: „Und das Wort ward Fleisch und wohnte unter uns, und wir sahen seine Herrlichkeit, eine Herrlichkeit als des eingeborenen Sohnes vom Vater, voller Gnade und Wahrheit". Mit dem griech. Verb *skænoo* („wohnen", „zelten") nimmt Joh 1,14 die Konsonanten des hebr. Verbs *škn* „dauerhaft wohnen, Einwohnung nehmen" auf: Die Inkarnation Jesu Christi (= dem wahren Tempel) ist für Johannes die Erfüllung der Einwohnungsankündigungen im Pentateuch und bei den Propheten (s.o.). Vgl. auch Offb 21,3.
Die alttestamentliche Gemeinde wartete auf das Kommen Gottes, die christliche Gemeinde auf die Wiederkunft Jesu Christi: „Es spricht, der dies bezeugt: Ja, ich komme bald. – Amen, ja, komm, Herr Jesus!" (Offb 22,20)

**6.** Mag man Israel noch immer als das „Heilige Land" bezeichnen (Sach 2,16), für Christen ist das Reich Gottes diejenige Größe, die es zu ererben gilt (1.Kor 15,50).

**7.** Zum Motiv des Kommens JHWHs s. die Auslegung von Sach 1,16 (S. 42f.).

**8.** Zum Motiv des Neuen Bundes s. die Auslegung von Sach 13,9 (S. 113–115).

## 7.2 Bibelarbeit

**Rita Müller-Fieberg**

**Zum Text**
Als Bestandteil der dritten Vision der „Nachtgesichte" greift Sach 2,10-17 manches von dem wieder auf, was schon in den vorherigen Texten der Bibelwoche thematisiert wurde: die Erfahrung von Diaspora und Exil, die Wende nach dem Exil, die Ankündigung des Gerichts über die Fremdvölker und der Ausblick auf ein wiederhergestelltes Jerusalem als der erwählten Stadt Gottes. So vermag die Auseinandersetzung mit dem Text vieles noch einmal zu resümieren und zu bündeln.

**Inhaltlicher Schwerpunkt**
Neu ist, dass die traditionell Israel geltende Bundesformel („Ihr sollt von neuem mein Volk sein und ich will euer Gott sein!"; Jer 30,22) nun auch auf die anderen Völker ausgeweitet wird. Dieser Trend zum Universalismus wird daher auch einen Schwerpunkt bei der Texterarbeitung darstellen. Eine weitere Akzentuierung wird – mit einem meditativen Teil am Schluss der Einheit – auf der Aufforderung zur Stille angesichts des Kommens und der Gegenwart Gottes (Sach 2,17) liegen.

## Raumgestaltung
Generell bietet sich eine Stuhlanordnung im Halbkreis an. Für den Teil „Mit dem Text weitergehen" sollte ein Raum gefunden bzw. gestaltet werden, der den meditativen Charakter betont (s.u.).

## Materialien und Medien
→ je nach gewähltem Einstieg: Beamer, Laptop, Bilder von G. Madonia (s. DVD) oder Plakate mit den Titeln der Einheiten zu den Veranstaltungen
→ Texte im TN-Heft (Sach 2,10-16 und Gen 12,1-3; Jes 2,2-4 oder Mi 4,1-5; Offb 21,1-4)
→ Stifte in mehreren Farben
→ Flipchart
→ Spruchband mit Sach 2,17
→ Kopie des Liedes „Gott ist gegenwärtig" (EG 165 / GL 387), Str. 1 und 8, auf farbigem Papier für die TN
→ ggf. CD-Player oder Laptop zum Abspielen von meditativer Begleitmusik (z.B. des Liedes „Gott ist gegenwärtig")

## Zur Gestaltung des Abends

### Liturgische Eröffnung
→ Lied: „Es wird sein in den letzten Tagen" (EG 426 / GL 549)

### Auf den Text zugehen: Zurückschauen – Nach vorn schauen (ca. 20 min)
Die Einheit beginnt mit einem Rückblick auf die Stationen der Woche (je nach individuellem Verlauf). Als Erinnerungsstützen für die einzelnen Veranstaltungen dienen entweder die Bilder von G. Madonia oder die Titel der verschiedenen Einheiten. Die TN äußern in Kürze, was ihnen als zentral in Erinnerung geblieben ist.
Alternative: Die Leitung resümiert kurz selbst, was jeweils die Gespräche bestimmt hat.

Als Einstieg in die aktuelle Veranstaltung wird das Madonia-Bild zur Stelle bzw. das Plakat mit dem diesbezüglichen Titel betrachtet („Alles in seiner Hand"). Die Bildbetrachtung gibt Raum für erste Assoziationen, Eindrücke und Erwartungen. Mithilfe des Titels lässt sich der inhaltliche Bogen spannen von der bedrückenden, lähmenden Ruhe des ersten Textes zu einer ganz anderen Stille vor Gott, wie der siebte Text sie verheißt.
Alternative: In der Mitte liegt ein Plakat, auf dem „still halten" steht. Die TN tragen zusammen, was die beiden Worte sagen können – von der negativen Dimension des ersten Textes, bei dem Stille mit Lähmung einhergeht, bis zur erwartungsvollen, kraftvollen Stille.

### Dem Text begegnen: „Ich komme und wohne mitten unter euch." (ca. 40 min)
*Teil I: Bleibende Erwählung – Einbindung der Völker*
Die Leitung liest den Text einmal laut vor. Die TN werden gebeten, in der folgenden Stillphase mit verschiedenfarbigen Stiften Aussagen zu markieren, die a) das Volk Israel und b) die anderen Völker betreffen. Erste sich daraus ergebende Erkenntnisse werden im Plenum zusammengetragen und in Stichworten auf dem Flipchart in zwei Spalten notiert. Sie dienen als Ausgangspunkt für ein vertieftes Gespräch über die Beziehung zwischen Gott, Israel und den Völkern, wie sie sich – auch in ihren bleibenden Spannungen und Ambivalenzen – in diesem Text eröffnet.

- → Gott ist es, der **Israel** zerstreut hat (V. 10), nun aber aus der Diaspora und Sklaverei (V. 13) auch wieder zur Sammlung und zum freudigen Jubel (V. 14) aufruft. Unverbrüchlich hält er an seinem einzigartigen Verhältnis zu diesem Volk fest als seinem „Augapfel" (V. 12) und „besonderen Eigentum" (V. 16): Wer es antastet, tastet Gott selbst an! Jerusalem bleibt die erwählte Stadt im „heiligen Land" (V. 16) – als rettender Mittelpunkt der Welt (V. 11) und als Ort, an dem Gott mitten unter seinem Volk wohnen, d.h. gegenwärtig sein wird (V. 14f.).
- → Zwar ist im ersten Teil des Textes (V. 10-13) noch vom Gericht über die **Völker** die Rede. Ihnen soll das gleiche Schicksal der Ausplünderung widerfahren, das sie Gottes Volk zugefügt haben. Im zweiten Textteil jedoch eröffnet sich eine universalistische Perspektive: V. 15 spricht davon, dass auch „viele Völker" sich dem Gott Israels zuwenden und zu seinem Volk werden. Israels bleibende Erwählung ist so kein Selbstzweck; sie stellt die Basis für die Einbindung („Inklusion") der Völker in das Heil des Gottesvolkes dar.

Die Texte zur Abrahamsverheißung (Gen 12,1-3) und zur Völkerwallfahrt (Jes 2,2-4) bieten sich als eine Art biblischer „roter Faden" zur ergänzenden Lektüre an (s. dazu die Beobachtungsaufgaben im TN-Heft).

*Teil II: Gott kommt!*
Der noch ausstehende Vers 2,17 wird auf einem Spruchband ausgehangen und vorgelesen. Die Formulierung „Alle Welt" knüpft an den universalen Horizont der vorherigen Verse an. Der Aufruf zur Stille wird später in der meditativen Phase noch aufgegriffen.
- → Anhand der Beobachtungsaufgabe im TN-Heft zur neutestamentlichen Vision der Einwohnung Gottes mitten unter den Menschen im neuen Jerusalem (Offb 21,1-4) kann die Wirkung der Einwohnung Gottes besprochen werden: Es tritt plötzlich eine Ruhe ein – aber nicht lähmend wie in Sach 1,7-17, sondern eine extrem gefüllte Stille. Sie ist vergleichbar mit der „halben Stunde Stille im Himmel" in Offb 8,1.
- → In Murmelgruppen überlegen die TN, welche Sinnfüllungen und Assoziationen ihnen zu dem Satz „[Gott] kommt aus seiner heiligen Wohnung" einfallen. Gesamtbiblisch (d.h. auch über den Horizont des Sacharjabuches hinaus) könnten dies z.B. sein: Advent, Inkarnation, „Weihnachten"; der „Maranatha"-Ruf aus 1.Kor 16,22 (vgl. Offb 22,20); die Erfahrbarkeit der Gegenwart Gottes z.B. im Gottesdienst; die Erfahrung, dass Gott sich aus der Welt „zurückgezogen" hat; die Spannung zwischen „Schon jetzt" und „Noch nicht". Es erfolgt abschließend ein kurzer Austausch im Plenum.

Gestalterische Alternative: Mit Bauklötzen gestalten die TN die neue Stadt und beschreiben den Platz Gottes. Der Austausch über die o.g. Themen erfolgt im Rahmen des „Bauprozesses".

**Mit dem Text weitergehen: „Alle Welt werde still vor dem Herrn" (ca. 30 min)**
Ausgehend von der „liturgische[n] Anweisung" in V. 17 (s.o., S. 124) werden die TN eingeladen, sich auf eine meditative Phase einzulassen. Wenn möglich, sollte wegen der spürbar anderen Atmosphäre dafür ein Raumwechsel stattfinden, z.B. in eine Kirche oder Kapelle, in einen Meditationsraum oder auch in die Natur.
- → Als Anregung zur Meditation dient eine Kopie mit der ersten und letzten (d.h. 8.) Strophe des bekannten Liedes „Gott ist gegenwärtig" des Kirchenlieddichters und Mystikers Gerhard Tersteegen (EG 165 / GL 387).

→ Je nach Gruppe sollte entschieden werden, was einer konzentrierten Atmosphäre eher entgegenkommt: absolute Stille oder z.B. das Abspielen einer Instrumentalversion des Liedes im Hintergrund. Auch ein (nochmaliges) Betrachten des Bildes von G. Madonia ist denkbar.

**Liturgischer Abschluss**
Nichts soll dich ängstigen,
nichts dich erschrecken.
Alles geht vorüber.
Gott allein bleibt derselbe.
Alles erreicht der Geduldige,
und wer Gott hat, der hat alles.
Gott allein genügt.
(Teresa von Avila)

Es wird eine Zeitlang Stille gehalten.

→ Gemeinsames Lied zum Abschluss: Gott ist gegenwärtig (mit allen Strophen)

## 7.3 Anregungen

**Kerstin Offermann**

### 1. Das Bild im Text sprechen lassen

*Die Elemente des Bildes, Assoziationen und Deutungen zusammentragen:*
Das neue, himmlische Jerusalem ist den TN vertraut und bleibt ihnen doch oft ziemlich fern. Lesen Sie die Verse 14 und 15. Lassen Sie ruhige, instrumentale Musik im Hintergrund laufen.
**Impuls:** Stellen Sie sich vor, Sie könnten durch ein Fenster dieses himmlische Jerusalem betrachten. Was sehen Sie, was hören, riechen und fühlen Sie? Was erfahren Sie über die himmlische Schönheit, über Lachen, Freude, Heilung und Liebe? Was darin gleicht unserer Welt? Worin unterscheidet es sich von unserer Welt? Was machen die Menschen dort? Stellen Sie sich vor, Sie sehen Gott in dieser Stadt. Was tut er? Wie würden Sie sich verhalten, wenn Sie jetzt dort wären?

### 2. Liturgisches Element

**Impuls:** Verbringen Sie mit den TN eine Zeit (einige Minuten) in Stille. Zünden Sie dazu Kerzen an, lassen Sie ggf. leise meditative Musik laufen. Wenn Sie haben, schlagen Sie eine Klangschale an. Bitten Sie die TN, sich auf Gott zu konzentrieren und auf ihn zu hören. Bieten Sie ihnen ggf. ein Atemgebet an: beim Ausatmen betend denken: „Hier bin ich" – beim Einatmen: „Gott ist da".

### 3. Beim Text bleiben

„*Ich komme und wohne mitten unter euch!*" Das ist die große Verheißung Gottes an sein Volk und die Zukunftsvision, ja das Ziel der Geschichte Gottes mit seinem Volk und mit dieser Welt schlechthin. Darum ging es von Anfang an: um diese beständige und ungebrochene Verbindung zwischen Gott und Menschen. Sie ist das Ziel der Heilsgeschichte, aber auch das heimliche Ziel der Weltgeschichte. Sie ist auch das Ziel der noch andauernden Konflikte und Kämpfe in der Welt. Am Ende steht nicht das Chaos, das Trümmerfeld oder die öde Leere, und auch nicht die Alleinherrschaft eines menschlichen Diktators. Am Ende steht das liebevolle Miteinander von Gott und Mensch, das für den Menschen Leben bedeutet und für Gott das Leben wertvoll macht.
**Impuls:** Bitten Sie die TN, sich eine Welt vorzustellen, in der Gott die Mitte und alles auf ihn bezogen ist. Können die TN eine solche Zukunftsvision genießen oder finden sie sie beängstigend oder einengend und verstörend?
**Impuls:** Zeichnen Sie mit Kreide einen Kreis auf den Boden. Bitten Sie die TN, sich vorzustellen, in der Mitte dieses Kreises würde Gott wohnen. Dann bitten Sie die TN, sich so nah oder weit entfernt zu diesem Kreis aufzustellen, wie sie möchten – ohne dabei den Kreis selber zu betreten. Bitten Sie die TN, in kleinen Gruppen über ihre Erfahrungen, Gefühle oder Gedanken bei dieser Übung zu sprechen.

Auch wenn die Erfüllung der Verheißung noch aussteht, immer wieder ereignet sich die Realisierung dieser Verheißung schon jetzt – das „Jetzt" der Gegenwart Gottes findet im Kult statt, in der *Stille* vor Gott. Die Stille ist ein Zeichen der Gottesbegegnung. Gott selbst begegnet Elia in der Stille am Horeb in 1.Kön 19,12. Die eigene Seele soll stille sein vor Gott, um seine Nähe zu erwarten (Ps 37,7), und vor der Gegenwart Gottes im Tempel „sei stille vor ihm alle Welt" (Hab 2,20; LÜ). Stille ist die zunächst einmal angemessene Reaktion des Menschen vor Gottes Größe und Gegenwart. Sie schafft in der eigenen Seele Raum dafür, von Gott berührt und verändert zu werden.
**Impuls:** Wir erleben kaum noch Stille und finden sie auch oft nicht angenehm. Wo erleben die TN überhaupt noch Stille? Wo erleben sie Stille positiv? Wo ist sie beängstigend? Üben Sie mit den TN, einen Moment der Stille auszuhalten (vgl. 2.), und ermutigen Sie die TN, auch im Alltag Orte und Momente der Stille zu suchen.

Wenn Gott schweigt, kann das aber auch als sehr bedrohlich empfunden werden:

> **Gott schwieg. Und dieses Schweigen werde ich nie vergessen. Heute denke ich manchmal, dass in seinem Schweigen eine Macht liegt. Eine solche, die wir uns gar nicht vorstellen können. Sein Schweigen scheint mir unerbittlich gegen das Schweigen der Welt. Seine Stille ist gnadenlos gegen den Tod. Sie bringt das Nichts zum Bersten. Sein Schlachtfeld kennt keinen Lärm, denn es ist immer das Schweigen, der Tod, die Gräber und das Nichts. Und wir haben ihn nicht mit Schwertern in die Unterwelt ziehen sehen und mit wehenden Fahnen und Geschrei, sondern mit geschlossenen Augen, bleiernem Mund und ohne Herzschlag. Gott untergräbt die Stille. Es muss eine Macht darin liegen, die ich nicht verstehe.**
>
> Esther Maria Magnis, Gott braucht dich nicht: Eine Bekehrung, © 2012 Rowohlt Verlag, Reinbek bei Hamburg, S. 172f.

**Impuls:** Sprechen Sie mit den TN über die Macht der Stille. Haben Sie dieses mächtige Schweigen auch schon erfahren? Vielleicht angesichts der Größe der Natur, angesichts des Sternenhimmels in der Wüste oder am Meer oder in den Bergen? Ein Schweigen, das ehrfurchtsvoll macht und eine Ahnung von der Größe Gottes vermittelt?

Da, wo Jahwe anwesend ist, geschieht Neuschöpfung. Jahwe schafft neue Verhältnisse und damit die Chancen für eine *universelle Wende*. Der Friede und die Nähe zu Gott färben auf die andern Völker ab und beziehen sie in den Frieden mit ein. Was für eine wunderbare Zukunftsvision gerade für Jerusalem: Bisher und bis heute ist Jerusalem der Zankapfel der Völker, ein Hort der Unruhe und der Auseinandersetzung. Anlässlich einer geplanten Lieferung eines weiteren U-Boots „aus meinem Land" nach Israel, sagte Günter Grass: „Die Atommacht Israel gefährdet den ohnehin brüchigen Weltfrieden". Mit diesem Satz hat er heftige Diskussionen ausgelöst und ist dafür deutlich kritisiert worden (s. das Gedicht: „Was gesagt werden muss"). Nun kann man diesen Satz auch für jede andere Atommacht so formulieren. Aber es über Israel zu sagen, hat natürlich für einen Deutschen eine besondere geschichtliche Brisanz. Es klingt so, als wären Israel und Jerusalem die alleinigen Agitatoren in diesen Auseinandersetzungen – vielleicht auch deshalb, weil sie heute zu den Starken und Mächtigen und Reichen gehören.
Impuls: Diskutieren Sie sich diese Zukunftsvision auf dem Hintergrund der realpolitisch verfahrenen Lage.

### 4. Den Text von Jesus her lesen

Als Jesus geboren wurde, nannte man ihn *Immanuel* (Mt 1,23): „Gott mit uns". Als also Gott Mensch wurde, erfüllte sich das heilsgeschichtliche „Jetzt" innerhalb der Geschichte: Gott wohnt unter uns. Jesus verheißt nach seiner Auferstehung seinen Jüngern: „Ich bin bei euch alle Tage bis an der Welt Ende" (Mt 28,20; LÜ). Jesus bleibt auch für uns der Immanuel. Mit seiner Gegenwart verändert er uns, schafft er heute Frieden und Leben, lässt er Liebe wachsen, Vergebung, Neuanfang und Hoffnung.
**Impuls:** Unser Leben könnte so auf Gott ausgerichtet sein, dass er tatsächlich die Mitte unseres Lebens wäre. Aber wir schaffen es meistens nicht, uns so auf ihn zu fokussieren. Was hält uns davon ab? Was könnte uns dazu helfen?

„Dies ist die Wohnstätte Gottes bei den Menschen! Er wird bei ihnen wohnen, und sie werden seine Völker sein. Gott selbst wird als ihr Gott bei ihnen sein." (Offb 21,3) So lautet die im NT aufgenommene und aktualisierte Verheißung aus Sach 2. Das NT konkretisiert sie auch auf Jesus hin: Jesus verheißt seinen Jüngern, dass er ihnen im Haus seines Vaters Wohnungen bereiten wird (Joh 14,2). Das Bild ist dabei gedreht: nicht Gott wird bei uns wohnen, sondern wir werden bei ihm wohnen.
**Impuls:** Stellen Sie sich das Zimmer vor, das Jesus für Sie bei Gott einrichtet. Was wird er für Farben wählen? Stehen da Blumen? Ein Sessel? Ein Kamin? Jesus wird das Zimmer so gestalten, dass Sie sich zuhause fühlen. Wie wird es dann aussehen? Was braucht es sonst noch, damit es sich nach „zuhause" anfühlt? Vertraute Menschen? Freien Zugang zur Küche und zum Weinkeller? Einen Haustürschlüssel …

### 5. Die Themen des Textes auf heute übertragen

Heimlich steckt im Text die Botschaft, dass es auch eine Abwesenheit Gottes gibt. Sonst bräuchte er sich ja nicht aufmachen, um zu seinem Volk (zurück) zu kommen. Die Frage der Abwesenheit Gottes stellen Menschen angesichts von Katastrophen. Sie fühlen sich von *Gott verlassen*. Jesus selbst stellt Gott diese Frage am Kreuz. Karfreitag ist der geschichtliche Zeitpunkt der realen Gottverlassenheit und seitdem gibt es keinen Zeitpunkt und keinen Ort mehr, an dem Menschen tatsächlich gottverlassen wären, denn in jedem Gefühl der Gottverlassenheit ist Jesus jetzt solidarisch da und mit ihm auch Gott. Für viele Zeitgenossen scheint es aber auch ausgemacht zu sein, dass Gott natürlich nicht da ist, weil sie nicht glauben können, dass es ihn tatsächlich real gibt.
**Impuls:** Lesen Sie dazu das Zitat:

**Vielleicht hat Gott damals die Luft angehalten. Vielleicht hatte er seine Brust tief eingezogen und mir davor einen neuen Platz eingeräumt, an dem ich mich frei bewegen konnte – frei von ihm, sofern man das als Mensch überhaupt kann. Ich weiß es nicht. Ein Vakuum. Es gibt in der Stille des Gottes, dem diese Welt gehört, einen Raum für die, die ihn nicht wollen. Und wenn seine Ferne und sein Schweigen nicht so unerträglich wären, dann würde ich heute Hymnen und Gedichte schreiben auf die Stille um Gott, und auf seine Ferne, die uns atmen lässt und keinen Zwang kennt. Wenn es nicht so schlimm wäre ohne ihn, dann würde ich dieser Freiheit große Tempel bauen und die Mitte leer lassen und ebendiese Leere verehren, als Ort, an dem nicht gekrochen werden muss.**

Esther Maria Magnis, Gott braucht dich nicht: Eine Bekehrung, © 2012 Rowohlt Verlag, Reinbek bei Hamburg, S. 151.

Der Bibeltext verspricht denen, die fliehen müssen, dass sie nach Hause kommen werden.
**Impuls:** Überlegen Sie mit den TN aus deren eigenen *Fluchterfahrungen* oder aufgrund der furchtbaren Flüchtlingskatastrophen der Gegenwart, was Auf-der-Flucht-Sein bedeutet und was im Gegensatz dazu Nach-Hause-Kommen bedeutet. Schreiben Sie Stichworte zu beidem auf zwei große Plakate: Fluchtgedanken auf ein dunkelgraues Plakat und Heimatgedanken auf ein hellrotes Plakat. Geben Sie den TN Zeit, sich mit den Stichworten zu beschäftigen. Welche davon passen zu ihrem eigenen momentanen Leben? Wofür sind sie dankbar, was wünschen sie sich, wofür möchten sie sich einsetzen, was erbitten sie von Gott?

**Lieder**
| | |
|---|---|
| EG 13 / GL 228 | Tochter Zion, freue dich |
| EG 166 | Tut mir auf die schöne Pforte |
| EG 199 | Gott hat das erste Wort |
| EG 213 | Kommt her, ihr seid geladen |
| EG 323 | Man lobt dich in der Stille |
| EG 371 | Gib dich zufrieden und sei stille |
| EG 377 | Zieh an die Macht, du Arm des Herrn |
| EG 426 / GL 549 | Es wird sein in den letzten Tagen |

In der Stille angekommen
Singt dem Herrn alle Völker und Rassen

# Ökumenischer Bibelsonntag 2016:
# Ein Gottesdienstentwurf aus der Herrnhuter Brüdergemeine zu Sacharja 2,10-17

**Peter Vogt**

Die Arbeitsgemeinschaft christlicher Kirchen (ACK) schlägt gemeinsam mit dem Katholischen Bibelwerk e.V. und der Deutschen Bibelgesellschaft vor, den letzten Sonntag im Januar als Ökumenischen Bibelsonntag zu feiern. Im Jahr 2016 ist dies der 31. Januar (der zweite Sonntag vor der Passionszeit, Sexagesimä).
Der folgende Gottesdienstentwurf für den Bibelsonntag kann ebenso als Auftakt oder Abschluss der ökumenischen Bibelwoche begangen werden.
Den Ablauf mit Gebets- und Liedtexten für oder als eine Handreichung zum Gottesdienst finden Sie im Teilnehmerheft und (s. DVD).

**Wochenspruch:** Heute, wenn ihr seine Stimme hören werdet, so verstockt eure Herzen nicht. (Hebr 3,15; LÜ)

**Herrnhuter Losung mit Lehrtext und Liedvers:**
Sie gieren alle, Klein und Groß, nach unrechtem Gewinn, und Propheten und Priester gehen alle mit Lüge um und heilen den Schaden meines Volks nur obenhin, indem sie sagen: „Friede! Friede!", und ist doch nicht Friede. (Jer 6,13f.; LÜ)

Paulus schreibt: Ich suche nicht, was mir, sondern was vielen dient, damit sie gerettet werden. (1.Kor 10,33; LÜ)

Lass mich mit jedermann in Fried und Freundschaft leben, soweit es christlich ist. Willst du mir etwas geben an Reichtum, Gut und Geld, so gib auch dies dabei, dass von unrechtem Gut nichts untermenget sei. (Johann Heermann 1630; EG 495,5)

## Zum Ablauf

In der Herrnhuter Brüdergemeine heißt der Gottesdienst am Sonntagvormittag „Predigtversammlung" und besteht im Wesentlichen aus Liturgie, Predigt und Fürbittengebet. Er hat den Charakter einer Gemeindeversammlung und eignet sich gut für das Zusammenkommen von Christen aus unterschiedlichen Konfessionen.

Im Zentrum steht der Gedanke, dass Christen sich um Gottes Wort versammeln und – als Schwestern und Brüder im Herrn – Christus in ihrer Mitte wissen. Lieder bzw. einzelne Liedstrophen sind ein wichtiger Bestandteil der Liturgie, wie auch des Gottesdienstes überhaupt, und sollten so ausgesucht werden, dass sie zum Spannungsbogen im Gottesdienstablauf beitragen. Natürlich können Ablauf und Liedvorschläge den örtlichen Bedürfnissen angepasst werden. Weniger bekannte Melodien sollten nach der Begrüßung eingeübt werden. Gerne können unterschiedliche Personen im Ablauf beteiligt werden. Je nach Möglichkeit wird darauf geachtet, dass die Gemeinde mit Anfangslied und „Amen" am Ende das erste und letzte Wort hat.

Die Form der Liturgie entspricht dem in der Brüdergemeine üblichen Eingang in die Predigtversammlung und thematisiert die Hinwendung zu Gottes Wort. Die Liedstrophen stammen aus dem Liedgut der Brüdergemeine. Das Fürbittengebet ist aus einzelnen Abschnitten der „Kleinen Kirchenlitanei" der Brüdergemeine zusammengestellt. Es kann sitzend oder stehend gebetet werden, wobei die Gemeinde auf die einzelnen Gebetsteile jeweils mit einem Liedvers antwortet.

Als thematische Schwerpunkte im 7. Text der Bibelwoche, Sach 2,10-17, finden wir u.a. Gottes Treue zu seinem Volk, die eschatologische Verheißung „ich wohne mitten unter euch" und „viele Völker sollen mein Volk werden" sowie die Aufforderung zur Stille angesichts der bevorstehenden Ankunft des heiligen Gottes.

**Musikalisches Vorspiel**

**Eingangslied (Vorschläge)**

| | |
|---|---|
| EG 165 / GL 387 | Gott ist gegenwärtig |
| EG 262 / GL 481 | Sonne der Gerechtigkeit |
| EG 445 | Gott des Himmels und der Erden |
| EG 452 | Er weckt mich alle Morgen |

**Begrüßung (eventuell unter Verwendung von Wochenspruch, Losung o.ä.)**

**Liturgie (siehe Bausteine)**

**Schriftlesung: Psalm der Bibelwoche (Psalm 66)**
*Hier möglich: Verabschiedung der Kinder zum Kindergottesdienst, Anspiel, Grußwort, Verlesung vom Predigttext, Bildbetrachtung, musikalischer Beitrag usw.*

**Lied vor der Predigt (Vorschläge)**
Lied zur Bibelwoche: Bald schon kann es sein
| | |
|---|---|
| EG 279 | Jauchzt, alle Lande, Gott zu Ehren |
| EG 295 / GL 543 | Wohl denen, die da wandeln |
| EG 426 | Es wird sein in den letzten Tagen |

**Predigt: Sach 2,10-17**
→ s. auch unten die Predigtgedanken von Kerstin Offermann

**Lied nach der Predigt (Vorschläge)**
Lied zur Bibelwoche: Bald schon kann es sein
| | |
|---|---|
| EG 199 | Gott hast das erste Wort |
| EG 323 | Man lobt dich in der Stille |
| EG 374 | Ich steh in meines Herren Hand |
| EG 379 / GL 429 | Gott wohnt in einem Lichte |

*Hier ist ein möglicher Ort für Ansagen.*

**Fürbitten und Vaterunser (siehe Bausteine)**

**Sendungswort (z.B. Wochenspruch)**

**Lied oder Liedstrophe zum Abschluss (Vorschläge)**
EG 170 / GL 451   Komm, Herr, segne uns, dass wir uns nicht trennen
EG 171 / GL 453   Bewahre uns Gott, behüte uns Gott
EG 272 / GL 400   Ich lobe meinen Gott von ganzem Herzen

**Segen (z.B. Aaronitischer Segen)**

**Musikalisches Nachspiel**

## Eingangsliturgie

**L** Jesus Christus spricht: Himmel und Erde werden vergehen, aber meine Worte vergehen nicht; sie bleiben gültig für immer und ewig. (Mk 13,31)

→ Herr, dein Wort, die edle Gabe (EG 198,1)

**L** O Herr, lass uns dein Wort
nicht dadurch vergeblich sein,
dass wir es kennen und nicht lieben,
dass wir es hören und nicht tun,
dass wir es haben und im Alltag wieder verlieren.
Öffne uns die Ohren und das Herz,
dass wir dein Wort recht fassen.

**G** Herr, erbarme dich (EG 178,10)

**L** So spricht der Herr: Wenn Regen oder Schnee vom Himmel fällt, kehrt er nicht wieder dorthin zurück, ohne dass er etwas bewirkt: Er durchfeuchtet die Erde und macht sie fruchtbar, sodass sie Korn für das tägliche Brot hervorbringt und Saatgut für eine neue Ernte. Genauso ist es mit dem Wort, das ich spreche: Es kehrt nicht unverrichteter Dinge zu mir zurück, sondern bewirkt, was ich will, und führt aus, was ich ihm auftrage. (Jes 55,10f.)

→ Preis und Dank, Preis und Dank (M: Fahre fort, fahre fort)
Das Liedblatt sowie die Noten für einen vierstimmigen Orgelsatz finden Sie auf der DVD (8. Lied zum Bibelsonntag); s. auch Teilnehmerheft.

**L** Wir danken dir, Herr, für die Wirksamkeit deines Wortes unter uns Menschen. Du sprichst uns an, machst uns Mut, rufst uns zum Glauben. Dankbar denken wir an Momente in unserem Leben, wo wir in den Worten der Bibel deine gute Nachricht gehört haben: im persönlichen Lesen und Nachdenken, in Predigt und Gottesdienst, in den Gesprächen der Bibelwoche. In einem Moment der Stille, wollen wir deine Nähe auch jetzt unter uns erbitten und erwarten.

→ Stille

L Wir preisen dich, Herr, für den Segen, der uns in deinem Wort verheißen ist. Es nimmt uns hinein in die Geschichte deines Volkes, es lässt uns teilhaben an deinem Bund mit Israel, es eröffnet uns und der ganzen Welt den Weg in die Zukunft deines Reichs.

→ Gottes Wort ist klar (Gesangbuch der Brüdergemeine 387; M: Jesu geh voran, EG 391)

L Liebe Schwestern und Brüder,
in den Psalmen lesen wir: „Dein Wort ist eine Leuchte für mein Leben, es gibt mir Licht für jeden nächsten Schritt." (Ps 119,105)
Mit Worten von Dietrich Bonhoeffer wollen wir uns unter diese große Verheißung stellen:

G Gebet
→ Teilnehmerheft

→ Herr, dein Wort, die edle Gabe (EG 198,2)

## Fürbittengebet

L Herr Jesus Christus, mit unserem Gebet kommen wir zu dir
und bitten dich um deinen Segen für alle,
die heute unter deinem Wort versammelt sind.

Du hast dir deine Kirche erwählt aus allen Völkern der Erde.
Wir bitten dich, dass sie sich treu zu dir bekennt und dir fröhlich dient,
dass sie deinen Ruf in den Dienst der Versöhnung hört.
Sende deinen Geist, dass Menschen deine Botschaft bezeugen,
dass ihre Worte und Taten Kraft haben, zum Leben zu ermutigen.

Vergib, wo wir Christen am Volk Israel schuldig geworden sind.
Bewahre uns vor Hochmut und neuer Schuld.
Lass Gemeinschaft wachsen unter allen Kindern Abrahams
und führe uns gemeinsam auf dem Weg zu deinem Reich.

→ Lied jenseits der Feueröfen (M: Komm, Herr, segne uns; EG 170 / GL 451)
s. Teilnehmerheft

L Segne alles gemeinsame Bekennen, Beten und Handeln in der Kirche
über die Grenzen von Ländern und Konfessionen hinaus.
Schenke uns Freude an den vielfältigen Gaben,
mit denen Menschen dich loben und dir dienen.
In dir sind wir eins. Hilf uns, einander in Liebe zu begegnen.

→ Nun singe Lob, du Christenheit (EG 265,5)

**L** Die Herren der Welt gehen – du, unser HERR, kommst.
Mache allen Völkern deinen Willen bekannt, dass sie danach leben!
Wehre allem Krieg und aller Gewalt; bewahre uns
vor den Kräften der Vernichtung, die in Menschenhänden sind.

→ Gib Frieden, Herr, gib Frieden (EG 430,1)

**L** Lenke die Herzen und das Handeln der Verantwortlichen
in Parlamenten und Regierungen, in Wirtschaft und Medien,
in Forschung und Ausbildung,
dass sie mit Ernst und Geduld Gerechtigkeit schaffen,
Frieden fördern und die Schöpfung bewahren.
Segne alle, die ihre Gaben einsetzen
für Versöhnung und Menschenwürde.
Stärke auch uns, Verantwortung zu übernehmen in deiner Welt.
Hilf allen Völkern, zu einer gerechten Ordnung zu kommen,
dass nicht unser Überfluss andere daran hindert zu leben.

→ Gott gab uns Atem, damit wir leben (EG 432,3 / GL 468,3)

**L** Herr, alles, was uns persönlich bewegt, dürfen wir vor dir aussprechen, wenn wir so beten, wie du es uns gelehrt hast:

**G** Unser Vater im Himmel ...

## Kollektenempfehlung

Als Spendenprojekt empfehlen wir diesmal die Bibelarbeit mit arabischen Christen im Nahen Osten, z.B. in Palästina, Jordanien, Syrien und Ägypten. Die Menschen dort sind dankbar für die Stärkung durch das gemeinsame Lesen der Heiligen Schrift. Ihre Spende ermöglicht es, Bibeln in arabischer Sprache herzustellen und zu verteilen, da die Einfuhr verboten ist. Außerdem werden die MitarbeiterInnen unterstützt, die für die arabischen Christen tätig sind, Bibelgruppen leiten, Gottesdienste feiern und den Menschen helfen, trotz Verfolgung und Not durchzuhalten. Pfarrer Dr. Dr. Peter Madros im Lateinischen Patriarchat Jerusalem begleitet die Projekte persönlich und sorgt dafür, dass Ihre Spende sinnvoll eingesetzt wird.

Spendenkonto:
Katholisches Bibelwerk e.V., Postbank Stuttgart
IBAN: DE62600100700027398709. BIC: PBNKDEFFXXX (Stuttgart)

---

Bausteine für einen Familiengottesdienst zu Sach 2,1–17 von Volkmar Hamp finden Sie auf der DVD.

# Predigtgedanken zum Ökumenischen Bibelsonntag 2016

**Kerstin Offermann**

## 1. Gedankengang

Wie wäre das, wenn Gott tatsächlich mitten unter uns leben würde? Wenn unser Leben in allem auf diese Mitte bezogen wäre? Wenn er die DNA unserer Gedanken, Pläne, Ziele, unserer Politik, unserer Geschäfte, unserer Rechtsprechung wäre?

Zu eng? Zu nah an der Idee eines Gottesstaates? Wir haben es durchaus zu schätzen gelernt, dass bei uns geschichtlich Religion und Staat nicht derart miteinander verwoben, sondern voneinander getrennt sind.

Aber es wäre ja nicht die *Idee von Gott*, die in unserer Mitte wäre, es wären ja nicht die menschlichen Repräsentanten, die behaupten, Sprachrohre Gottes zu sein, sondern es wäre Gott selbst! Gott unmittelbar.

## 2. Gedankengang

In Jesus ist das Wohnen Gottes unter uns ja schon passiert: konkret mit seiner Geburt – Immanuel – und nach seiner Auferstehung in der Zusage: „Ich bin immer bei euch, jeden Tag, bis zum Ende der Welt."

Er ist aber eben keine Idee, keine Behauptung, er ist noch nicht mal nur eine Botschaft, sondern er ist ein Mensch, eine Person, die uns sich selbst als Beziehungsperson anbietet. Er hat eine Geschichte und er ist erfahrbare Gegenwart. Wenn er in der Mitte unserer Gemeinschaften wohnt – in unserer eigenen Lebensmitte –, dann geht es nicht um richtige Sätze oder richtiges Verhalten oder um richtige Ideen, sondern um eine Beziehung – zu Jesus, zu Gott selbst.

Jesus ist immer in Rufweite. Wir können jetzt gleich damit anfangen zu üben, in seiner Nähe zu leben, alles mit ihm zu besprechen: Gedanken, Pläne, Ziele, Geschäfte, Urteile und Vorurteile, Ärger Konflikte, Freude – alles mit ihm zu teilen und zu üben, alles von seiner Warte aus zu sehen.

Wir können auch üben, vor Gott zu schweigen, um ihm Raum in der Seele zu schaffen, um unser Leben ihm hinzuhalten, um Gottes Gegenwart wirken lassen. Sie schafft neues Leben in uns und durch uns: Frieden, Versöhnung, Liebe.

## 3. Gedankengang

Wie wäre es, wenn Gott so unmittelbar unser Leben prägen würde:

Wenn sich das Leben selbst bei uns einnistet – dann gibt es keinen Tod mehr.

Wenn die Liebe selbst ihr Zelt unter uns aufschlägt, dann heilen die Herzen von Menschen, dann entsteht Versöhnung, dann kommen Menschen nach Hause und werden geliebt, so wie sie sind.

Wenn sich die Zukunft bei uns niederlässt, dann stehen uns alle Türen offen und Träume werden wahr und Pläne scheitern nicht mehr an der Hoffnungslosigkeit und an den Verhältnissen.

Wenn die Freude selbst unter uns Wurzeln schlägt, dann kommt das Glück, um zu bleiben.

Wenn der Segen selbst uns umgibt, dann kann uns nichts mehr von Gott trennen – auch unsere eigene Vergangenheit nicht.

Wenn das Licht selbst uns überflutet, dann vergeht die Dunkelheit – auch im eigenen Herzen und zwischen den Menschen.

Wenn der Friede selbst einzieht, dann endet alles Morden und alle Vertreibung und alle Ungerechtigkeit und alle Gewalt – überall und bei jedem!

# Meditationen zu den Bildern von Giuseppe Madonia

**Johannes Beer**

## Ansichten der Aussichten

Das Sacharjabuch ist voller sprachlicher Bilder. Der Prophet beschreibt seine Visionen so, dass vor unseren inneren Augen die Worte anschaulich werden. Dabei steigen in uns Erinnerungen an gesehene Kunstwerke auf, die wir sofort mit den Worten dieses besonderen Buches verbinden. Wenn wir uns die inneren Bilder aber genauer anschauen, werden wir feststellen, dass sie sehr oft durch die Interpretation und den Kontext des Neuen Testamentes geprägt sind. Als Darstellungen des Königs auf dem Esel (Sach 9,9) zum Beispiel tauchen fast ausschließlich Bilder vom Einzug Jesu nach Jerusalem auf. Beim Holzschnitt aus der Lutherbibel von 1545 ist hinter dem dargestellten Propheten Sacharja der Einzug Jesu in Jerusalem zu sehen (s. unter „7. Materialien für die Abende" Ordner 4 auf der DVD). Das Sacharjabuch selbst ist dagegen sehr wenig direkt illustriert und seine sprachlichen Bilder kaum in Kunstwerke umgesetzt worden.
Ganz anders Giuseppe Madonia: Er hat sich dem alttestamentlichen Text genähert und das Sacharjabuch meditiert, sodass dessen Bilder in Madonias Bildern Raum gewinnen.

Giuseppe Madonia hat seine Bilder mit Ölpastellstiften auf Karton gearbeitet. Dies ist eine heute eher ungewöhnliche Technik, die aber eine ganz eigene lebendige Oberfläche ergibt. Madonia setzt die auch als Ölkreide bekannten Stifte nicht zeichnerisch, sondern malerisch ein, also nicht linear, sondern flächig, wobei sich die Farben durch Überlagerungen mischen. Viele übereinanderliegende Schichten werden aufgetragen, mit den Fingern verrieben und eingerieben, aber auch wieder abgekratzt, wodurch eine dynamische Bildoberfläche entsteht, die voller Lebendigkeit ist. Seit gut dreißig Jahren gestaltet Madonia so seine von der Renaissance beeinflussten Bildwelten, die Traumlandschaften, menschenleere Stadtansichten oder fast schon surreale Landschaften darstellen. Es sind Visionen, die so gut zu den Visionen des Sacharja passen.

Giuseppe Madonia, geboren 1958 in Palermo auf Sizilien, lebt und arbeitet seit 1984 als freier Maler und Bildhauer in Berlin. Weitere Informationen zum Künstler finden Sie auf der beiliegenden DVD und auf seiner Internetseite www.giuseppe-madonia.de, wo auch etliche weitere Werke von ihm abgebildet sind.

> Giuseppe Madonias Bilder zum Sacharjabuch sind auf der beiliegenden DVD im Dateiformat JPG und als PDF abgespeichert. Diese dürfen im engen Rahmen kirchlicher Arbeit unentgeltlich genutzt werden. Das beinhaltet Präsentationen oder Handreichungen während der und für die Bibelwoche, ebenso die Plakatierung. Eine Nutzung der Bilder im Internet ist nicht gestattet.

## Ruhe nach dem Sturm

Giuseppe Madonia, „Sacharja 1,7-17" 2014, Ölpastell auf Karton, 37,5 x 53 cm

### Sacharja 1,7-17

Still und ruhig stehen vier Pferde mit ihren Reitern zwischen dunkelgrünen und gelblichen Büschen auf einer weiten Ebene, die im Hintergrund von einer Bergkette begrenzt wird. Rot, braun und weiß sind die Pferde, auf denen die Reiter in zum Teil untypischer Haltung sitzen. Quer auf dem Pferd und mit gekreuzten Beinen kann man nicht reiten, sondern höchstens rasten. Zudem wirken sie mit ihren gesenkten Blicken und den hängenden Mundwinkeln niedergeschlagen, erschöpft und traurig. Bei ihnen steht eine helle Gestalt in langem Gewand. Sie wirkt anders als die Reiter, ist anders gekleidet und hat keine Reithose an. Auch hat sie kein erkennbares Gesicht und scheint trotzdem zugewandt. Von ihr geht Licht aus, das sogar den Talgrund erstrahlen lässt. Hinter und über der Gruppe auf der Ebene leuchtet der Himmel in kräftigen violetten Tönen. Und langsam erschließt sich darin im oberen Teil die Silhouette einer langgezogenen großen Stadt. Sie erscheint wie im Nebel oder Dunst. Und es ist nicht klar, ob hier eine Stadtmauer zu erkennen ist oder sich die kleineren und größeren Häuser zu einem Gesamtbild verdichten, wie man es erlebt, wenn man sich einer Stadt aus der Ferne, zum Beispiel übers Meer, nähert.

Nimmt man nun zum Bild den biblischen Text, erschließen sich die vier Reiter schnell: Sie stehen für die vier Himmelsrichtungen und damit für die ganze Erde. Nun zurück von ihrem Erkundungsritt durch alle Lande sind sie erschöpft und spiegeln die Ruhe, von der sie zu berichten haben. Es ist aber nicht die wohltuende Ruhe, sondern die Niedergeschlagenheit nach dem Sturm des Krieges. Und nun erweist sich die helle Gestalt als der Deuteengel, der dem Sehenden zugewandt Gottes Botschaft überbringt. Und er spricht vom kommenden Jerusalem, dessen Bild er entwirft und das darum bereits wie aus dem Nebel der Zukunft auftaucht.

# Firewall

Giuseppe Madonia, „Sacharja 2,1-9" 2014, Ölpastell auf Karton, 37,5 x 53 cm

## Sacharja 2,1-9

Feuerflammen lodern in der oberen Bildhälfte hell empor und bilden einen Ring. Nur scheinbar teilt er sich in der Mitte, sodass man den Eindruck gewinnt, hier könnte ein Durchkommen sein. Und doch verheißen die kleinen Flammen, dass sich der Feuerring jeden Augenblick wieder schließen kann. Inmitten dieses Feuers erkennen wir eine Stadt mit ihren Häusern und Türmen. Dicht gedrängt stehen sie, wie wir es von modernen Großstädten kennen. Aber die Häuser brennen nicht und haben offensichtlich bisher nicht gebrannt. Sie sind vom Feuer eingeschlossen, aber nicht betroffen. Da ist kein vernichtender Feuersturm, sondern eine umschließende Feuerwand. Und über der Stadt schwebt eine helle Kugel. Sie wirkt wie ein Gestirn, einer Perle gleich. In der unteren Bildhälfte hebt sich auf violettem Grund eine zeigende Hand ab. Der Zeigefinger ist auf ein Auge gerichtet, das sich nur sehr mühsam vom Hintergrund abhebt.

Jerusalem soll als Stadt neu entstehen, groß und mit vielen Einwohnern, die in keine einengende Stadtmauer mehr passt und ihre Sicherheit nicht mit normalen militärischen Mitteln jener Zeit gewährleisten kann. Aber Gott selbst will sie mit einer Mauer aus Feuer schützen. Der Begriff „Firewall", den wir aus dem Computerbereich kennen, bekommt hier eine ganz neue Anschaulichkeit und göttliche Dimension. Die Perle über der Stadt symbolisiert Gottes Herrlichkeit in der Stadt. Die Hand erinnert an viele Darstellungen der zeigenden göttlichen Hand und könnte dann auf das Auge ausgerichtet deutlich machen, woher diese Visionen kommen. Vielleicht klingt hier aber auch Vers 12 an, in dem Gott spricht: „Wer euch antastet, tastet meinen Augapfel an." Das würde dann den Schutz Gottes noch einmal unterstreichen.

## Krönung statt Anklage

Giuseppe Madonia, „Sacharja 3,1-10" 2014, Ölpastell auf Karton, 37,5 x 53 cm

### Sacharja 3

Hier ist ein klar zweigeteiltes Bild, dessen Bildhälften zwar korrespondieren, aber nicht direkt miteinander zu tun zu haben scheinen. Die beiden Köpfe stehen jeweils für die ganze Person, auch wenn wir weder den Hals noch etwas anderes des Körpers sehen. Das linke Gesicht auf hellem Grund stellt einen bärtigen Mann dar, dessen Haupt von einem weißen Turban bedeckt ist. Auf diesem liegt ein rundes Stück Holz, aus dem ein paar kleine Flammen hervorzüngeln, das eher wie eine Krone wirkt und sicher keine Bedrohung ist. Die großen Augen schauen uns offen an, während den Mund ein ganz leichtes Lächeln umspielt.

Der Andere auf dunklem Grund hat den Kopf leicht geneigt. Eine Hand ist vor seinem Mund, sodass er nicht reden kann. Auf dem ansonsten kahlen Kopf findet sich eine eigentümliche Form, vielleicht die Frisur eines Punks. Auch fallen die spitzen Ohren und der in sich gekehrte Blick der hellen Augen auf. Der Hintergrund ist durch eine Diagonale in einen schwarzen und einen violetten Teil getrennt. Durch die hellen Bereiche, die von diesem Kopf ausgehen, entsteht der Eindruck einer Bewegung. Dieser Kopf sieht aus, als ob er auf der schiefen Bahn nach unten abrutscht und nur durch die Hand gehalten wird.

Dieses Bild ist ein Doppelportrait des Obersten Priesters Jeschua und des Satans, der in diesem Text die Rolle des Anklägers vor Gott hat. Aber der Satan kann seine Anklage, berechtigt oder nicht, erst gar nicht vortragen. Der Engel des Herrn hindert ihn daran und hält ihm gewissermaßen den Mund zu. So muss er erleben, wie dem, den er verklagen wollte, die Sünde vergeben wird. Der Oberste Priester dagegen, der aus dem Feuer gerettet wurde und der deshalb ein Brandscheit wie eine Krone trägt, steht in hellem Licht. Er erhält reine Kleider, weil die Schuld von ihm genommen wird. Und zur Krönung bekommt er einen reinen Turban aufgesetzt.

## Umsturz der Macht

Giuseppe Madonia, „Sacharja 9,1-10" 2014, Ölpastell auf Karton, 37,5 x 53 cm

### Sacharja 9,1-10

Ein Turm steht am Rande eines Gewässers in einer weiten Ebene, die durch eine violette Hügel- oder Bergkette begrenzt ist. In gelbgrünen Tönen liegt sie da, durchzogen von zwei an Straßen oder Wege erinnernde Linien. Aber alles beherrschend ist der Turm, hoch aufragend, stolz und mächtig. Nur ist sein Zinnenkranz, der an eine Krone erinnert, abgekippt und droht jeden Augenblick herabzustürzen. Der Turm verliert gerade all seine Macht. Aus der Bruchstelle, die glatt wie bei einem Schnitt oder Schwerthieb ist, schlagen helle Flammen in den Himmel und lodern, wie vom Wind getrieben, zur Seite. Weißlich leuchtend, wie bei einer Explosion, ist der Kern des Feuers, aber die Bewegung der Flammen passt nicht zu diesem Eindruck. Vielmehr scheint die Flamme selbst, scheint das einschlagende Feuer den Zinnenkranz abgeschnitten und den Turm gewissermaßen geköpft zu haben. Vier weitere Flammen fliegen im Hintergrund über der Hügelkette. Auch sie haben einen weißen Kern und lodern in dieselbe Richtung wie die Flammen des Turmes, als ob sie ihrem Ziel mit Macht entgegenfliegen.

In diesem Abschnitt des Sacharjabuches wird wieder vom Krieg gesprochen. Und obwohl alle wissen, dass Menschen die Kriege führen, spricht hier Gott davon, dass er die Macht von Tyrus ins Meer stürzen will und dass er die Städte mit Feuer zerstören wird. Dieser Augenblick findet sich in Madonias Bild. Und es geht ihm nicht um die historische Darstellung oder die neutestamentlichen Bezüge, sondern genau darum, dass Gott hier die Feinde ins Meer stürzt und die Mächtigen mit Feuer verbrennt. Zugleich ist da dieser Weg, der zwar rechts aus dem Bild führt, aber dem Betrachtenden ganz nah kommt. Vielleicht ist das ja der Weg des zukünftigen Königs, der keine Machtmittel mehr braucht. Vielleicht ist das sein Weg in unsere Welt.

## Trauer durch den Geist

Giuseppe Madonia, „Sacharja 12,9-13,1" 2014, Ölpastell auf Karton, 37,5 x 53 cm

### Sacharja 12,9 – 13,1

Ganz eng aneinandergedrängt stehen die Menschen zusammen. Wir sehen zwar nur die Köpfe und die noch nicht einmal ganz, aber wir ahnen doch, wie die Gruppe insgesamt steht und ein geschlossenes Ganzes bildet. Gleichförmig sind die Frisuren mit ihrem Mittelscheitel. Oder sind es doch Kopftücher in Grün-, Violett- und Brauntönen? Jedes Individuum hier wird eins mit der Gruppe. Alle Gesichter sind nach vorne gerichtet. Es gibt keine Kommunikation, die Augen sind geschlossen. Gesammelt, fast leblos wirken die Gesichter.

Die Gruppe steht auf einer grauen Fläche oder Ebene. Über dem Horizont erstreckt sich der Himmel. Weitgehend ist er von einer grauvioletten Wolkendecke verhangen, die allerdings an einer Stelle aufbricht und ein bisschen vom Blau des Himmels durchlässt. Auch eine fahle weiße Sonne ist zu erkennen, obwohl sie noch halb von den Wolken bedeckt ist. Und über den Köpfen der Menge schießt ein heller Lichtstrahl diagonal ins Bild herab. Seine Farbigkeit geht vom weißen Kern über Gelbtöne bis zum violetten Rand. Wie ein Komet oder Asteroid saust er herab.

Diese Menschen haben sich entsprechend dem Sacharjatext zur Klage zusammengefunden. Sie trauern. Und diese lähmende Trauer ist ihnen in die Gesichter geschrieben. Wir sehen hier nicht, um wen sie trauern. Madonia hat den Mann, den sie durchbohrt haben, nicht ins Bild gesetzt, damit keine vorschnellen assoziativen Schlüsse auf Jesus hin geschehen. Aber wir erkennen im aufgerissenen Himmel die symbolische Darstellung der Ausgießung des Geistes der Gnade und des Gebetes. Auch der Lichtstrahl als Symbol der Gotteserkenntnis ist uns vertraut und kommt in der Kunst immer wieder vor. Und so klingen hier auch Pfingstbilder mit an.

## Die goldene Zeit

Giuseppe Madonia, „Sacharja 13,7-9" 2014, Ölpastell auf Karton, 37,5 x 53 cm

### Sacharja 13,7-9

Ein kopfloser Mann steht neben aufgehäuften Köpfen – ein auf den ersten Blick gruseliges Bild. Es ist ungewohnt für uns und spontan kommen Berichte von Köpfungen in den Sinn. Aber der Mann steht aufrecht, die Arme hängen locker herunter. Beine und Füße hat er in einer leichten Schrittstellung. Fast meint man, dass er uns anblicken müsste, aber da ist ja kein Kopf auf seiner Schulter. Dafür liegen neben ihm einige Köpfe auf einem kleinen Haufen. Flammen züngeln zwischen ihnen, ohne zu brennen oder gar zu verbrennen.
Bestimmt wird das Bild durch eine besondere Farbigkeit: Der Himmel ist ein kräftiges Gelborange, fast ein Goldton. Der Horizont wird von hellen blaugrauen Farben dominiert und die Landschaft, die entfernt an eine weite, flache Dünenlandschaft erinnert, hat ockerfarbene und gelbgrüne Töne. Sie spiegelt den Himmel wider.

Auch der Sacharjatext ist auf den ersten Blick irgendwie gruselig: Da sollen der Hirte durch das Schwert und zwei Drittel der Bevölkerung umkommen. Man könnte meinen, dass dies direkt ins Bild gesetzt ist, aber das sähe dann, wie uns so viele Bilder und Fotos von den Kriegsschauplätzen dieser Welt zeigen, ganz anders aus. Die Farben dieses Bildes sind nicht düster oder blutrot und geben uns in ihren strahlenden Goldtönen schon den Hinweis, dass hier Zukünftiges dargestellt ist, das geradezu in himmlisches Licht getaucht ist. Auch kennen wir diese Art des Stehens von getöteten Menschen aus vielen Märtyrerdarstellungen. Der Weg aus der Vergangenheit ist nun an dem Punkt der Läuterung durchs Feuer angekommen. Die Köpfe werden also nicht verbrannt, sondern durchs Feuer gereinigt, sodass alles Falsche und Unreine nicht mehr an und in ihnen ist. Hier beginnt das uneingeschränkte Reich Gottes, die goldene Zeit.

## Alles in seiner Hand

Giuseppe Madonia, „Sacharja 2,10-17" 2014, Ölpastell auf Karton, 37,5 x 53 cm

### Sacharja 2,10-17

Eine offene rechte Hand ist wie zum Gruß hochgestreckt. Von der Person, die zu der Hand gehört, ist auf dem Bild sonst nichts dargestellt. Aber auf die Hand laufen vier Farbstrahlen zu: einer von Gelb in Weiß übergehend, einer in Blautönen, einer in Ocker- und matten Grautönen und einer in verwirbelten Mustern in hellgrauen Tönen. Es ist dabei nicht wirklich klar, ob diese Streifen auf die Hand zugehen oder von ihr ausgesendet werden. Die Hand ragt in den blauen Himmel. Hinter ihr zeigt der untere Teil des Bildes eine Ebene, die durch die klare Bewegung von Linien eine perspektivische Tiefe bekommt. Der Fluchtpunkt ist nicht ganz eindeutig, liegt aber sicher hinter dem klaren Horizont und im Bereich hinter der Hand. In der Ebene dominieren rote und orange Töne.

Gott hat sein Volk in die vier Winde zerstreuen lassen, so heißt es in dem Sacharjatext. Und so sehen wir auf dem Bild die Bewegung von der Hand ausgehen. Es erinnert ein bisschen an Szenen aus modernen Fantasyfilmen, wenn die Strahlen aus der Hand des Zauberers seinen Willen umsetzen. Aber wenn wir die Strahlen genauer betrachten, erinnern uns die Farben auch an die vier Elemente: Da ist eben der verwirbelnde Wind, der für die Luft steht, und das Feuer oder Licht, das hell hervorstrahlt. Ebenso das Wasser, das mit seinen Blautönen schließlich über die Ebene fließt, und die Erde, deren Ocker- und Grautöne zum Teil der Ebene geworden sind. Die vier Winde und die vier Elemente symbolisieren gleichermaßen die ganze Welt, in die Gott die Seinen zerstreut hat.
Grüßend und wie ein Leuchtturm ruft die Hand alle Vertriebenen zurück. Aus der ganzen Welt sammelt Gott nun die Seinen. Alles läuft auf seine Hand zu und ist letztlich darin gehalten.

# Medienempfehlungen

**Roland Kohm**

Der Einsatz von Medien wie Kurz- oder Spielfilmen kann die gründliche Beschäftigung mit den Bibelwochentexten nicht ersetzen oder abkürzen. Die intensive Auseinandersetzung mit biblischen Texten erlaubt es oft zeitlich nicht, auf derselben Veranstaltung auch einen Film zu sehen. Filme gestatten dafür auf eine emotionale und erlebnisorientierte Weise das Thema zu erleben – dafür bedarf es am besten einer eigenen Veranstaltung. Die oft gegenwartsbezogenen, pointierten und ästhetisch eindrucksvoll gestalteten Motive, Situationen und Handlungen eröffnen hier neue methodische Möglichkeiten.

→ Filme veranschaulichen, was der Glaube sagen und tun kann.
→ Sie regen Gespräche an, die in der prüfenden Auseinandersetzung im Publikum zu einer vertiefenden Klärung der biblischen Aussagen führen.
→ Sie helfen uns durch Bestätigung oder Kontrast, den Wirklichkeitsbezug des biblischen Wortes zu verstehen.
→ Sie decken auf, inwiefern christlicher Glaube die im Film gezeigte Situation tiefer erschließt und gegebenenfalls der dort gezeigten Lösung widerspricht.

## 1. Wenn etwas in Bewegung kommt (Sach 1,7-17)

**Mobile** (DVK1065)
*Verena Fels, Deutschland 2010; 7 min, farbig, Animationsfilm, ab 6 Jahren*
Eine große dicke Kuh hängt einsam und alleine auf der einen Seite eines Mobiles. Sie möchte zu den Tieren, die auf der anderen Seite hängen. Auf ihrem Weg dorthin bringt die Kuh das Mobile in ein turbulentes Ungleichgewicht, nichts ist am Ende so wie vorher, aber ihr Wunsch nach Gemeinschaft erfüllt sich.

*Anregungen und Fragen zur Diskussion:*
→ Welche Motive bringen die Figuren zum Handeln? Welche Erwartungen, Hoffnungen und Wünsche haben die beteiligten Tiere?
→ Was geschieht in den einzelnen Phasen (Ruhezustand – Bewegung + Beschleunigung – Loslösung – Neuordnung)? Wie verhalten sich die Figuren?
→ Welche Kräfte bestimmen am Ende die Entwicklung? Was lässt das Geschehen positiv ausgehen?
→ Welche Parallelen lassen sich zwischen der Filmhandlung und den Visionen Sacharjas entdecken?

## 2. Wenn man sich öffnen kann (Sach 2,1-9)

**Frontiere** (DVK093)
*Christian Fischer, Deutschland 1997; 6 min, farbig, Trickfilm, ab 8 Jahren*
Zwei Knetfigurenmännchen begegnen einander in der Sandwüste. Sogleich geraten sie in Streit, wer dem anderen den Weg freizumachen habe. Es kommt zu Handgreiflichkeiten. Da hat einer die Idee, man könne sich durch eine Mauer voneinander abgrenzen. In ungeheurer Geschwindigkeit errichten beide eine Mauerkonstruktion, die labyrinthische Ausmaße annimmt. Am Ende erkennen sie, dass es kein Entrinnen mehr gibt.

*Anregungen und Fragen zur Diskussion:*
→ Welche historischen, gesellschaftlichen, technischen oder wirtschaftlichen Beispiele von Teilung und Trennung kennen die Teilnehmerinnen und Teilnehmer?
→ Wo errichten wir im Alltag Grenzen, Mauern oder Trennungen?
→ Weiterführende Diskussion: Wo ist Abgrenzung sinnvoll, wo schädlich? Kann es ein Leben ohne Mauern geben?
→ Welche Vorstellungen von Gemeinschaft ohne Grenzen entwickelt der Sacharja-Text?
→ Wie kann der biblische Text helfen, unsere inneren Mauern zu überwinden? Welche Hoffnungen und Befürchtungen stellen sich mir, wenn ich Film, Realität und Bibeltext miteinander vergleiche?

### 3. Wenn Gott neue Kleider bereithält (Sach 3)

**Bruce Allmächtig** (DVS110)
*Tom Shadyac, USA 2003; 97 min, farbig, Spielfilm, FSK: 6, ab 14 Jahren*
Bruce Nolan (Jim Carrey) ist der rasende Reporter eines lokalen Fernsehsenders in Buffalo, New York. Die Zuschauer mögen ihn und der ehrgeizige Bruce will Nachrichten-Frontmann werden. Als der begehrte Job an seinen Rivalen geht, verliert der entnervte Hitzkopf vor laufender Kamera die Fassung und wird vom Sender entlassen. Bruce beschimpft Gott und dieser antwortet: Wenn Bruce den Job besser könne, darf er ihn eine Woche lang machen. Schon bald muss Bruce einsehen, dass Allmacht leicht missbraucht werden kann und dass es nicht einfach ist, die Liebe der Menschen zu erlangen, ohne sie zu zwingen.
Der Journalist Bruce erhält in dieser Komödie ähnlich wie Jeschua in Sacharja eine göttliche Berufung und erfährt, was es heißt, verantwortlich für Gottes Haus zu sein.

*Anregungen und Fragen zur Diskussion:*
→ Welche Stationen in seiner Beziehung zu Gott und in der Ausübung seines Stellvertreteramts durchläuft der Journalist Bruce Nolan im Film?
→ Was bedeutet es, „auf Gottes Wegen" zu gehen und „Gottes Ordnung" zu achten?
→ Wo spielt der Film auf bekannte Textstellen/Ereignisse der Bibel an? Welche Elemente lassen sich mit Sacharja in Beziehung bringen? Wo gibt es Unterschiede in den Entwürfen geordneten und glückvollen Lebens (siehe auch Sach 7+8)?
→ Welche Rolle kommt dem Einzelnen, den Priestern und der Gemeinde zu? Vergleichen Sie Bibel und Film.

### 4. Wenn Frieden greifbar wird (Sach 9,9f.)

**Peace Train** (DVK1386)
*Johannes Meier, Deutschland 2013; 30 min, farbig, Dokumentarfilm, ab 14 Jahren*
Über 60 Jahre ist die koreanische Halbinsel schon geteilt: Die Grenze zwischen dem kommunistischen Kim-Regime im Norden und der Republik Korea im Süden ist heute unüberwindlicher denn je. Anlässlich der 10. Vollversammlung des Ökumenischen Rates der Kirchen im südkoreanischen Besan setzten die koreanischen Kirchen einen Friedenszug auf die Schiene: Als symbolische Pilgerfahrt vom wiedervereinigten Berlin bis zur noch immer geteilten koreanischen Halbinsel. Drei Wochen lang und über 11.000 km haben die Filmemacher die über einhundert christlichen Friedensaktivisten aus aller Welt auf ihrer außergewöhnlichen Zugreise durch

Moskau, Irkutsk, und Peking bis nach Korea begleitet. Der Film zeigt ein Beispiel, wie angesichts unverrückbarer politischer Verhältnisse Entwürfe von Völkerverständigung und Frieden gelebt und ausgedrückt werden können.

*Anregungen und Fragen zur Diskussion:*
→ Was sagt der Film über die politischen und gesellschaftlichen Verhältnisse in Nord- und Südkorea aus?
→ Welche Motive, Hoffnungen und Visionen bewegen die Teilnehmerinnen und Teilnehmer der Zugfahrt?
→ Wie bewertet das Publikum den Erfolg der Reise? Ist es ein gutes Beispiel?
→ Wie verhalten sich biblische Aussagen in Sach 9 und politische Verhältnisse der Gegenwart zueinander?
→ Was lässt sich aus Sacharja ableiten, um Kraft zu schöpfen und für eine friedvolle Welt einzutreten?

## 5. Wenn Siege wehtun (Sach 12,9 – 13,1)

**Erbgut** (DVK1313)
*Matthias Zuder, Deutschland 2012; 17 min, farbig, Kurzspielfilm, ab 14 Jahren*
Max ist mit seiner schwangeren Freundin unterwegs, als ihn ein Anruf seines Großvaters erreicht. Dieser bittet ihn um einen Besuch, dem er widerwillig zustimmt. Dort angekommen überreicht ihm der Großvater sein künftiges Erbe – einen Goldbarren, der durch zahlreiche Verbrechen aus der NS-Zeit entstand. Der Film spielt mit der Frage, was man in Kauf nimmt und welche Grenzen der Moral man überschreitet, wenn es um das eigene Wohl geht. Auf der ROM-Ebene befindet sich das Begleitheft als PDF-Datei.

*Anregungen und Fragen zur Diskussion:*
→ Reue, Schuld(-eingeständnis) und Verantwortung – welche Rolle spielen diese im Film und in Sacharja? Gibt es Änderungen in den Figuren des Films, die ihre eigene Verstrickung in die Verbrechen der Vergangenheit erkennen?
→ Wie interpretieren die Zuschauer den Titel des Films?
→ Welche Parallelen und Unterschiede bestehen zwischen Film und Bibeltext? Welche Fragen stellen sich dem Zuschauer bei dem Vergleich?

## 6. Wenn der Hirte stirbt und 7. Wenn man gemeinsam schweigen lernt (Sach 13,7-9 und Sach 2,10-17)

**Amen** (DVK1228)
*Moritz Mayerhofer, Deutschland 2011; 5 min, farbig, Animationsfilm, ab 12 Jahren*
In einer kleinen Dorfkirche betritt ein Pfarrer die Kanzel und muss nach einem stillen Gebet feststellen, dass die Kirche leer ist. Dann betritt ein einziger Gottesdienstbesucher, ein alter Mann, den Raum. Nun kann der Pfarrer mit seiner Predigt beginnen, redet sich aber nach einem kurzen Ausflug in die Geschichte Jesu so in Rage, dass er mit Androhung des Fegefeuers selbst kollabiert und von der Kanzel stürzt. Als der Tod die Kirche betritt und ihn holen will, tritt der alte Mann an seine Stelle und folgt dem Tod, während der Pfarrer zu neuem Leben erwacht, sich von den Zwängen seines Kollar (Kragen) befreit und vor die Kirchentür ins lichtdurchflutete Freie tritt.

Der Anspielfilm ist vielschichtig angelegt und lässt einige Ausdeutungen auch in Richtung Sacharja zu.

*Anregungen und Fragen zur Diskussion:*
→ Wie verstehen die Teilnehmerinnen und Teilnehmer die Handlung? Was symbolisiert der alte Mann?
→ Warum heißt der Film „Amen"? Welche Bedeutung hat das hebräische Wort in der Bibel, im Gebet und im Gottesdienst?
→ Was schenkt dem Pfarrer das Leben? Welche Kritik formuliert der Film an dem Wirken des Pfarrers? Stimmen die Teilnehmerinnen und Teilnehmer dem zu?
→ Wodurch verändert sich der Pfarrer?
→ Bringen Sie die Aussage des Films in Zusammenhang mit Sacharja. Was kann Veränderung und Umkehr bewirken?


Ob die aufgeführten Titel in der regional zuständigen Evangelischen oder Katholischen Medienzentrale entliehen werden können, muss jeweils erfragt werden.
Entleihe und Download:
→ für den Bereich der Evangelischen Landeskirche Württemberg bzw. der Diözese Rottenburg-Stuttgart ausschließlich über: Ökumenischen Medienladen, Augustenstraße 124, 70197 Stuttgart, Tel.: 0711/222 76-67 bis -70, Fax -71,info@oekumenischer-medienladen.de, Internet: www.oekumenischer-medienladen.de.
→ alle anderen Landeskirchen und Diözesen: Medienportal der Evangelischen und Katholischen Medienzentralen: www.medienzentralen.de
Die Anschriften der kirchlichen Medienzentralen sind im Internet verzeichnet unter: www.medienzentralen.de

Die wunderbare Erweckung von Klaus Rudi

## Literaturempfehlungen

**Armin Kistenbrügge: #gottesgeschichte: Seine Story mit dir und der Welt, Asslar/Gummersbach 2015 (Gerth Medien GmbH / Verlag Bibellesebund).**
#gottesgeschichte erzählt die wichtigsten biblischen Episoden in einem Rutsch: spannend und mit hohem Tempo. Die Bibel im Schnelldurchlauf sozusagen – wie ein Filmtrailer, das den Sinn für die ganze Story vermittelt, den roten Faden sichtbar macht und Lust auf mehr weckt. Dabei werden die schwierigen Texte nicht ausgeklammert: Hiob kommt genauso vor wie die Prophetenbücher und Paulusbriefe. Jede Seite ist eine in sich abgeschlossene Erzählung einer biblischen Episode. Kurze Zwischentexte ermöglichen es, die jeweilige Erzählung in den Gesamtzusammenhang der Bibel einzuordnen. Ein rasantes Leseerlebnis, das bleibenden Eindruck hinterlässt.
Kistenbrügge hat diese Erzählbibel in Zusammenarbeit mit dem Bibellesebund geschrieben und mit dem Grafiker Andreas Sonnhüter ein optisches Konzept erarbeitet, das mehr ist als bloße Illustration: eine optische Filmmusik oder ein visueller Kommentar zur Geschichte.
(s. http://www.gerth.de/index.php?vp_id=googl-search&id=details&sku=817045)

**Martin Rösel, Von Adam und Eva bis zu den kleinen Propheten: Glaubenserfahrung im Alten Testament (Theologie für die Gemeinde II/1), Leipzig 2013 (Evangelische Verlagsgesellschaft GmbH).**
Auf knapp 100 Seiten gibt Rösel einen kompakten Überblick über die Geschichte Israels und das Alte Testament (nach lutherischem Kanon). Es bietet wesentliche Fakten über den ersten Teil der Bibel, die verständlich, übersichtlich und nachvollziehbar geschrieben sind. Dabei werden Israels Geschichte inmitten seiner Nachbarvölker nachgezeichnet (10-21) und historische Zusammenhänge hinter den Erzählungen aufgezeigt (22-36). Wesentliche Informationen zu Hintergrund, Aufbau und Inhalt der einzelnen Bücher unterstützen und animieren zur selbstständigen Lektüre der Bibel (37-83), worunter der Abschnitt zu den Prophetenbüchern auch eine gute Vorbereitung für die Einordnung des Sacharjabuches bietet. Einzelne Schwerpunkte wie etwa zu Schöpfung, Kult oder dem Messias geben einen kurzen Querschnitt zu wichtigen alttestamentlichen Themen (84-100), um zur berechtigten und unbedingten Schlussfolgerung zu gelangen, dass das Alte Testament jahrhundertealte Glaubenserfahrungen bewahrt, verarbeitet und weitergibt und damit nicht nur im Hinblick auf das Neue Testament wichtig und gültig für und in der heutigen Zeit bleibt (101-103).
Wie schon der Reihentitel „Theologie für die Gemeinde" zeigt, dient das Buch nicht nur zur eigenen Lektüre, sondern auch zur Vorbereitung verschiedener Gemeindeveranstaltungen.

**Susanne Niemeyer, Zimmer frei im Paradies: Bibelgeschichten neu erzählt, Freiburg im Breisgau 2014 (Kreuz Verlag).**
Sarah, Mose, Martha, Eva oder David sind unsere Zeitgenossen. Hier tauchen biblische Personen im gegenwärtigen Alltagsleben auf: In ihrer neuen Gestalt machen sie die gleichen Erfahrungen wie zu biblischen Zeiten, nur erfahren sie sich selbst und Gott in einem ganz anderen Kontext. Jede und jeder hat eine eigene Geschichte, aber Niemeyer fügt die Geschichten so zusammen, dass sich die Personen mitunter sogar begegnen und sich ihre Erfahrungen mit dem Leben und mit Gott verbinden. Er ist ihnen ein menschenfreundlicher (manchmal unerkannter) Begleiter, der sie in ihren Eigenarten und Biographien akzeptiert und nicht bedrängt, sondern aufrichtet, neu ausrichtet und sich alltäglich erleben lässt.
In den Geschichten von Mose bekommt die Zukunftsvision von Sacharja 8 die wunderbare Gestalt einer diesseitigen Jenseitshoffnung, einer Vision des Himmels hier auf Erden. Dieser

Text ist wie alle Texte in diesem Buch anrührend, ohne kitschig zu sein, und motivierend, ohne moralisch zu werden.

Die biblischen Figuren sind geerdet und transparent für das Leben der heutigen LeserInnen der Bibel. Es ist spannend zu erleben, wie Niemeyer diese Personen für die heutige Zeit lesbar macht und welche Aspekte der Texte sie akzentuiert. Dabei fällt sicherlich auch auf das Leben der Lesenden immer wieder ein freundlicher Schein der Gnade Gottes.

**Esther Maria Magnis, Gott braucht dich nicht: Eine Bekehrung, Reinbek bei Hamburg 2012 (Rowohlt Verlag GmbH).**

Schonungslos ehrlich und sprachgewaltig erzählt Magnis von ihrer Suche nach Gott, ihrer Verzweiflung an der Sinnlosigkeit des Lebens, ihrem Hass auf Gott und der überwältigenden Erfahrung seiner Gegenwart in ihrem Leben.

Sie beschreibt Gott als heiligen und zugleich unvorstellbar liebenden Gott, dessen Güte dem Menschen jeden Freiraum gibt, aber auch den scheinbar fernen Gott, dessen großartiges Wesen sich zum Menschen hinabbeugt, der in der Welt machtvoll handelt und dem Menschen nicht erklärt, warum er etwas tut oder nicht tut. Für Magnis hält das Christentum beide Erfahrungen zusammen aus: die Tiefe des Risses, den das Leben durch Schuld und Tod durchzieht, sowie die unverschämte Nähe und Macht Gottes in der Welt. Leidenschaftlich widerspricht sie allen theologischen Kapitulationen vor der Schärfe dieses Abgrundes, indem man Gott für ohnmächtig und den Menschen zu seinem Ersatz erklärt – daher der Titel des Buches.

Magnis erzählt nachvollziehbar davon, wie sie Gottes Anspruch auf ihr Leben erfahren hat und darauf antwortet. Sie berichtet von ihrer Bekehrung, die weit weg ist von allen Klischees oder Floskeln, die nichts Lächerliches hat und darum in ihrer großen Ernsthaftigkeit und Ehrlichkeit dazu herausfordert, sich mit weniger als der Wahrheit nicht zufriedenzugeben.

**Isabel Hartmann / Reiner Knieling, Gemeinde *neu* denken: Geistliche Orientierung in wachsender Komplexität, Gütersloh 2014 (Gütersloher Verlagshaus).**

Der Titel des Buches ist Programm! Das kursiv gedruckte „*neu*" signalisiert, wozu der Band einen Beitrag leisten möchte: Geistliche Orientierung bieten in Zeiten wachsender Komplexität und so zu helfen, Gemeinde *neu* zu denken.

Die Autoren beschreiben nicht nur das Gelände, in dem Kirche heute unterwegs ist (Teil 1), wobei allein diese „Landkarte zur Lage" ein Gewinn ist. Sie fragen ebenso nach biblischen und theologischen Einsichten für die Wahrnehmung, Bewertung und Bearbeitung der komplexen Wirklichkeit von Kirche und des Leitungsverhaltens (Teil 2).

Teil 3 sucht eine Antwort auf die Frage „Wie bewegen wir uns im komplexen Gelände? – Haltungen, Fertigkeiten, Schritte". Wie kann in der Kirche eine spirituelle Kultur gefördert werden, in der Lösungen entstehen können, die aus der Komplexität heraus erwachsen?

Hier kommen so bemerkenswerte Stichworte wie „Innehalten und Zaudern" oder „Intuition" oder „Inspiration durch das kontemplative Gebet" vor, die im Prozess zur „Wahrnehmungsoffenheit und -tiefe" führen.

„Gemeinde *neu* denken" ist so gesehen auch ein Bericht aus einem Forschungslabor, ein Werkstattbuch, das Grundlagen vorlegt, Schneisen schlägt, neue Denk- und Gestaltungsmodelle anbietet, zu eigenen Experimenten anleitet und im Feld der Gemeindeentwicklung ausgetretene Wege verlässt. Mit dem Stichwort von der ‚geistlichen Orientierung in wachsender Komplexität' bietet es sowohl eine stichhaltige Analyse als auch einen spirituellen Ansatz für die kirchliche Organisations- und Gemeindeentwicklung, der ermutigend, erfrischend und herausfordernd ist.

# Arbeitshilfen zur Bibelwoche 2015/2016

**Thomas Pola / Kerstin Offermann**
**Augen auf und durch!**
Auslegungen, Bibelarbeiten und Anregungen zum Sacharjabuch
Ökumenische Bibelwoche 2015/2016
**Arbeitsbuch**
Texte zur Bibel 31
kartoniert, s/w-Abbildungen, 16,5 x 23,5 cm, ca. 160 Seiten, ISBN 978-3-7615-6206-2, Best.-Nr. 156 206, ca. € 22,99 (D) / € 23,70 (A) / sFr 34,50

**Wolfgang Baur**
**Augen auf und durch!**
Zugänge zum Sacharjabuch
Ökumenische Bibelwoche 2015/2016
**Teilnehmerheft**
geheftet, durchgehend farbig, 16,5 x 24 cm, 40 Seiten, ISBN 978-3-7615-6207-9, Best.-Nr. 156 207, € 2,30 (D) / € 2,40 (A) / sFr 3,50, Mengenpreise für Endkunden: ab 10 Ex. € 1,95 (D), ab 25 Ex. € 1,85 (D), ab 50 Ex. € 1,75 (D)

**Klaus Teschner**
**Siehe, dein König kommt zu dir**
Der Gemeinde zur Bibelwoche: Sieben Bibelarbeiten aus dem Propheten Sacharja
Ökumenische Bibelwoche 2015/2016
geheftet, 14,8 x 21 cm, 48 Seiten, ISBN 978-3-7615-6208-6, Best.-Nr. 156 208,
€ 3,50 (D) / € 3,60 (A) / sFr 5,50, Mengenpreise für Endkunden: ab 10 Ex. € 3,30 (D), ab 25 Ex. € 3,10 (D), ab 50 Ex. € 2,90 (D)

**Plakat zur Bibelwoche**
DIN A3, mit Platz für individuellen Eindruck
ISBN 978-3-7615-6146-1, Best.-Nr. 156 146, € 3,99 (D) / € 4,10 (A) / sFr 7,00

**Flyer**
Bibelwoche 2015/2016
Best.-Nr. VNVG211, DIN lang, gratis
Zu beziehen bei:
Neukirchener Verlagsgesellschaft mbH, Postfach 10 12 65, 47497 Neukirchen-Vluyn
Fon: 02845 / 392-218, Fax: 02845 / 33689
E-Mail: info@nvg-medien.de, Internet: www.nvg-medien.de

**Katharina Wiefel-Jenner**
**Neue Worte aus alter Zeit**
Auslegungen zu sieben Abschnitten aus dem Sacharja-Buch
Gemeindeheft zur 78. Bibelwoche 2015/16
Hrsg. vom Gemeindedienst der Evangelischen Kirche in Mitteldeutschland im Auftrag der Arbeitsgemeinschaft Missionarische Dienste, Berlin
ca. 30 Seiten; € 0,55 (Staffelpreise)

Auslieferung über: Gemeindedienst der EKM
Zinzendorfplatz 3, 99192 Neudietendorf, Fon: 036202 / 7717-90, Fax: 036202 / 7717-98
E-Mail: gemeindedienst@ekmd.de, www.gemeindedienst-ekm.de

**Gerhard Begrich / Matthias Uhlig**
**Zur Abendzeit wird ein Licht da sein**
Bibelwoche zu Sacharja
Kooperation von AMD Baden und Bibellesebund: Bibelwochenmaterial
mit CD-ROM, kartoniert, 21 x 29,7 cm, ca. 128 Seiten, ISBN 978-3-95568-139-5, € 9,95

In dieser materialstarken Arbeitshilfe finden sich neben den hilfreichen Auslegungen zu allen Texten der Bibelwoche vielfältige konkrete Vorschläge zur Gestaltung in den unterschiedlichen kirchlichen und gemeindlichen Gruppen: thematische Entwürfe mit Präsentationen für Themenabende, Impulse für Bibelgespräche, Materialien für einen Familienbibeltag, Vorschläge für Inszenierungen mit Egli-Figuren, Vorlagen für ein Bibeltheater. Dazu gibt es zahlreiche Tipps und Empfehlungen. Diese Vielfalt ermöglicht eine breite Nutzung im Rahmen der Bibelwoche. Die Materialien finden sich auch auf der beigefügten CD-ROM.

Ab 01.10.2015 zu beziehen bei:
Amt für Missionarische Dienste, Blumenstraße 1-7, 76133 Karlsruhe
Fax: 0721 / 9175-25311, E-Mail: amd@ekiba.de, www.ekiba.de/amd

Bibellesebund e.V., Postfach 31 01 22, 51616 Gummersbach
Fax: 0 22 61 / 54 95 8-39, E-Mail: info@bibellesebund.de, www.bibellesebund.de

**Bibel aktuell**
Impulse für lebensbezogene Bibelarbeit
Hrsg. vom Amt für Missionarische Dienste der Evangelischen Landeskirche in Württemberg
29,6 x 21cm, € 6,00 zzgl. Versandkosten

Heft 137 (2015): Sacharja – Träume, die Leben geben
Sacharja 1, 1-17 – Gott kümmert sich: Werner Grimm
Sacharja 2, 10-17 – Augapfel Gottes sein – Gott: ver-rückt?: Michael Wolf
Sacharja 3 und 6, 9-15 – Ein geistlicher Neuaufbruch als Vorzeichen des Kommenden: Werner Schmückle
Sacharja 9, 1.9-17 – Der etwas andere König: Karl-Heinz Essig
Sacharja 12, 1- 13, 1 – I have a dream – ich habe einen Traum: Johannes Bräuchle

Zu beziehen bei:
Amt für Missionarische Dienste, Grüninger Str. 25, 70599 Stuttgart,
Fon: 0711 / 45804-9402, Fax: 0711 / 45804-9407, E-Mail: Dagmar.Loncaric@elk-wue.de

## Inhalt der DVD

1. **Texte zur Bibel und Teilnehmerheft**

2. **Sven Körber / Stephan Zeipelt, Der Prophet Sacharja: Praxisentwürfe für Jugendliche zur Ökumenischen Bibelwoche 2015/2016**

3. **Bausteine zur individuellen Gestaltung der Bibelwoche**
   Grafikelemente (mit Plakat und Buchcover)
   Einladungstexte zur Bibelwoche

4. **Martin Wolters, Bibelclouds**

5. **Bilder zur Bibelwoche**
   Bilder Madonia als JPG und PDF
   Madonia: Biografie, Ausstellungen, Literatur

6. **Übersetzungen aus dem Sacharjabuch**
   Die Schrift
   Einheitsübersetzung
   Gute Nachricht Bibel
   Lutherübersetzung
   Übersetzung von Thomas Pola

7. **Materialien für die Abende**
   (darunter alle für die Vorbereitung und Gestaltung der Bibelwoche genannten Bilder, Abbildungen, Informations- und Arbeitstexte rund um Sacharja, eine Karte vom Alten Orient, ein Kirchenführer durch die Herforder Münsterkirche u.v.m.)

8. **Lied zum Bibelsonntag**

9. **Volkmar Hamp, Augen auf und durch:**
   Bausteine für einen Familiengottesdienst zu Sacharja 2,1-17

10. **Cartoons im Arbeitsbuch von Johann Mayr**

11. **Bibelmobil – Reformationsmobil**

12. **Werner Kahl, Interkulturelle Bibelarbeiten**

13. **Bibleartjournaling**

14. **Link-Liste**